DAY TRADE

Copyright © 2018 Andrew Aziz — Vancouver — CANADA
Copyright da tradução e desta edição © 2022 by Edipro Edições Profissionais Ltda.

Título original: *How to Day Trade for a Living: A Beginner's Guide to Trading Tools and Tactics, Money Management, Discipline and Trading Psychology*. Publicado pela primeira vez nos Estados Unidos em 2015.

Todos os direitos reservados. Nenhuma parte deste livro poderá ser reproduzida ou transmitida de qualquer forma ou por quaisquer meios, eletrônicos ou mecânicos, incluindo fotocópia, gravação ou qualquer sistema de armazenamento e recuperação de informações, sem permissão por escrito do editor.

Grafia conforme o novo Acordo Ortográfico da Língua Portuguesa.

1ª edição, 1ª reimpressão 2024.

Editores: Jair Lot Vieira e Maíra Lot Vieira Micales
Consultor para obras de Finanças e Economia: Luigi Micales
Coordenação editorial: Fernanda Godoy Tarcinalli
Produção editorial: Carla Bettelli
Edição de textos: Marta Almeida de Sá
Assistente editorial: Thiago Santos
Preparação de texto: Marlon Magno
Revisão: Viviane Rowe
Diagramação: Balão Editorial
Capa: Desenho Editorial

Dados Internacionais de Catalogação na Publicação (CIP)
(Câmara Brasileira do Livro, SP, Brasil)

Aziz, Andrew

    Day trade : técnicas, gestão de risco, alocação e psicologia do investidor / Andrew Aziz ; prefácio de Alfredo Menezes ; tradução e notas de Lourdes Sette. — São Paulo, SP : Edipro, 2022.

    Título original: How to Day Trade for a Living
    ISBN 978-65-5660-091-8 (impresso)
    ISBN 978-65-5660-092-5 (e-pub)

    1. Economia 2. Finanças – Administração 3. Investimentos 4. Gestão de riscos 5. Negociações (Negócios) I. Menezes, Alfredo. II. Sette, Lourdes. III. Título.

22-118816   CDD-332.06

Índice para catálogo sistemático:
1. Investidores : Economia : 332.06

Eliete Marques da Silva – Bibliotecária – CRB-8/9380

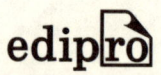

---

edipro

São Paulo: (11) 3107-7050 • Bauru: (14) 3234-4121
www.edipro.com.br • edipro@edipro.com.br
@editoraedipro   @editoraedipro

O livro é a porta que se abre para a realização do homem.
Jair Lot Vieira

ANDREW AZIZ

DAY TRADE
TÉCNICAS, GESTÃO DE RISCO, ALOCAÇÃO E PSICOLOGIA DO INVESTIDOR

Prefácio da edição brasileira

Alfredo Menezes

Com mais de quarenta anos de experiência no mercado financeiro, atuou no BCN de 1985 a 2001 como diretor de tesouraria. Em 2001, com a compra do BCN pelo Bradesco, passou a ser responsável pela tesouraria desse banco; em 2012, foi promovido a diretor-executivo, cargo em que permaneceu até 2015. Foi membro do conselho da B3 e diretor da Anbima e, entre 2015 e 2019, dedicou-se ao seu *family office*, a Jceta. Em 2019, fundou a Armor Capital, onde atua como CIO e CEO.

Tradução e notas

Lourdes Sette

Doutora e mestra em Letras na área de Estudos da Linguagem pela PUC-Rio, instituição onde tem também formação e especialização em Tradução (inglês-português) e leciona Tradução de Não Ficção, Tradução Técnico-Científica e Teorias de Tradução para a graduação e para a pós-graduação *lato sensu* em Tradução. É tradutora desde 1987, com mais de cinquenta livros traduzidos.

edipro

SUMÁRIO

Aviso legal 9
Prefácio da edição brasileira, *por Alfredo Menezes* 11
Considerações sobre o *day trade*, *por Luigi Micales* 15
Prefácio da edição original, *por Mike Bellafiore* 19

Capítulo 1 — Introdução 25
Retrospectiva de 2022 25
Quais ativos devo negociar em *day trade*? Ações, criptomoedas, opções, moedas? 40
Criptomoedas 41

Capítulo 2 — Como funciona o *day trading* 46
Day trading versus *swing trading* 46
Compra a descoberto, venda a descoberto 49
Traders de varejo *versus traders* institucionais 51
Negociações de alta frequência (HFT) 53
Negocie as melhores, esqueça as piores 56

Capítulo 3 — Gestão de risco e de conta 61
Gestão de risco em três etapas 68
Psicologia de negociação 70

Capítulo 4 — Como encontrar ações para operar 76
Ações em jogo 77
Ações em livre circulação e capitalização de mercado 81
Movimentadores pré-mercado 83
Buscas intradiárias em tempo real 86
    Radar de volume em tempo real 86
    Scanner de tendência bandeira de alta em tempo real 87
    Scanners de reversão em tempo real 89
Planejando a negociação com base em *scanners* 90

Capítulo 5 — Ferramentas e plataformas 92
Qual corretora usar? 92
Regra do *day trader* padrão 93
    Corretoras convencionais *versus* corretoras de acesso direto 95
    Interactive Brokers 97

Capital Markets Elite Group Limited 97
Robinhood e as corretoras que não cobram taxas 99
Plataforma de negociação em bolsa 101
Dados de mercado em tempo real 102
Nasdaq Nível 2 e compra-venda 102
Indicadores em meus gráficos 104
Ordens de compra e venda 106
Ordens a mercado 106
Ordens limitadas 107
Ordens com limites de comercialização 108
Teclas de atalho 109
Lista de observação e *scanners* 112
Comunidade de *traders* 113

Capítulo 6 — Introdução às velas 115
Movimentação de preço e psicologia de massa 116
Velas de alta 119
Velas de baixa 120
Velas de indecisão 121
Pião 121
Dojis: simples, estrela cadente, martelo 123
Padrões de velas 125

Capítulo 7 — Estratégias importantes do *day trading* 126
Gestão de transações e dimensionamento de posição 128
Estratégia 1: padrão ABCD 134
Estratégia 2: tendência bandeira de alta 139
Estratégias 3 e 4: negociação de reversão 145
Reversão de fundo 150
Reversão de topo 154
Estratégia 5: negociação com base em tendências de média móvel 157
Estratégia 6: negociação VWAP 165
Estratégia 7: transações de suporte ou de resistência 169
Estratégia 8: transações vermelho-para-verde 176
Estratégia 9: rompimentos da faixa de abertura (*opening range breakouts* [ORB]) 179
Outras estratégias de negociação em bolsa 187
Desenvolva sua própria estratégia 188
Negociação com base na hora do dia 190

Capítulo 8 — Passo a passo para uma negociação bem-sucedida 193
Elaborando uma lista de observação 193

Plano de negociação (entrada, saída e *stop loss*) 194
Execução 194
Como executei essas operações? 199

Capítulo 9 — Estudo de caso de um *trader* iniciante bem-sucedido 206
Reflexões de um *trader* iniciante bem-sucedido 207
Instrução inicial na negociação em bolsa 208
Começando a fazer *day trading* 209
Atingindo o fundo do poço 210
Arriscar a mesma quantia em cada transação 210
Arriscar uma quantia pequena em cada transação até se tornar consistente 211
Usar *hard stops* para encerrar transações 212
Concentrar-se em uma única estratégia até dominá-la 213
Ouça os *traders* experientes 215
Exame passo a passo de uma operação 215
    Exemplo de operação BHOD 215
Conclusão 217

Capítulo 10 — Próximas etapas para *traders* iniciantes 219
Os sete fundamentos do *day trading* 220
    Instrução e negociação simulada 220
    Negociando em um simulador 221
    Preparação 225
    Determinação e trabalho árduo 230
    Paciência 232
    Disciplina 232
    Mentoria e uma comunidade de *traders* 235
    Reflexão e revisão 236
Não seja um jogador, seja um *trader* 239
Planeje sua estratégia de negociação 241
Registrando suas negociações 245
Negociação e montanhismo 246
    1. Eles são orientados para o processo 247
    2. Eles assumem riscos, mas também gerenciam esses riscos 247
    3. Eles têm paixão 248

Palavras finais 248
As dez regras do *day trading* de Andrew 252
Glossário 255

AVISO LEGAL

O autor e a www.BearBullTraders.com ("a Empresa"), incluindo seus funcionários, contratados, acionistas e afiliados, NÃO são um serviço de consultoria de investimento, um consultor de investimento registrado ou um corretor-*dealer* e não pretendem aconselhar clientes sobre quais ativos devem comprar ou vender. Deve ficar claro que a negociação de ativos envolve um alto grau de risco. A Empresa, os autores, o editor e as afiliadas da Empresa não assumem nenhuma responsabilidade ou obrigação pelos resultados comerciais e de investimento. As declarações, no site da Empresa e em suas publicações, são feitas na data indicada e estão sujeitas a alterações sem aviso prévio. Não se deve presumir que os métodos, as técnicas ou os indicadores apresentados nesses produtos serão lucrativos nem que não resultarão em perdas. Além disso, os indicadores, as estratégias, as regras e todas as outras características dos produtos da Empresa (coletivamente, "as Informações") são fornecidos apenas para fins informativos e didáticos e não devem ser interpretados como conselhos de investimento. Os exemplos apresentados são apenas para fins didáticos. Consequentemente, os leitores não devem confiar apenas nas Informações para fazer negócios ou investimentos. Em vez disso, devem usar as Informações apenas como ponto de partida para pesquisas adicionais independentes, para que formem as próprias opiniões sobre negociações e investimentos. Os investidores e *traders* devem sempre consultar seus consultores financeiros e seus consultores fiscais licenciados para determinar a adequação de qualquer investimento.

PREFÁCIO
DA EDIÇÃO BRASILEIRA

Meu primeiro contato com o *trading* foi por volta de 1976, com 14 anos, como office boy na corretora número 1 da bolsa de valores chamada Magliano. Eu me senti atraído pela dinâmica da mesa de operações (*trading*) e decidi que esse era o futuro que eu almejava para minha vida.

Vindo de uma família humilde, procurei literatura específica dessa atividade, que, na época, era muito rara... Hoje temos um acesso muito maior às informações e publicações de qualidade. Este livro, *Day Trade*, auxilia a formação inicial do profissional apresentando os princípios de *trading*, ainda que, claro, seja impossível um único livro formar algum profissional na área.

Contando um pouco da minha história, eu trabalhava no *backoffice* das operações de mesa e tentei convencer meu superior que seria uma boa ideia se eu fosse para a mesa. A resposta que obtive não foi das melhores: "Na mesa só trabalha filhinho de papai, sua dicção é horrível e você, ainda por cima, é feio!". Mas pensei comigo: "Tenho muita garra para aprender e facilidade em exatas!". A partir daí comecei a distribuir currículos. Eu já vinha estudando bastante matemática financeira e sabia utilizar as máquinas de cálculo que existiam — isso foi muito antes do advento da HP12C (desnecessário falar aqui das planilhas de Excel ou dos ainda mais novos softwares de programação) —, ou seja, contava com um diferencial para ter uma chance na mesa de operações. Acabei conquistando uma vaga em um banco de médio porte.

Uma vez atuando na mesa de operações e ciente da matemática que regia a precificação daqueles ativos, outra demanda se impôs, e era necessário saber como assumir riscos. Muitas vezes, os preços demoravam bastante tempo para convergir para seu preço justo (eventualmente nunca o fazem), o que exige do operador muito mais do que apenas a capacidade de precificação de ativos.

Como dizia John Maynard Keynes, "os preços podem ficar irracionais por mais tempo do que se pode ficar solvente".

Vivendo no Brasil, essa máxima é ainda mais verdadeira, dada a turbulência típica da política local e a quantidade de mudanças nas regras do jogo *durante* o jogo, e tudo eventualmente mudaria muito rápido. Nesse período de mesa de operações, que uso como base até hoje, regras de precificação foram modificadas, confiscos de ativos por parte do governo ocorreram e mudanças quase absurdas na política monetária e tantos outros eventos provaram o fato de que simplesmente saber precificar ativos não necessariamente leva um operador a ter sucesso no mercado financeiro. Por vezes, o mercado vai colocar a planilha de lado e agir instintivamente.

Alguns anos depois de meu início na tesouraria, me tornei tesoureiro do Banco de Crédito Nacional (BCN), onde passei a liderar equipes de operadores e a compreender como uma diversidade enorme de cabeças pensa, toma decisões, assume risco e reage a seus resultados.

Após a compra do BCN pelo Bradesco, em meados de 1996, passei a liderar a tesouraria, onde permaneci até 2015. Naquele mesmo ano, iniciei meu próprio *family office*, embrião para a gestora de recursos que lidero atualmente, a Armor Capital, onde sigo operando e liderando operadores.

Bem, essa pequena mas longa história serve de justificativa para ilustrar um ponto importante. A tecnologia avançou exponencialmente desde então; a quantidade de ativos líquidos a serem operados se multiplicou, bem como a quantidade de agentes que procuram retorno nos mercados financeiros; grandes crises vieram e se foram, e isso também vale para os *booms* econômicos — porém uma coisa se manteve constante: a atuação dos humanos, mesmo por trás de modelos quantitativos ou máquinas que executam operações em uma fração de segundo.

O que rege os mercados segue tendo como base o comportamento humano, que, por sua vez, permanece o mesmo, desde sempre, e muito provavelmente permanecerá dessa mesma forma por muito tempo. Logo, apesar de os ativos e a tecnologia do mercado terem mudado radicalmente, os mercados continuam se comportando da mesma forma que seu regente.

Durante minha trajetória profissional, liderei algo em torno de trezentos operadores, o que me parece uma amostra bem relevante para entender o que leva um operador a ter ou não sucesso. A taxa de sucesso no *trading* costuma ser baixa, o que não é de todo diferente da maior parte das atividades que exigem muito mais do que conhecimento técnico das pessoas.

Eu diria que um operador vencedor deve trabalhar diariamente quatro aspectos, como veremos a seguir.

DISCIPLINA

Não é por acaso que coloquei a disciplina como primeira característica, pois acredito que seja a mais importante e abrangente. O mercado anda contra sua posição uma infinidade de vezes, e entender e aceitar que você está errado é fundamental para o sucesso. É necessário que o operador acompanhe em todas as bases possíveis, de curtos períodos a longos períodos, sua frequência de acertos e seu *payoff*, ou seja, quantas vezes você acerta *versus* quantas vezes você erra, e quanto você ganha quando acerta *versus* quanto você perde quando erra.

EQUILÍBRIO EMOCIONAL

A cabeça de um operador deve ser trabalhada para que seja a mais impassível possível. Inevitavelmente, há dias em que tudo dá errado, e o emocional deve ser forte o suficiente para não colocar tudo a perder. É preciso ter calma e estar pronto para o próximo dia, para a próxima operação e para a próxima jornada.

RACIOCÍNIO LÓGICO

O raciocínio lógico se coloca como uma das bases de um operador para a tomada de decisão ou em que se basear para tomar a decisão de comprar, vender ou simplesmente não operar. Sem uma forte base de tomada de decisão, seja a decisão baseada no que for que tenha sentido, modelos, sistemas, fluxo, economia, tudo se torna muito complicado.

ESTABELECIMENTO DE METAS

Saber quanto se pode ganhar e, muito mais importante, quanto se pode perder é essencial para qualquer operador. Ancorar tais metas ao dia a dia do operador ajuda a embasar o emocional, a disciplina e o controle de riscos.

Nos últimos tempos, o *trading* se popularizou muito, sendo a sua vertente intradiária possivelmente a modalidade que ganhou mais projeção. Com promessas de retornos imensos do dia para a noite por parte de influenciadores escusos, junto a um ambiente que fornece uma alavancagem para a pessoa física muito maior do que a alavancagem que quebrou o Banco Lehmann Brothers em 2008, o ambiente se tornou perigoso e passou a gozar de péssima fama — em parte, justificada.

Como alguém que há algumas décadas opera ativamente nos mercados, inclusive no *day trade*, isso tudo me parece um pouco absurdo. Acredito que o *trading* seja um excelente gerador de *Alfa*, seja ele *day trade* ou *trade* de duração de alguns dias, algo que ajuda a proteger investimentos em carteira em períodos difíceis e a rentabilizar um pouco mais a carteira em tempos favoráveis.

Por essa razão, a princípio, ao ser convidado para escrever o prefácio de um livro sobre *day trading* para pessoas físicas, fiquei reticente em virtude das razões aqui expostas. Porém, depois de algumas conversas com amigos e operadores que trabalham comigo, tomei a decisão de fazê-lo. Se essa é uma forma de ajudar as pessoas a tomar uma decisão melhor e a seguir um caminho profícuo no *trading*, faz sentido se envolver.

O livro de Andrew Aziz ensina de forma robusta e simples como começar no *day trading* e trabalhar os pilares que, acredito, sejam essenciais para o operador se preparar para a atividade de *trading*, focando a importância da disciplina e do gerenciamento de riscos (os maiores vilões dos operadores) e fornecendo ferramentas interessantes para o desenvolvimento do alicerce operacional e da capacidade de tomada de decisões.

Recomendo ao leitor que estude exaustivamente este livro e, mais que isso, que exercite exaustivamente as lições aqui ensinadas, com muito cuidado na execução daquilo que é proposto, especialmente na questão do gerenciamento dos riscos.

Boa leitura!

Alfredo Menezes

CONSIDERAÇÕES SOBRE O *DAY TRADE*

Quem nunca? Quem nunca fez um *day trade* que atire a primeira pedra. Até para os investidores que pensam em prazos mais longos há circunstâncias nas quais precisam operar no curto prazo.

O mercado financeiro é formado por vários tipos de investidores e de operações. Algumas pessoas compram empresas que são muito boas quando estão baratas — são os chamados investidores de valor, como Warren Buffett ou Seth Klarman. Estes acreditam que o mercado, às vezes, vende algo que vale 100 reais por 50 reais e tentam se aproveitar dessas oportunidades no longo prazo. Outros compram empresas de crescimento, como a Monster Beverage, a Mastercard ou a Locaweb,[1] porque acreditam que os lucros vão crescer tanto no futuro que, mesmo se estiverem caras,[2] vão trazer um alto retorno. O maior expoente desse estilo é o incrível Peter Lynch.[3]

Há investidores e especuladores de todos os tipos: os que fazem arbitragem, os que compram IPOs, os que fazem *day trades*, vendedores e compradores de volatilidade, enfim, uma infinidade de operações e estratégias que acontecem todos os dias na bolsa ou nos mercados futuros, algumas visando à proteção do capital, e a grande maioria visando ao lucro. Quando olhamos isoladamente, podemos achar que um tipo de investidor é melhor do que o outro, porém, para a economia como um todo, o que interessa é a soma de todos esses estilos. Esse conjunto de operações dá a liquidez fundamental para que os empréstimos e as operações aconteçam. Sem cada um desses participantes atuando diariamente

---

1. Esse texto expressa uma opinião e não deve ser usado como indicativo de compra de ativos.
2. Com múltiplos altos (Price/Earnings, EV/EBITDA, Price to Sales, PEG etc.).
3. Lynch descreve que comprava empresas que tivessem um P/E alto, porém sempre menor do que duas vezes o crescimento esperado dos lucros da empresa.

no mercado, seria quase impossível, ou pelo menos muito mais caro, para as empresas, os governos e as pessoas físicas, conseguir dinheiro para investir, pagar despesas ou se proteger de riscos como os que estamos habituados ver no Brasil.

De todas essas estratégias, uma das que temos mais visto crescer mundo afora é o *day trade*.

Vamos começar tirando o elefante da sala. É arriscado fazer *day trade*. Todo mundo já deve ter ouvido dizer que poucas pessoas ganham dinheiro nessa modalidade a longo prazo, e isso é verdade. O autor deste livro não esconde esse fato, ele inclusive mostra que menos de 16% das pessoas têm lucro depois de seis meses de operações. É um mercado extremamente competitivo, e quem opera da maneira certa sabe que tem de ser feito com estratégia e disciplina, nunca entrando em operações quando a assimetria e a probabilidade de ganhar não estão a seu favor.

Além de ensinar técnicas para o *day trade*, este livro traz um ferramental muito importante para a vida de todo investidor: o controle de risco. Paul Tudor Jones, um dos maiores investidores de todos os tempos, leva esse tema muito a sério, e qualquer pessoa que se aventurar nos investimentos também deveria levar.

Desde Warren Buffett até Ray Dalio, todos os grandes investidores falam a mesma coisa: não perder é a primeira regra para poder vencer. Para Buffett, isso quer dizer comprar ótimas empresas a um bom preço. Para Ray Dalio, é ter investimentos diversificados com baixa correlação. Seja qual for a sua estratégia, o controle de risco é fundamental.

Talvez o leitor se identifique mais com a estratégia de Paul Tudor Jones, que usa algumas das técnicas descritas neste livro. Para ele, não perder dinheiro quer dizer sempre operar com uma possibilidade de ganho maior do que o potencial de perda, nunca arriscar muito em nenhuma operação, colocando um limite também para perdas, e operar com menos capital do que o normal em momentos em que se está errando demais.

E, assim como Tudor Jones, Andrew Aziz cria uma base firme para montar suas operações focando alguns pilares principais.

Primeiro, Aziz mostra que em seu método o *trader* só vai operar ativos com liquidez. Imagine que você errou a operação, que o mercado começou a ir com força na direção contrária da sua posição e você não consegue sair do papel. Um erro como esse pode custar muito caro.

Em segundo lugar, o *day trader* não deveria operar qualquer ação; escolher quais empresas e quando operar é muito importante. Nesse caso, o autor tem uma lista de fatores relevantes para ajudar na escolha das poucas empresas nas quais o investidor tem maior chance de ganhar.

Em terceiro lugar, o investidor deve saber limitar suas perdas, nunca arriscando um percentual grande do seu capital em nenhum *trade*. Com técnicas como o uso do VWAP, este livro vai mostrar quando se deve entrar, quando sair com uma parte ou com todo o capital e quanto investir em cada operação.

Por fim, assimetria é o nome do jogo; só entre em operações que tenham potencial de lucro maior do que o potencial de perda. Nesse caso, o interessante é que, para calcular o potencial de perda e de retorno, Aziz abre mão de alguns recursos de análise técnica que são usados pela maioria das pessoas e se concentra em simplificar a análise utilizando *candlesticks*, VWAP, suportes e resistências.

Essas são algumas das técnicas e estratégias que você vai encontrar de modo mais detalhado nesta obra e que vão servir de guia para auxiliá-lo em sua empreitada. Lembre-se: o diabo está nos detalhes, e isso é ainda mais verdadeiro para quem faz operações milimétricas como o *day trade*.

Acredito que esta seja uma obra fundamental para quem deseja se aventurar no mundo do *day trade*.

Luigi Micales, CGA
Economista graduado pela PUC-SP e gestor da BlackSwan Investimentos

PREFÁCIO
DA EDIÇÃO ORIGINAL

> Individualmente, somos uma gota. Juntos, somos um oceano.
>
> RYUNOSUKE SATORO

Quando conheci Andrew, ele me ensinou uma lição importante.

Eu estava sentado no Sarabeth's, meu lugar favorito para um *brunch* de fim de semana na cidade de Nova York, esperando para, enfim, conhecer uma pessoa da comunidade de *traders* de quem começara a ouvir falar muito. Em geral, mantenho a cabeça baixa e passo 85% do tempo administrando nossa mesa de *proprietary trading*[4] em Nova York. E, embora minha empresa também tenha uma divisão de ensino de *traders* separada (a SMB Training), minha equipe frequentemente zombava de mim por não conhecer outras pessoas na área de ensino de negociação em bolsa. Andrew entra. Nós nos apresentamos. Pedimos nossas refeições. Conversamos sobre negócios. Ele, educadamente, sacia minha total ignorância sobre seu trabalho e sobre a maioria das coisas que acontecem fora dos muros da SMB Capital, a firma de *proprietary trading* da qual fui um dos fundadores em 2005.

Enquanto bebo meu chá gelado, com uma dose extra de limão, espero pela resposta à pergunta que acabei de fazer a Andrew:

— E aí, a Bear Bull tem quantos membros?

Andrew responde com naturalidade:

— Mais de seiscentos.

---

4. *Proprietary trading* é a negociação de ativos, derivativos ou outros instrumentos financeiros com dinheiro da própria instituição, em vez de utilizar o dinheiro de seus depositários, e em seu nome, com o intuito de gerar lucro à própria firma. (N.T.)

Quase cuspi meu chá gelado. Pensei: "Você é um idiota! Como não conhece esse cara?". Que número impressionante de membros inspirados em tão curto período de tempo. E, o mais importante, ele me ensinou sobre a cultura de aprendizagem que havia construído para *traders* de varejo[5] e independentes em sua comunidade comercial, a Bear Bull Traders. Andrew me ensinou a nunca mais comparecer a outra reunião com um líder no segmento dos *traders* de varejo e independentes, como ele, despreparado e desinformado sobre o trabalho importante que eles estão fazendo com tantos e para tantos.

Apreciei muito essa lição e ainda me lembro dela todos os dias em meu trabalho.

Desde essa conversa, a Bear Bull Traders continuou a crescer. Não é apenas o número de membros que impressiona, mas a comunidade inteira e a cultura de aprendizagem que Andrew construiu. Deixe-me compartilhar algumas anedotas.

Depois daquele *brunch,* ao qual cheguei tão despreparado, a SMB e a Bear Bull Traders se associaram para organizar um webinar instrutivo, dirigido à sua comunidade de *traders*. Foi lá que aprendi rapidamente sobre a benevolência da cultura deles — sua cultura de aprendizagem. Normalmente, quando solicitado a palestrar em um webinar, também me perguntam qual tópico eu gostaria de apresentar. Infelizmente, a verdade é que ninguém realmente se importa com o que é, contanto que consigam apresentar aquele autor *trader* e cofundador da SMB — com exceção da vez em que me pediram para palestrar para a comunidade Bear Bull Traders. Com eles, tive uma experiência totalmente diferente e agradavelmente surpreendente. Um membro importante daquela comunidade sugeriu que ele apresentasse uma operação PlayBook para mim e recebesse minha avaliação crítica sobre seu trabalho. Como? Isso seria algo que eu nunca tinha feito antes e uma excelente oportunidade de aprendizagem para os participantes do webinar. Quem eram essas pessoas (na Bear Bull Traders)?

Portanto, escolhemos o tópico *Como se tornar um* trader *consistentemente lucrativo usando a operação PlayBook.*

Vou fornecer algum contexto para esse tópico do webinar. Meu segundo livro se chama *The PlayBook*[6] e descreve como um *trader* de peso pode construir seu negócio de transações em bolsa. Resumindo, você elabora um PlayBook, ou seja, uma série de "jogadas ensaiadas", para transações muito específicas,

---

5. Um *trader* de varejo é uma pessoa que negocia no mercado financeiro por conta própria. (N.T.)
6. Algo como "O livro das jogadas ensaiadas", em tradução livre. (N.T.)

nas quais você tem um desempenho melhor. E depois usa apenas as jogadas que constam daquele PlayBook. Fazer uma transação do tipo PlayBook é um recurso que nossos novos *traders* caseiros da SMB utilizam todos os dias para desenvolver suas transações. Andrew escreve de forma convincente, neste livro, sobre a importância de um plano de negócios para ser um *trader* bem-sucedido. Portanto, em seu contexto mais verdadeiro, a questão a ser abordada naquele tópico do webinar era "Eu sou um *trader* de varejo de peso e gostaria de mostrar a vocês meu trabalho de peso para que nossa comunidade comercial de *traders* de peso em desenvolvimento tenha progressos reais e significativos".

E tivemos uma sessão de ensino expressiva e de alto nível sobre o PlayBook desse membro que realmente beneficiou sua comunidade de *traders*.

Além disso, é claro, o webinar estava lotado e tão grande quanto qualquer um de que eu já havia participado. Esse autor e *trader* se identificava com a comunidade Bear Bull Traders.

E, em seguida, houve a sessão de perguntas e respostas. Isso sempre desmascara a cultura de uma comunidade de *traders*. As perguntas são sobre todo o dinheiro que nossos negócios geram ou sobre os processos que levam ao sucesso? As perguntas deles eram sobre o processo. Ou melhor, o tipo de pergunta que esperaríamos que nossos *traders* profissionais em desenvolvimento me fizessem de nossa própria mesa de negociação.

Comunidades importantes exigem grandes líderes. Em minha experiência, grandes líderes pensam, antes de qualquer coisa, em como podem ajudar outras pessoas. Eu descobri isso com Andrew.

Andrew e eu havíamos desenvolvido certa amizade, mas admitimos que ainda estávamos conhecendo um ao outro. Mais ou menos na mesma época, eu tinha me tornado membro do conselho da Traders4ACause[7] e estava ajudando na criação da agenda de palestrantes para nosso evento presencial em Las Vegas. Procurávamos palestrantes de qualidade, que fossem *traders* de verdade, que oferecessem valor de fato para a comunidade de *traders*, não os espertalhões que, muitas vezes, permeiam a formação de um *trader*. Eu pensei em Andrew.

Entrei em contato com ele para ver se poderia falar e nos ajudar a promover o evento de caridade. Normalmente, isso requer uma longa apresentação de como o envolvimento com a instituição de caridade ajudaria o apresentador e sua empresa. Na verdade, temos uma longa apresentação de *slides* que explica

---

7. A Traders4ACause é uma organização de *traders*, sem fins lucrativos, dedicada a ajudar instituições de caridade. (N.E.)

tudo isso. Poucos minutos depois da conversa, porém, Andrew disse que aceitava o convite. E não só isso, a Bear Bull Traders participaria. Além disso, ele faria uma doação e usaria sua lista de e-mails para motivar os membros de sua comunidade a comparecer. Ele não poderia ter sido mais generoso e cortês — e tudo sem se importar nem saber como isso poderia ajudá-lo e/ou ajudar a sua empresa.

E não posso deixar de mencionar que a SMB e a Bear Bull Traders estabeleceram uma parceria certa vez para realizar outro webinar para sua comunidade comercial. Dessa vez, decidimos por: *Aprendizagem coletiva em uma comunidade de negociação de ações/Incluindo uma visão interna de como uma* proprietary trading *de Nova York orienta seus* traders *iniciantes*. Andrew sugeriu que a SMB promovesse, durante o webinar, como um recurso para sua comunidade comercial, nosso principal programa de treinamento, o SMB DNA. Um viajante contumaz, ele mencionou isso, enquanto participava de uma chamada pelo Zoom com sua equipe e a SMB, diretamente das trilhas de Machu Picchu — teve que ir um pouco mais alto para conseguir conexão com a internet. A equipe de marketing da SMB Training, nossa divisão de ensino, respondeu que deveríamos rastrear aqueles de sua comunidade que se inscreveram e compensar os Bear Bull Traders por todas as vendas. Todos concordamos. Então, cerca de quinze minutos depois, Andrew me enviou um e-mail informando que qualquer participação nas vendas devida à Bear Bull Traders deveria ser remetida à Traders4ACause, já que aquele era um destino melhor para o dinheiro. Quem faz isso?

Grandes líderes de comunidades importantes atraem seguidores entre pessoas sérias e de qualidade. Descobri que esse era o caso com a Bear Bull Traders. Pouco tempo atrás, a Bear Bull Traders realizou um evento em Nova York para seus membros e convidou Steve Spencer, meu sócio comercial; doutor Brett Steenbarger, que treina e orienta nossos *traders* e alguns dos fundos de *hedge* e *traders* institucionais mais bem-sucedidos do mundo; e a mim. Não pude estar presente por causa de um compromisso anteriormente assumido com meu filho, mas meu sócio depois me contou que o evento estava lotado e repleto de *traders* de peso. Para a manhã seguinte, Andrew e eu tínhamos agendado um café da manhã na cidade para colocar as novidades em dia. Ele perguntou se poderia levar "alguns" membros-chave da comunidade Bear Bull Traders para se encontrar comigo também — para mim, "alguns" seriam dois, talvez três. Mas oito membros-chave da Bear Bull Traders apareceram para bater um papo, e houve outro que enviou uma mensagem de texto se desculpando por não poder comparecer. Foi uma maneira maravilhosa de passar um sábado de manhã em Nova York, conversando sobre negociações com *traders* de peso.

Se há uma lição seminal que aprendi ao dirigir uma firma de *trading* de ativos financeiros desde 2005 e ao ser um *trader* profissional desde o final dos anos 1990 é que ninguém se torna um grande *trader* sozinho. Na página inicial da Bear Bull Traders, você pode encontrar esta lição: não negocie sozinho.

A SMB é, em primeiro lugar, uma mesa de *proprietary trading* do tipo P&L (*profit and loss*),[8] localizada em Nova York. Contratamos e treinamos *traders*, e pagamos e fornecemos todos os recursos de que precisam para ter sucesso. Estamos muito orgulhosos porque um de nossos *traders* acabou de ultrapassar 10 milhões de dólares em lucros por negociar no mercado neste ano, e dois deles não ficaram muito atrás. Estamos agora em junho, enquanto escrevo estas linhas. Quando esse notável *trader* cruzou esse marco P&L, a primeira coisa que fez foi ligar para todas as pessoas da empresa que o ajudaram a atingir essa meta. Uma pessoa a quem ele fez questão de agradecer foi o nosso gerente, que o motivou a expressar suas melhores ideias de negociação também no mercado de opções, o que levou a um aumento significativo nos lucros. Neste livro, Andrew defende, acertadamente, que os *traders* de varejo e independentes precisam de treinamento contínuo.

O que digo a seguir, espero, inspirará a próxima geração de *traders* de varejo e independentes. Todos os nossos *traders* negociam e se desenvolvem em uma equipe. Eles treinam com a empresa e depois passam para uma equipe específica dirigida por um *trader* sênior muito experiente e bem-sucedido. Nenhum *trader* júnior faz nada sozinho. Durante a fase de treinamento e desenvolvimento, eles não passam um dia sequer sozinhos. A importância das comunidades, comunidades comerciais de peso, como a Bear Bull Traders, é que você evolui junto com outros *traders* que podem ajudar significativamente seu progresso. Andrew ensina esse ponto para você neste livro.

Negociar ativos financeiros é difícil. Como Andrew aconselha aqui, não é um esquema que promete rápido enriquecimento. Você não tem o direito de ser bem-sucedido. Esse tipo de negociação vai desafiá-lo psicologicamente, até mesmo fazendo-o duvidar de que terá sucesso. Neste livro, Andrew aborda a psicologia da negociação, o gorila de 400 quilos na mesa de cada *trader*, seja qual for o seu nível. É justo esperar que você tenha uma oportunidade legítima de descobrir o quanto você pode ser um bom *trader*. As comunidades de negociação de boa qualidade oferecem essa chance.

---

8. *Profit and loss* (P&L), "lucros e perdas". (N.T.)

Nosso técnico de negociação, o doutor Brett Steenbarger, com os punhos cerrados, disse a uma classe de novos contratados: "Estamos destinados a fazer algo extraordinário". Trabalhar com *traders* de varejo de peso e *traders* independentes, em uma comunidade incrível, dá a você a oportunidade de fazer "algo extraordinário".

Você está em boas mãos, com uma boa pessoa, que construiu uma comunidade e uma cultura importantes para *traders* independentes e *traders* de varejo de peso. Aproveite a contribuição mais recente de Andrew para a comunidade de *traders*.

Ah... e hoje eles têm mais de cinco mil membros, dos quais mil e duzentos são muito ativos.

Nova York, junho de 2020

Mike Bellafiore
Cofundador da SMB Capital, uma empresa de *proprietary trading* em Nova York, e da SMB Training, sua divisão de ensino de *traders*; também é autor de *One Good Trade* e de *The PlayBook*.

1
INTRODUÇÃO

RETROSPECTIVA DE 2022

A primeira versão deste livro foi publicada no verão de 2015 e continua sendo um *best-seller* internacional há sete anos consecutivos. O livro foi também publicado até agora em doze idiomas (inglês, japonês, chinês, cantonês, vietnamita, português, espanhol, francês, russo, tailandês, híndi, parse[9]). Esta obra continua sendo uma das mais "desejadas" no site da Amazon e em várias outras plataformas de publicação em diversas categorias relacionadas à negociação *on-line*, à estratégia, aos negócios e às finanças, bem como à análise da negociação e do investimento.

Nos primeiros meses de 2020, minhas transações por conta própria estavam indo melhor do que nunca. Com a volatilidade que os mercados financeiros globais estavam experimentando devido à pandemia, não senti a necessidade de revisitar este livro. Em uma edição anterior, incluí meu endereço de e-mail no final do livro e convidei os leitores a entrar em contato comigo se eu pudesse ajudá-los em seu caminho para se tornarem *traders* bem-sucedidos. Costumo receber alguns e-mails todas as semanas de *traders* iniciantes e experientes, os quais fazem perguntas ou solicitam mais esclarecimentos sobre um exemplo ou uma estratégia destacada em um de meus livros. Estar em contato com os leitores me motiva, pois estou sempre interessado em aprender sobre suas experiências de mercado. Mas, em março e abril de 2020, durante a pandemia de Covid-19, comecei a receber um número incomum de e-mails de *traders*

---

9. Língua persa. (N.E.)

iniciantes. Por que, de repente, tantos *traders* iniciantes começaram a me procurar? O que havia mudado?

A resposta é encontrada no Google Trends, conforme mostrado na Figura 1.1. Com a pandemia de Covid-19, o mercado de ações começou a cair conforme a realidade de um colapso econômico e uma recessão global se instalavam. A queda do mercado de ações, o desemprego crescente e uma recessão iminente estavam no noticiário todos os dias. Após onze anos seguidos de um "mercado de alta" (desde a crise financeira de 2007-2008), a recessão pandêmica de 2020 se tornou o primeiro "mercado de baixa" que muitos *traders* e investidores já haviam experimentado. E é por isso que recebo tantos e-mails e pedidos de ajuda. As pessoas estavam em casa, muitas vezes trancadas e com mais tempo ocioso. O colapso financeiro não saía dos noticiários e as pessoas estavam curiosas para saber mais a respeito. Muitas começaram a ler e aprender sobre os mercados. Mesmo que a pessoa não trabalhe em um banco ou não tenha uma conta em uma corretora, a vida de praticamente todo mundo está, de alguma forma, conectada com Wall Street e os outros mercados financeiros internacionais.

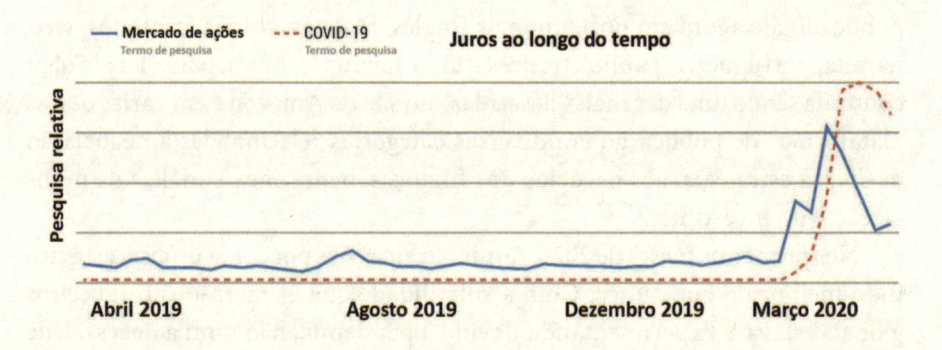

Figura 1.1 — Resultados da tendência das pesquisas no Google das palavras-chave "Covid-19" e "mercado de ações" entre abril de 2019 e abril de 2020. Como você pode ver, há uma clara correlação. À medida que a queda do mercado de ações atingiu os ciclos de notícias, as pessoas começaram a pesquisar mais e mais sobre o mercado de ações no Google!

Acho que a observação mais interessante é que, conforme o mercado de ações quebrava e sua queda virava notícia, as pessoas queriam aprender mais a respeito. Essa correlação é de fato visível em quase todos os *crashes* anteriores do mercado de ações, incluindo a crise financeira de 2007-2008 e a bolha das pontocom de 2000 — sendo esta última o momento em que estouraram os preços excessivamente exagerados e, sobretudo, sobrevalorizados da maioria das empresas de internet e tecnologia.

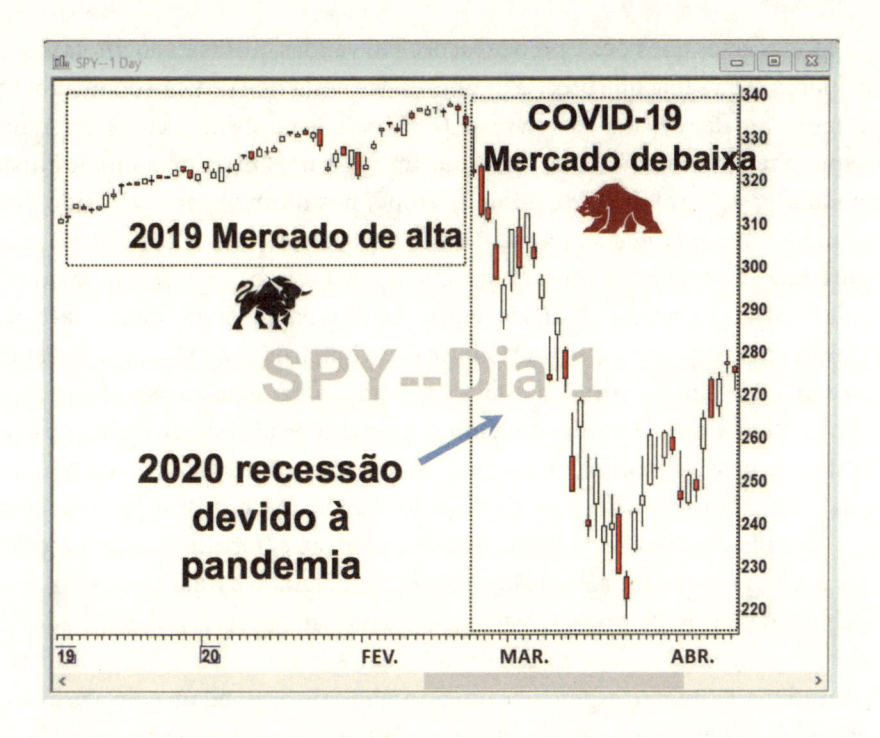

Figura 1.2 — Comparação entre o mercado de alta de 2019 e o mercado de baixa de 2020, conforme evidenciado pela variação no valor da ação de quinhentas das maiores empresas americanas. Essas empresas são monitoradas pelo S&P 500 e negociadas em um fundo em bolsa conhecido como SPDR S&P 500 ETF Trust (SPY). Para sua informação, S&P se refere à Standard & Poor's, uma das empresas que costumavam acompanhar essas informações.

A volatilidade do mercado da primavera de 2020 obviamente surgiu da pandemia do novo coronavírus, que resultou em uma recessão global terrivelmente dolorosa, conforme mostrado pela Figura 1.2, uma comparação entre o mercado de alta de 2019 e o mercado de baixa de 2020. Em geral, é durante os mercados de baixa que os mercados de ações costumam chegar às manchetes.

Enquanto estudava as perguntas que recebia de *traders* iniciantes, em março e abril de 2020, e continuava a receber e-mails de leitores no final da primavera de 2020, enquanto escrevo e edito estas mesmas palavras, alguns temas comuns surgiam. Os corretores e as ferramentas que você recomendou em seus livros anteriores ainda são válidos? Você mudou as estratégias que está usando ou, se não, elas ainda funcionam nesses mercados voláteis? O que você acha de alguns dos novos aplicativos e corretoras que não cobram comissão, como o Robinhood, com os quais parece que quase todo mundo tem uma conta agora?

Todas essas questões e preocupações são válidas, justas e vão diretamente ao ponto, e eu sabia que precisaria abordá-las nesta nova edição do meu livro. O momento de revisitar este livro — *Day Trade* — também se encaixou muito bem com a minha vida pessoal. Sou um viajante, corredor e montanhista ávido e passei grande parte do meu tempo, nos últimos anos, viajando pelo mundo como um *trader*/explorador, com um laptop e várias telas portáteis sempre à mão. Nos últimos anos, fiz transações de todos os lugares, desde minha cidade natal, Vancouver, Canadá, até as colinas mais remotas de Papua-Nova Guiné, enquanto subia o monte Giluwe (4.367 metros),[10] o vulcão mais alto da Oceania. No fim de 2019, eu estava empenhado em escalar os vulcões mais altos em todos os sete continentes, um desafio conhecido por escaladores e alpinistas como os *sete cumes vulcânicos*.[11] No entanto, com a pandemia, a maioria das fronteiras foi fechada e eu, como todo mundo, tive que ficar perto de casa.

Eu tinha bastante tempo livre e, embora estivesse trabalhando para melhorar minhas táticas de negociação, bem como redigindo e finalizando algumas publicações novas, também tive tempo para revisar o livro. A publicação de um livro envolve minhas muitas idas e vindas entre mim, meu escritor assistente e meu editor. Enquanto espero que um ou ambos me respondam com a primeira edição de um novo livro, fico livre para trabalhar na reedição e na reformulação das versões anteriores dos meus livros! Isso me levou a olhar para uma nova edição de *Day Trade*, enquanto meu incrível editor organizava o que eu estava tentando dizer nos rascunhos do outro material, em que ele estava trabalhando. Ele é um gênio! Ele escreve o que tento dizer! Eu lhe entrego uma bagunça e ele a retrabalha para que ela seja lida exatamente como eu quero que seja.

Parte do material das edições anteriores deste livro estava desatualizada e, portanto, eu a excluí. Por exemplo, costumava publicar todas as minhas negociações e as estratégias usadas em um blog, com capturas de tela postadas nele. Decidi me adaptar a uma tecnologia mais recente e, em vez de escrever blogs, mudei para outras ferramentas *on-line* para registrar e manter o controle de minhas transações. A manutenção de bons registros, do livro diário contábil a outras formas de documentação, é um elemento importante para o sucesso em qualquer empreendimento, e isso certamente é verdade no mercado financeiro. Quantos médicos ou cirurgiões você conhece que memorizam os nomes de todos os seus pacientes, os medicamentos receitados, o histórico médico e um resumo de cada consulta que fizeram? Nenhum. Todos eles têm

---

10. O monte Giluwe é o segundo cume mais alto de Papua-Nova Guiné. (N.T.)
11. É o grupo dos vulcões mais altos entre os continentes. Subi-los é um desafio de montanhismo. (N.T.)

excelentes ferramentas de manutenção de registros, alguns exigidos pela profissão e outros escolhidos *por eles próprios*. Um *trader* de mercado bem-sucedido e consistentemente lucrativo é aquele que mantém excelentes registros de suas transações.

Nos últimos sete anos, orientei muitos *traders* iniciantes que se tornaram bem-sucedidos. Como forma de motivar os *traders* iniciantes, achei importante procurar alguns de meus alunos e compartilhar suas histórias de sucesso nesta nova edição.

Nesta versão atualizada do meu livro, explico os fundamentos do *day trading* e como ele se difere de outros estilos de negociação e investimento. No processo, também descrevo estratégias de negociação importantes que muitos *traders* usam todos os dias. Este livro é deliberadamente curto para que os leitores terminem de lê-lo e não fiquem entediados no meio e o deixem de lado. Todos nós nos distraímos com as digressões da internet; com os e-mails; as notificações do Facebook, Snapchat, Instagram e TikTok; bem como com as dezenas de outros aplicativos que temos em nossos smartphones e tablets. Portanto, este livro é conciso e prático.

Quer você tenha começado recentemente a negociar, quer seja alguém interessado em iniciar uma carreira no mercado (ou talvez seja apenas alguém em isolamento por causa de uma ordem de ficar em casa e tenha tempo ocioso e uma mente curiosa), este livro irá equipá-lo para saber por onde começar, como começar, o que esperar do *day trading* e como desenvolver sua própria estratégia. A simples leitura deste livro não o tornará um *trader* lucrativo. Os lucros no mercado não surgem da leitura de um ou dois livros, mas, como explicarei mais adiante, os lucros podem vir com a prática, as ferramentas, o software certos e o ensino contínuo adequado.

Mais uma vez, incluí, no final desta última edição, um glossário prático e útil dos termos mais comuns encontrados no *day trading*. Se, ao ler este livro, você se deparar com um termo ou frase cujo significado não se lembra, dê uma olhada em sua definição no glossário. Usei uma linguagem fácil de entender para explicar o jargão dos *day traders*.

Os *traders* intermediários, aqueles com alguma experiência anterior em negociação e investimento nos mercados financeiros, podem se beneficiar da visão geral deste livro sobre algumas das estratégias clássicas que a maioria dos *traders* de varejo usa com eficácia. Se você não se considera um *trader* iniciante, então talvez prefira pular essa parte e começar a ler a partir do capítulo 7 para obter uma visão geral dessas importantes estratégias do *day trading*. No entanto, recomendo dar uma olhada nos capítulos anteriores também. A tarefa de se tornar um *trader* consistentemente lucrativo não exigirá o domínio de novas estratégias de negociação complicadas todos os dias. As estratégias descritas no capítulo 7 são aquelas que os *traders* vêm usando com sucesso há mais de uma década. Elas têm funcionado até agora e precisam ser dominadas. Trabalhe com estratégias simples e conhecidas, mas ajuste-as, ao longo do tempo, para complementar sua própria personalidade e quaisquer que sejam as condições de mercado da época. O sucesso na negociação em bolsa não é uma revolução, é uma evolução.

O mercado mudou e está mudando até agora, enquanto você lê este livro. Em 2016, uma *day trader* com mais de vinte anos de experiência chamada Kem me enviou um e-mail pedindo orientação. Ela era uma *trader* mais experiente do que eu, mas sempre havia negociado determinada quantidade de ações todos os dias. Mas, com a crescente prevalência dos algoritmos e das negociações de alta frequência (*high frequency trading* — HFT),[12] ela precisava se adaptar ao "novo" mercado e aprender um novo estilo de *day trading* como forma de ganhar a vida, levando em consideração todas as mudanças sociais e tecnológicas que estavam ocorrendo. A Figura 1.3 é a resenha que ela escreveu em 2016 para a primeira edição de *Day Trade*.

> kem60
> ★★★★★ **Informação sólida para *traders***
> Revisado, nos Estados Unidos, em 28 de novembro de 2016
> **Compra verificada**
>
> Sou uma *day trader* com mais de vinte anos de experiência. Com o advento das HFTs e de outras mudanças, precisei ajustar minha metodologia. Procurar ações em jogo e negociar com ações desconhecidas é uma abordagem a que resisti durante toda a minha carreira, mas acho que preciso começar a adotá-la agora. Não o farei sem um método/plano sólido e sem um conjunto de regras rígidas. Não tenho vergonha de ler um livro para "iniciantes" para descobrir como fazer isso. Este livro é excepcional. Ele me deu o que eu queria e vou me desenvolver a partir das informações nele contidas, usando o que já sei. O autor é um engenheiro e, por eu também ter uma mentalidade metódica/mecânica, fiquei satisfeita com a maneira como ele explicou tudo. Existem também boas informações sobre outros tópicos para verdadeiros iniciantes, como a importância da gestão de riscos e do controle emocional, que são relevantes.
>
> Vou recomendar este livro para as pessoas que me perguntam como começar a fazer *day trading*.
>
> 434 pessoas acharam isto útil.
>
> **Útil** | Comentário | Informe abuso

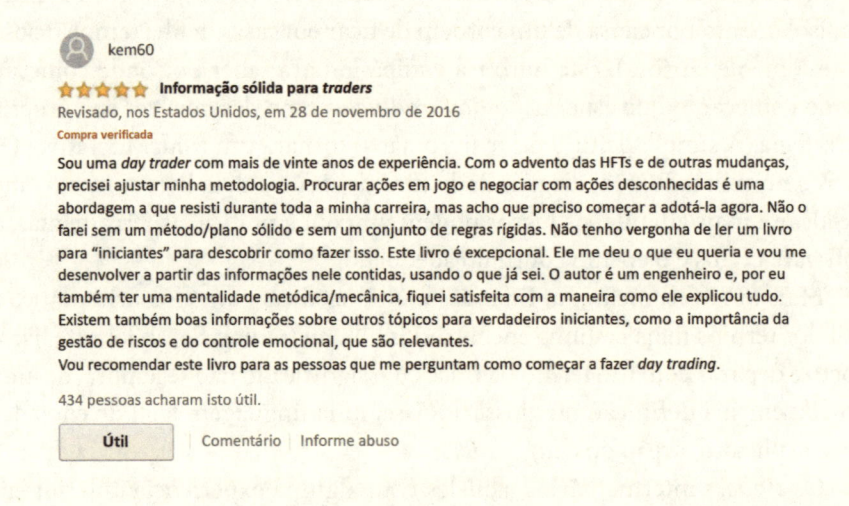

Figura 1.3 — Captura de tela de uma resenha feita no site da Amazon, em 2016, que enfatiza a necessidade de até mesmo o mais experiente dos *traders* ser flexível e estar disposto a mudar seus métodos de negociação para se adaptar às mudanças nos mercados.

---

12. As HFTs são uma forma primária de negociação algorítmica em finanças que consiste no uso de ferramentas tecnológicas sofisticadas e algoritmos de computador para comercializar rapidamente *commodities* e ativos financeiros. Para mais informações, ver glossário. (N.E.)

Sou uma *day trader* com mais de vinte anos de experiência. Com o advento das HFTs e de outras mudanças, precisei ajustar minha metodologia. Procurar ações em jogo e negociar com ações desconhecidas é uma abordagem a que resisti durante toda a minha carreira, mas acho que preciso começar a adotá-la agora. Não o farei sem um método/plano sólido e sem um conjunto de regras rígidas. Não tenho vergonha de ler um livro para "iniciantes" para descobrir como fazer isso. Este livro é excepcional. Ele me deu o que eu queria e vou me desenvolver a partir das informações nele contidas, usando o que já sei. O autor é um engenheiro e, por eu também ter uma mentalidade metódica/mecânica, fiquei satisfeita com a maneira como ele explicou tudo. Existem também boas informações sobre outros tópicos para verdadeiros iniciantes, como a importância da gestão de riscos e do controle emocional, que são relevantes.

Vou recomendar este livro para as pessoas que me perguntam como começar a fazer *day trading*.

Meus parabéns para Kem. Ela é uma *day trader* experiente, mas, após um período de reflexão, percebeu que precisava se ajustar aos novos mercados.

Qualquer que seja seu nível de experiência, a lição mais importante que você pode aprender ao ler este livro é que não ficará rico da noite para o dia com o *day trading*. Fazer *day trade* não é o mesmo que apostar no cassino ou jogar na loteria. Esse é o maior equívoco sobre o *day trading*, e espero que você chegue à mesma conclusão depois de ler este livro. O *day trading* parece muito fácil. Em geral, os corretores não divulgam estatísticas de clientes ao público, mas, em Massachusetts, um tribunal estadual ordenou a divulgação dos registros dos corretores financeiros. Esses registros indicaram que, após seis meses de negociação, apenas 16% dos *day traders* realmente ganharam dinheiro. É muito fácil ser um daqueles 84% dos *traders* que estão perdendo dinheiro.

Isso leva à minha primeira regra de *day trading*:

Regra 1 — O *day trading* não é uma estratégia para enriquecer rapidamente.

Fique longe de quem acha que o mercado de ações é um esquema para enriquecimento rápido. À luz da pandemia do novo coronavírus, em 2020, e das diretrizes de distanciamento social, a Figura 1.4 mostra duas diretrizes de distanciamento social particularmente importantes. Uma protege sua saúde;

a outra, sua riqueza! Mantenha distância de quem acha que as ações são feitas para ajudá-lo a ficar rico da noite para o dia!

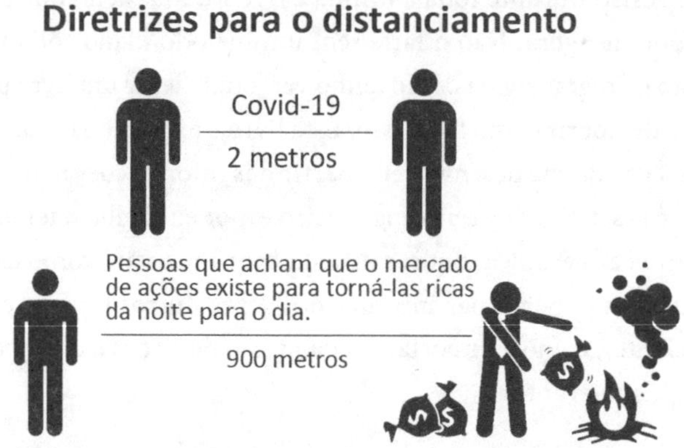

Diretrizes para o distanciamento

Covid-19
2 metros

Pessoas que acham que o mercado de ações existe para torná-las ricas da noite para o dia.
900 metros

Figura 1.4 — Imagens de uma diretriz de distanciamento social relacionada à Covid-19 (para proteger sua saúde) e de uma diretriz de distanciamento social relacionada àqueles que querem enriquecê-lo da noite para o dia por meio do mercado de ações (para proteger sua riqueza).

São inúmeras as histórias de pessoas que ingressam no mercado de ações sem nenhum plano. Revisarei algumas dessas histórias no capítulo 10.

Um equívoco muito comum que as pessoas cometem sobre o *day trading* é achar que ele é fácil: apenas "compre na baixa e venda na alta!" ou "compre nos mergulhos, venda nos repiques!". Mais uma vez, o *day trading* parece extremamente fácil, mas não é. Se fosse tão simples assim, todo mundo seria um *trader* de sucesso e, a cada ano, não veríamos uma taxa de fracasso tão alta entre os *traders* ativos. Você deve sempre lembrar que o *day trading* é difícil e não o tornará rico rapidamente. Se você tem essa percepção equivocada e quer ficar rico com rapidez e facilidade no mercado de ações, deve parar de ler este livro agora e gastar as economias que reservou para o *day trading* em férias com a família. Seria muito mais satisfatório gastar seu dinheiro dessa forma em vez de perdê-lo no mercado de ações.

Após mencionar todos esses pontos, afirmo que o *day trading* pode ser uma profissão lucrativa. Mas tenha em mente que é uma carreira profissional muito exigente — definitivamente, não é uma atividade casual para iniciantes. Vai demorar para você se tornar um profissional consistentemente lucrativo. Muitos *traders* fracassarão na longa e, às vezes, fatal curva de aprendizado do *day trading*.

O capítulo 10 aborda as etapas reais que você deve seguir para entrar com sucesso no mundo do *day trading*, mas, novamente, esteja ciente de que ele exige uma curva de aprendizado brutal. Embora haja muitas coisas que você pode fazer para acelerá-la, infelizmente você não pode fazê-la desaparecer. Negociar em uma conta simulada acelera sua curva de aprendizado exponencialmente. Um dia de negociação em um simulador pode equivaler a semanas de treinamento com contas reais ou *off-line*.

Muitas vezes me perguntam quanto tempo demora para começar a ganhar dinheiro como um *trader*. Você deve ter ouvido falar que pode levar um ano. Alguns *traders* profissionais podem dizer que não é possível ganhar dinheiro por dois anos. Descobri que a maioria dos melhores *traders* em nossa comunidade ganha dinheiro de forma consistente antes do final do seu sexto mês. Mas, para outros, pode demorar um ano. Em média, costuma demorar de seis a oito meses. Sempre me divirto ao ver livros e cursos *on-line* que anunciam que eles ensinam uma estratégia simples para ganhar dinheiro desde o "primeiro dia", ou após uma semana, ou mesmo depois de apenas um mês. Fico intrigado quando encontro pessoas que realmente acreditam nessa publicidade e estão dispostas a pagar por esses produtos. Colocar pedidos de compra e venda numa tela, onde todas as imagens e variáveis estão se movendo de forma excepcionalmente rápida, exige os mais altos níveis de concentração e disciplina. No entanto, infelizmente, o *day trading* atrai algumas das pessoas mais impulsivas e propensas a apostas.

Assim, os tempos mudaram e essa mudança beneficiou os *traders*. As comissões costumavam ser muito altas e só no passado recente as corretoras reduziram suas comissões de forma significativa. Os programas de computador de acesso direto e outras tecnologias importantes que permitem a execução rápida de negócios costumavam estar disponíveis apenas para a elite de Wall Street. Comerciantes "normais", como você e eu, não tínhamos acesso à tecnologia adequada, nem à instrução e ao treinamento adequados e necessários para ser um *trader* ativo lucrativo. Isso mudou definitivamente na última década. Tecnologia mais acessível, incluindo plataformas e *scanners*, bem como corretores de desconto (também conhecidos como corretores de acesso direto), agora está disponível a um custo significativamente mais baixo para todos.

Ninguém sabe realmente quais são as estatísticas exatas, mas alguns relatórios (agora desatualizados) de corretoras mostravam que apenas 10% dos *traders* estavam ganhando dinheiro depois de dois anos. Compartilhei, há apenas algumas páginas, uma taxa de sucesso de 16% divulgada nos registros do tribunal no estado de Massachusetts. Embora uma taxa de fracasso de 90% (ou 84%)

seja assustadora e decepcionante, não é incomum no mundo dos negócios. De acordo com vários estudos publicados, a taxa de fracasso de startups e de novos negócios é algo em torno de 90% após quatro anos de operação. Mesmo em carreiras-padrão e típicas, como engenharia ou direito, um grande número de graduados muda para outras áreas em busca de crescimento profissional e oportunidades melhores. Em 2019, numa reunião da turma de engenharia química da universidade onde me formei, descobri que apenas 15% dos alunos com os quais estudei ainda praticavam sua profissão. Apenas 15%! Ou seja, 85% mudaram para outras áreas sem relação direta com nossa formação. Podemos não considerar um fracasso propriamente dito para os graduados, mas obviamente isso mostra que um aprendizado em engenharia química clássica não significa uma carreira vitalícia para todos os graduados. Eu mesmo não trabalho com engenharia há mais de sete anos, sobretudo porque essa profissão não proporcionava suporte financeiro suficiente para minha família.

No *day trading*, você competirá com as mentes mais afiadas do mundo. Você deve considerar o mercado como um grande grupo de *traders*, espalhados pelo mundo inteiro, alguns experientes, outro iniciantes, ou trabalhando em casa, ou trabalhando para grandes empresas — mas todos querendo manter seu dinheiro e todos querendo meter a mão no seu dinheiro.

Isso leva à minha segunda regra do *day trading*:

Regra 2 — O *day trading* não é fácil. É um negócio sério e você deve tratá-lo como tal.

Day trading não é um passatempo. Não é uma distração de fim de semana. Você precisa estudar e se preparar para entrar no mundo do *day trading* com a mesma seriedade com que um aluno estuda na universidade ou na escola técnica. E, uma vez que comece a negociar com seu dinheiro real, precisa tratar essa atividade como sua carreira. Você precisa se levantar cedo, se vestir e se sentar em frente à sua estação de negociação, como se estivesse se preparando para ir a qualquer outro trabalho. Sua atitude não pode ser displicente. Você pode alcançar sucesso, mas, para isso, tem que estar mais preparado do que muitos dos outros *traders* com os quais compete. Parte significativa para alcançar esse sucesso é aprender a controlar suas emoções. Entre em cada transação com um plano bem elaborado e não deixe de segui-lo. Como gosto de dizer, você precisa seguir seus planos de negociação como se estivessem grudados em sua pele! Não permita que suas emoções o atrapalhem no meio de uma transação.

Não seja uma pessoa emocional quando negocia em bolsa. Esteja "calmo, tranquilo e controlado", como se diz. Você precisa, de alguma forma, encontrar uma maneira de controlar suas emoções. Pessoalmente, acho que você deve começar a desenvolver a disciplina de um vencedor (expandirei essa ideia no capítulo 8, quando compartilhar uma caminhada que fiz, na hora do almoço, pela Wall Street, na cidade de Nova York, em 2014).

Então, o que é *day trading*? Na realidade, *day trading* é uma profissão, muito parecida com medicina, direito e engenharia. O *day trading* requer os programas de computador e as ferramentas certos, além de instrução, paciência e prática. Para aprender a negociar com dinheiro real, será preciso dedicar inúmeras horas à leitura de estilos de negociação, observando *traders* experientes e praticando em contas de simulador. Um *day trader* de sucesso mediano pode ganhar entre 500 e mil dólares todos os dias. Isso é o equivalente a algo entre 10 mil e 20 mil dólares por mês (com base em cerca de vinte dias de negociação mensais), ou seja, cerca de 120 mil a 240 mil dólares ao ano. Como alguém pode pensar que um trabalho que paga tão bem seria fácil? Médicos, advogados, engenheiros e muitos outros profissionais passam anos estudando, praticando, trabalhando arduamente e fazendo provas para obter uma renda semelhante. Por que o *day trading* deveria ser diferente?

E, portanto, se não é fácil e não torna ninguém rico rapidamente, por que alguém iria querer ser *day trader*?

O que torna o *day trading* atraente é o estilo de vida. Você pode trabalhar de casa, trabalhar apenas algumas horas por dia e tirar folga sempre que desejar. Você pode passar o tempo que quiser com sua família e amigos, sem solicitar férias a um chefe ou gerente. Você é o chefe. Uma vez que o *day trading* é uma forma de trabalho autônomo, você é o CEO e toma as decisões executivas de sua empresa. Mencionei minha paixão por viajar no início deste capítulo. Consegui viajar para 27 países em 2019 e, na maioria das vezes, fiz minhas negociações no meu laptop e em algumas telas portáteis. Não precisei solicitar folga, férias ou pedir permissão ao meu gerente.

O estilo de vida é extremamente atraente e, claro, se dominar a profissão de *day trader*, você poderá, potencialmente, ganhar milhares de dólares todos os dias, muito mais do que na maioria das outras profissões. Conheço pessoalmente alguns *traders* que ganham, em média, mais de 2 mil dólares todos os dias — alguns dias o ganho é menor e, em outros, maior; mas, a longo prazo, eles obtêm um lucro superior a 2 mil dólares todos os dias. Não importa onde more e como você viva, 2 mil dólares por dia é uma quantia substancial e pode contribuir para um estilo de vida bastante satisfatório. Se você aprender a fazer *day trading* de forma adequada, sua recompensa será as habilidades para negociar lucrativamente em qualquer mercado, em qualquer lugar e pelo resto de sua carreira comercial. Basicamente, é uma licença para imprimir dinheiro. Mas é preciso tempo e experiência para desenvolver habilidades para essa nova carreira. O quanto você pode esperar ganhar também está diretamente relacionado a quanto capital você tem disponível para negociar. Se dispõe de uma quantidade de capital pequena para negociar, digamos 5 mil dólares, não espere um retorno de 2 mil dólares diários. Isso pode acontecer em um ou dois dias de sorte, mas certamente não é realista nem sustentável. É difícil viver com uma conta tão pequena.

Se você deseja ter um negócio próprio, o *day trading* é um lugar simples para começar. Reserve um momento e compare o *day trading* com a abertura de uma pizzaria ou de um restaurante. Se você quiser abrir um restaurante, terá de gastar grandes somas com aluguel, equipamentos, contratação e treinamento de pessoal, seguro e licenças — mesmo assim, não terá garantia de ganhar dinheiro com o restaurante. Muitas empresas são assim. O *day trading*, no entanto, é muito fácil de preparar e iniciar. Você pode abrir uma conta de negociação hoje, sem nenhum custo, e começar a operar amanhã. É claro que não se deve fazer isso até que se aprenda, mas a logística de iniciar o *day trading* é extremamente fácil em comparação com muitos outros negócios e profissões.

O *day trading* também é um negócio fácil de gerenciar no que se refere ao fluxo de caixa. Você pode comprar uma ação e, se as coisas forem mal, pode vendê-la imediatamente, com prejuízo. Compare isso com pessoas que têm empresas de importação e exportação e estão importando mercadorias de outros países. Muita coisa pode dar errado ao comprar remessas de mercadorias para vender em seu próprio país — problemas com fornecedores, transporte, alfândega, distribuição, marketing, qualidade e satisfação do cliente. Além disso, seu dinheiro fica preso durante todo o processo. A menos que tudo corra bem, não dá para fazer nada a respeito. Às vezes, você não consegue nem aceitar uma perda pequena e sair facilmente de determinada situação. No *day trading*, se as coisas derem errado, você pode sair da transação em alguns segundos com um ato tão rápido e simples quanto um clique (e, claro, um pequeno prejuízo). É fácil recomeçar no *day trading*, um aspecto altamente desejável em qualquer negócio.

Fechar um negócio de *day trading* também é fácil. Se você descobre que o *day trading* não é o que você quer na vida, ou se não consegue ganhar dinheiro dessa forma, pare imediatamente de negociar, feche suas contas e retire seu dinheiro. Além de tempo e dinheiro gastos, não há nenhum outro custo ou penalidade. Fechar outros escritórios profissionais ou empresas não é tão simples. Não é fácil fechar uma loja, um escritório ou um restaurante, dispensar uma equipe inteira e deixar de pagar o aluguel e os equipamentos.

Por que, então, a maioria das pessoas é malsucedida no *day trading*?

Explicarei as razões específicas por trás dessa questão importante nos capítulos 8 e 10, mas, de modo geral, a razão mais comum pela qual as pessoas não são bem-sucedidas nesse tipo de empreendimento é que elas não o levam a sério. Em vez disso, elas o tratam como um tipo de jogo que as tornará ricas de forma rápida e fácil.

Outras decidem se envolver no *day trading* porque acham que será divertido ou aprazível, ou um tipo de passatempo interessante. Podem ser atraídas para a negociação porque consideram-na uma coisa "legal" de se fazer, algo que lhes traga prestígio ou talvez as torne mais atraentes aos olhos dos outros.

Amadores perdedores negociam pela emoção da aposta de curto prazo nos mercados. Eles brincam um pouco, mas nunca se comprometem a adquirir uma formação adequada ou um conhecimento profundo do *day trading*. Talvez tenham sorte algumas vezes e até ganhem algum dinheiro, mas, no fim, acabarão sendo punidos pelo mercado.

Esta é, na verdade, minha própria história. No início da minha carreira como *day trader*, uma empresa então chamada Aquinox Pharmaceuticals Inc. (AQXP) anunciou alguns resultados positivos para um de seus medicamentos e suas ações saltaram de 1 dólar para mais de 55 dólares em apenas dois dias. Eu era um iniciante na época. Comprei mil ações por 4 dólares cada e as vendi por mais de 10 dólares. Fiquei emocionado. O que parecia uma coisa muito boa, no entanto, acabou sendo muito ruim. Eu tinha ganhado mais de 6 mil dólares em questão de minutos. E no meu primeiro dia de negociação com dinheiro de verdade! Fiquei com a impressão de que ganhar dinheiro no mercado era fácil. Foi preciso tempo e várias perdas graves para eu me livrar dessa noção muito equivocada.

Foi pura sorte. Sinceramente, não tinha ideia do que estava fazendo. Em apenas algumas semanas, perdi os 6 mil dólares por cometer erros em outras operações. Tive sorte porque meu primeiro negócio estúpido foi aquele em que tive sorte. Para muitas pessoas, o primeiro erro é a última operação, porque elas arrasam suas contas e são forçadas a dizer adeus, desesperadamente, ao *day trading*.

Os *day traders* iniciantes nunca devem perder de vista o fato de que estão competindo com *traders* profissionais de Wall Street e com outros *traders* experientes ao redor do mundo que são muito sérios, estão bem equipados com instrução e ferramentas avançadas e, o mais importante, empenhados em ganhar dinheiro.

Nunca se esqueça da Regra 2: o *day trading* é um negócio muito sério. Você precisa acordar cedo pela manhã, fazer seus preparativos todos os dias com as ações que pretende negociar e estar bem-preparado antes da abertura do mercado. Imagine, por um momento, que você abriu um restaurante. Você pode se dar ao luxo de não estar pronto para seus clientes quando abrir as portas? Você não pode fechar o restaurante na hora do almoço porque não está se sentindo bem, não está com disposição ou não teve tempo de pedir mantimentos suficientes para o pessoal da cozinha preparar as refeições. Você precisa estar sempre pronto. O negócio de *day trading* não é diferente.

O *day trading* requer ferramentas, software e formação adequados. Como em qualquer negócio, você deve possuir as ferramentas certas para alcançar o sucesso. Então, quais são as ferramentas básicas de que você precisa para o seu negócio de *day trading*?

1. Plano de negócios: Como em qualquer outro negócio, você precisa ter um plano sólido para o seu *day trading*, incluindo quais estratégias usar e quanto investir em sua formação — computador e telas, software de *scanner* (se não estiver usando um emprestado), plataformas e outras ferramentas. Sempre aconselho as pessoas a fazerem um orçamento de, pelo menos, 1.500 dólares para formação no primeiro ano. Sim, 1.500 dólares pode ser muito dinheiro para uma semana ou um mês de treinamento, mas ao longo de sua vida é um investimento muito administrável, mesmo para pessoas que não são financeiramente abençoadas, mas estão dispostas a começar a negociar no mercado. Para esta edição do meu livro, incluí uma seção (encontrada no capítulo 10) que discute como montar seu plano de negócios de *day trading*.

2. Formação: Sempre me surpreendo quando vejo pessoas começarem um novo negócio sem a formação e o treinamento adequados. O *day trading* é um negócio que requer formação séria e prática consistente. Você começaria a fazer uma cirurgia logo após ler um ou dois livros? Você seria capaz de praticar direito ou engenharia apenas combinando a leitura de um livro com a exibição de alguns vídeos no YouTube? Não. Uma carreira de *day trading* não é diferente. Procure uma formação sólida e uma prática de, pelo menos, três meses em simuladores antes de negociar com dinheiro real. Muitas pessoas acreditam que o *day trading* pode ser reduzido a certas regras que podem seguir todas as manhãs: sempre faça isso e aquilo outro. Na realidade, negociar em bolsa não tem nada a ver com "sempre"; trata-se de situações singulares que se apresentam e de negociações individuais.

3. Capital inicial (dinheiro): Como em qualquer outro negócio, você precisa de algum dinheiro para iniciar seu negócio de *trading*, incluindo dinheiro para comprar um bom computador e quatro monitores, além de capital suficiente para realmente começar a negociar. Muitos negócios, assim como os de *day trading*, fracassam porque os empreendedores fundadores não têm capital inicial adequado e não conseguem manter um controle rígido de seus custos indiretos. Levará algum tempo até você conseguir se sustentar com o *day trading*. Você precisa de um capital inicial suficiente para financiar suas primeiras operações. Muitas vezes, os *traders* iniciantes cortam despesas que são essenciais, como formação, ferramentas e plataforma certas, a fim de preservar seu capital. Eles tentam fazer muito com muito pouco. Isso cria uma espiral mortal de angústia e operações influenciadas por emoções. O capital inicial adequado permite que os *traders* iniciantes cometam erros de iniciante e resolvam seus pontos fracos no início de sua carreira de *day trading* e antes de serem forçados a abandonar o negócio. A quantidade de capital disponível para negociação também é um componente importante de suas metas diárias, sobretudo se você deseja ganhar a vida operando em bolsa. Quando os *traders* estão subcapitalizados, mas ainda esperam negociar para viver, ficam mais propensos a assumir riscos maiores para alcançar os retornos desejados. Isso, infelizmente, pode destruir sua conta.

4. Ferramentas e serviços adequados:
    a. um serviço de internet de alta velocidade;
    b. a melhor corretora disponível;
    c. uma plataforma de execução rápida de pedidos que oferece suporte a teclas de atalho;
    d. um programa *scanner* para encontrar as ações certas para negociar; e
    e. o suporte de uma comunidade de *traders*.

Algumas dessas ferramentas precisam ser pagas mensalmente. Assim como outras empresas têm contas mensais de eletricidade, software, licenças e aluguéis, você deve poder pagar as contas mensais do seu provedor de internet, as comissões do seu corretor, os custos do *scanner* (se não usar o de outra pessoa) e as taxas da plataforma de negociação em bolsa. Se você faz parte de uma comunidade ou sala de bate-papo paga, também pode adicionar o custo dessa assinatura a essa lista.

QUAIS ATIVOS DEVO NEGOCIAR EM *DAY TRADE*? AÇÕES, CRIPTOMOEDAS, OPÇÕES, MOEDAS?

Diferentemente do que ocorria no passado, hoje há diversos meios de negociação que podem ser escolhidos. No entanto, mesmo que seus gráficos pareçam semelhantes na tela do computador, não deixe que a aparência deles o engane. Cada ferramenta oferece oportunidades diferentes, mas também traz desvantagens e riscos específicos. Escolher qual ativo negociar em *day trade* é uma das decisões mais importantes que você poderá tomar ao iniciar sua carreira de *trader*. A seguir, descreverei seis grandes grupos de ativos para ajudá-lo a tomar uma decisão bem informada sobre o que você deve focar:

- ações e fundos negociados em bolsa (ETFs)
- criptomoedas
- opções
- contratos por diferenças (CFDs)
- futuros e *commodities*
- moedas estrangeiras

Independentemente do(s) grupo(s) que você selecionar, é fundamental garantir que os dois critérios essenciais de liquidez e volatilidade estejam presentes no mercado toda vez que você pensar em entrar em uma transação.

Ao começar esta seção, também é importante mencionar que a maioria das estratégias e outras informações neste livro é voltada para o *day trading* no mercado de ações dos Estados Unidos, o mais volátil e líquido do mundo. O *day trading* é realmente difícil, ou até impossível, em mercados que não têm muita volatilidade ou não são regulamentados. Vários outros mercados internacionais também estão disponíveis para negociação, incluindo a bolsa de valores de Toronto, no Canadá; a bolsa de Xangai, na China; a bolsa de Londres, no Reino Unido; e a Deutsche Börse AG, na Alemanha. Prefiro não negociar nelas e não tenho muitas informações disponíveis. Só negocio ativamente no mercado estadunidense e a maioria das ferramentas neste livro é realmente apropriada apenas para esse mercado. Na verdade, recomendo que você negocie apenas no mercado dos Estados Unidos. No entanto, não precisa ser residente para negociar nesse mercado. Quase todos os corretores abrem contas de corretagem para pessoas de qualquer nacionalidade. Como escrevi anteriormente, sou canadense, moro no Canadá, mas consigo negociar com facilidade no mercado dos Estados Unidos. Se, como eu, você não reside nos Estados Unidos, entre em contato com uma corretora de sua escolha e ela, provavelmente, abrirá uma conta adequada.

CRIPTOMOEDAS

Enquanto escrevia a primeira edição deste livro, em 2015, o comércio de criptomoedas era pouco difundido. O número de criptomoedas em circulação era bastante limitado, o *blockchain* era considerado uma tecnologia relativamente nova e ninguém achava que a negociação de criptomoedas se tornaria tão popular. No entanto, enquanto escrevo estas palavras, em 2022, negociar criptomoedas é a norma. De alguma forma, quase todos os interessados em negociar estão envolvidos no mercado de criptomoedas. Frequentemente recebo e-mails de *traders* iniciantes me perguntando sobre o *day trading* de criptomoedas e se as estratégias apresentadas neste livro funcionam nesse mercado. A resposta, infelizmente, não é muito simples. Embora alguns dos principais conceitos que você aprenderá neste livro, como a movimentação de preços e os padrões de velas, o gerenciamento de risco e os níveis técnicos e de *stop loss*, possam ser aplicados ao mercado de criptomoedas, as estratégias gerais talvez não sejam adotáveis.

A principal diferença entre o mercado de criptomoedas e o de ações é que este último está aberto apenas seis horas e meia por dia, das 9h30 às 16h, horário da Costa Leste, mas as criptomoedas são negociadas em um mercado que fica aberto 24 horas por dia, sete dias por semana. No mercado de ações, a volatilidade é, em geral, limitada às primeiras duas horas em que o mercado está aberto, e as condições de mercado costumam ser menos voláteis à tarde. No mercado de criptomoedas, uma vez que as pessoas de todo o mundo podem negociar a qualquer momento, pode haver uma volatilidade repentina, e esta pode se dissipar com igual rapidez. Por exemplo, às 3 da manhã de uma quarta-feira, um grande detentor de criptomoedas, na China, pode começar a comprar ou vender grandes posições, e suas transações criarão uma volatilidade significativa no mercado. Se você estivesse acordado às 3 da manhã, naquela manhã, e estivesse olhando para seus monitores, saberia quando (e como) exatamente se beneficiar dessa volatilidade? Suponho que sua resposta seja "não!". Pode ser difícil, mesmo para *traders* experientes, captar surtos de volatilidade breves no mercado de criptomoedas.

Tenho um amigo que fazia *day trading* nesse mercado. Ele teve alguma sorte de principiante, mas depois tornou-se cada vez mais malsucedido. Seu dia a dia, seu sono e seus relacionamentos com familiares e amigos estavam sendo afetados, muito negativamente, por suas negociações. Ele estava sempre ao telefone e na plataforma, respondendo a, literalmente, uma infinidade de alertas de SMS e de e-mails que ele havia configurado. Você não precisa ser médico para saber que esse tipo de estresse e essa distração não são saudáveis, mesmo se você estiver ganhando dinheiro, ainda mais se estiver perdendo.

Dois fenômenos, um recente e outro não tão recente, tiveram um impacto positivo sobre o local em que as pessoas podem trabalhar fisicamente. De uma perspectiva de longo prazo, a tendência à globalização tornou o mundo um lugar menor. Além disso, muitas pessoas optaram por — ou foram forçadas a — trabalhar em casa por causa da pandemia. Juntos, esses dois fenômenos levaram muitas pessoas não apenas a viajar como também a viajar para muito, muito longe de sua casa. Nos últimos dois anos, negociei pessoalmente os mercados dos Estados Unidos em lugares tão variados quanto Papua-Nova Guiné; Chamonix-Mont-Blanc, na França; Nepal; Puerto Natales, na região da Patagônia, no sul do Chile; e Tanzânia (enquanto escalava o monte Kilimanjaro). No entanto, em virtude das diferenças de fuso horário, nem sempre tive o sucesso que esperava. Por exemplo, enquanto eu estava na Nova Zelândia, fazendo trilha com minha família, decidi efetuar algumas negociações, mas o mercado americano abria às 3h30, horário local, e eu não sabia se deveria tomar uma bebida alcoólica ou um café antes de o sino de abertura tocar a 9 mil milhas (cerca de 14 mil quilômetros) de distância na cidade de Nova York. Dependendo de como eu estivesse me sentindo, eu poderia ter escolhido fazer qualquer uma dessas duas coisas! Foi muito difícil estar alerta de manhã cedo depois de um dia cheio de atividades, e eu tive que desistir de negociar durante a maior parte do tempo em que estivemos na Nova Zelândia. Conheço *traders* na Austrália que negociam ações dos Estados Unidos e converso com *traders* dos Estados Unidos que transacionam índices europeus. Peço que pense duas vezes antes de negociar em um fuso horário muito diferente do seu. Sua tela de dados está conectada ao mundo, mas sua mente e seu corpo estão enraizados no lugar onde você mora (ou está passando férias). Se negociar enquanto estiver com sono, você se colocará em grande desvantagem. Você pode se sair bem por alguns dias, mas a falta de sono e/ou a falta de rotina acabarão por atrapalhá-lo. Se sua cabeça está no travesseiro enquanto uma transação sua está em aberto do outro lado do mundo, você ajuda seus concorrentes a enfiar a mão em seu bolso.

É mais fácil lidar com alguns fusos horários do que com outros. Por exemplo, não há problema em negociar nos mercados dos Estados Unidos se você estiver na Europa Ocidental, onde a Bolsa de Valores de Nova York abre às 15h30, hora local, e fecha às 22h. Na maioria das vezes, você negocia apenas por algumas horas na abertura, portanto, pode encerrar seu dia por volta das 19h e ir jantar. Faz algum tempo que penso em me mudar para Lisboa a fim de desfrutar da beleza de Portugal. Se eu fizer isso, só precisarei negociar à tarde. No entanto, é muito difícil negociar nos mercados dos Estados Unidos estando na Ásia, onde o fuso horário pode ser de cerca de doze horas (mais ou menos). Apenas como um exemplo, em Cingapura, os mercados dos Estados Unidos abrem às 22h30, hora local, e como você provavelmente passará algumas horas negociando todos os dias, é possível que esteja a mil por hora ao tentar adormecer às 3h30 da manhã. Sempre há exceções a uma regra, e talvez você goste de negociar à noite, mas, se estiver cansado e sonolento, não force a barra. Em vez disso, encontre um mercado mais próximo para negociar.

Outra desvantagem do mercado de criptomoedas é a alta taxa de comissão sobre as transações. As comissões, no mercado de ações dos Estados Unidos, caíram significativamente nos últimos anos, por isso, muitas vezes, você verá anúncios de corretoras que não cobram comissão, mas as bolsas de criptomoedas ainda cobram taxas de negociação, depósito e retirada. Dependendo da carteira ou da bolsa que você usa, essas taxas podem alcançar 5% de sua conta de negociação, e, acredite, isso pode ter um impacto muito grande em seu sucesso financeiro.

Além disso, na América do Norte, depositar grandes quantias de dinheiro (e mesmo não tão grandes) em contas de criptomoedas e depois retirá-las pode ser muito desafiador, se não impossível, por causa da legislação existente contra a lavagem de dinheiro e de uma série de outros regulamentos e regras governamentais.

A segurança cibernética é uma preocupação adicional no mercado de criptomoedas. Para combater o cibercrime, você precisa ter muito, muito cuidado com suas carteiras. Tenho dois amigos que são mais experientes em tecnologia e bem informados sobre computadores e tecnologia do que qualquer outra pessoa que eu conheço. No entanto, suas carteiras de criptomoedas foram invadidas e esvaziadas enquanto eles usavam seus computadores, embora tivessem ativado a autenticação de dois fatores. Nos dois casos, o *modus operandi* foi uma tática semelhante ao *phishing*. Uma pessoa recebeu um e-mail de aparência genuína, a outra tentou baixar e instalar um arquivo de aparência genuína, e ambas as ações facilitaram o acesso de *hackers* aos seus computadores. Mais tarde, enquanto trabalhavam em seus computadores, suas carteiras foram esvaziadas e suas tentativas de fazer com que as bolsas rastreassem as transações foram infrutíferas. É importante reconhecer que, quando você está lidando com instituições financeiras, como bancos ou corretoras reconhecidas, seus fundos podem ser rastreados com muito mais facilidade. Em geral, as vítimas desses tipos de *hackers* são protegidas e sua seguradora ou seu banco cobre o prejuízo sofrido.

Apesar disso, não deixe de abraçar o mercado de criptomoedas e outras novas fronteiras da tecnologia por causa desses tipos de barreiras à entrada. Existem maneiras de contorná-las. Eu mesmo não me interesso pelo mercado de criptomoedas, nunca negociei criptomoedas diretamente e nem abri uma carteira. Dito isso, você acha que eu perdi algumas oportunidades interessantes de negociar nesse setor quente? De jeito nenhum. Muitos ativos do mercado de criptomoedas são correlacionados ou têm um equivalente no mercado de ações dos Estados Unidos, os quais você pode transacionar, incluindo plataformas de negociação de criptomoedas como a COIN, ou mineradores como a RIOT e a MARA. Semelhantes ao Bitcoin e a outras criptomoedas, essas ações são voláteis e podem ser difíceis de negociar com lucro, mas seu dinheiro estará mais seguro e você se beneficiará com a negociação em um mercado regulamentado.

Para concluir, como você deve ter notado logo no início deste livro, adoro o mercado de ações dos Estados Unidos! As comissões são significativamente mais baixas do que as de outros instrumentos de negociação e investimento, as ferramentas são bem desenvolvidas, o mercado é regulamentado e os horários em que ele está aberto para negociação são muito bem definidos. No entanto, outros mercados e instrumentos também oferecem oportunidades sólidas, e, definitivamente, não me oponho a eles. O próprio mercado de ações já está muito bem consolidado. Apesar do crescimento de popularidade das criptomoedas e de outros instrumentos, o mercado de ações continua sendo um dos melhores lugares para se negociar. Para ser justo, no entanto, devo dizer que cada mercado, cada instrumento e cada veículo têm suas próprias vantagens e desvantagens. Depois de algumas tentativas e erros, um *trader* sábio deve restringir seu foco para apenas um ou dois deles.

Neste livro, a maioria das estratégias que apresento e o conhecimento obtido através de minhas experiências, as quais estou compartilhando aqui, são voltados para ações e fundos negociados em bolsa (ETFs), e não para opções ou moedas. O *day trading* de opções é uma atividade muito mais complexa e requer um nível de instrução diferenciado, o qual este livro não poderia começar a fornecer. Quanto às moedas, é difícil negociá-las nos intervalos breves utilizados pelos *day traders*. Os movimentos das moedas são significativos apenas em gráficos horários e diários, e pode ser quase impossível encontrar padrões consistentes nos gráficos de um minuto ou cinco minutos. Além disso, o mercado de câmbio está aberto quase 24 horas por dia, sete dias por semana, o que novamente torna o *day trading* desafiador, pois, ao contrário do mercado de ações, suas horas voláteis não são limitadas ao intervalo entre 9h30 e 11h, horário da Costa Leste. Assim, este livro foca, principalmente, o *day trading* no mercado de ações, embora o que você aprenderá nas próximas páginas possa definitivamente ser aplicado à negociação de outros ativos.

2
COMO FUNCIONA O *DAY TRADING*

Neste capítulo, revisarei muitos dos fundamentos do *day trading* e espero responder às suas perguntas sobre o que é o *day trading* e como ele funciona. Também apresentarei algumas das principais ferramentas e estratégias que você encontrará posteriormente neste livro. É claro que as ferramentas não têm valor a menos que se saiba como usá-las de maneira adequada. Esta obra será o seu guia para aprender a usar essas ferramentas.

DAY TRADING VERSUS *SWING TRADING*

Uma pergunta convincente para começar é: o que você procura como um *day trader*?

A resposta é simples. Primeiro: ações que estão se movendo de maneira relativamente previsível. Segundo: você vai operá-las ao longo de um mesmo dia. Você não manterá nenhuma posição de um dia para o outro. Se comprar ações da Apple Inc. (AAPL) hoje, por exemplo, não manterá sua posição aberta no final do dia para vendê-la amanhã. Se mantiver qualquer ação além do fim do dia, a operação não será mais *day trading*, mas, sim, *swing trading*.

Swing trading é uma forma de operação na qual você mantém ações por um período de tempo, geralmente de um dia a algumas semanas. É um estilo completamente diferente de negociação, e não devem ser usadas as mesmas estratégias e as ferramentas para o *day trading* em uma operação de *swing*. Você se lembra da Regra 2, em que menciono que o *day trading* é um negócio? Uma operação de *swing* também é uma transação, mas de um tipo completamente diferente. As diferenças entre o *swing trading* e o *day trading* são como as diferenças entre ser dono de um restaurante e de uma empresa de entrega de comida. Ambos os negócios envolvem alimentos, mas operam com prazos, regulamentações, segmentos de mercado e modelos de receita diferentes. Não confunda o *day trading* com outros estilos de operação apenas porque a transação envolve ações. Os *day traders* sempre encerram suas posições antes do fechamento do mercado.

Muitos *traders*, inclusive eu, praticam *day trading* e *swing trading*. Estamos cientes de que administramos dois negócios diferentes e passamos por programas instrucionais separados para esses dois tipos de operação. Uma das principais diferenças entre *day trading* e *swing trading* é a abordagem para a seleção de ações. Não faço operações de *swing trade* e de *day trade* com as mesmas ações. Os *swing traders*, em geral, procuram ações em empresas sólidas que sabem que não perderão todo o seu valor da noite para o dia. Para o *day trading*, no entanto, opere com qualquer coisa, incluindo empresas que logo irão à falência, porque você não se importa com o que acontece depois que o mercado fecha. Na verdade, muitas das empresas que você operará durante o dia são arriscadas demais para manter durante a noite — elas podem perder muito de seu valor nesse curto espaço de tempo.

Agora você alcançou a Regra 3 do *day trading*:

Regra 3 — Os *day traders* não mantêm posições durante a noite. Se necessário, venda com prejuízo para ter certeza de não reter nenhuma ação durante a noite.

Ao longo dos anos, vários *traders* me enviaram e-mails sobre essa regra e se perguntaram por que eu os aconselho a fechar suas posições no final do dia, mesmo com prejuízo. É claro que não quero que você perca dinheiro, mas muitas vezes vejo os *traders* mudarem repentinamente de plano no final do dia porque não querem aceitar uma perda pequena. Eles deveriam sair de uma transação perdedora, mas, em vez disso, decidem repentinamente permanecer na operação e mantê-la durante a noite, na "esperança" de que talvez uma ação repique no dia seguinte. Eu mesmo transformei algumas das minhas *day trades* em *swing trades* e paguei um preço alto por isso. Com frequência, muitas das ações que operamos hoje perderão ainda mais de seu valor durante a noite. Como *day trader*, você deve seguir seus planos diários. Nunca transforme uma operação de *day trade,* que deveria ser encerrada no final do dia, em uma de *swing trade.* É uma tendência humana comum aceitar lucros rapidamente, mas também é querer esperar até que as operações perdedoras deixem de ser deficitárias.

Da mesma forma, é muito importante lembrar que "operar" é diferente de "investir". Meus amigos costumam me perguntar: "Andrew, você é um *trader*, pode me ensinar como operar também?". Quando me sento com eles e ouço suas expectativas, percebo que a maioria deseja investir seu dinheiro, não está procurando uma carreira nova ou adicional como *trader*. Na verdade, eles querem investir seu dinheiro sozinhos, em vez de se contentar com os ganhos oferecidos por um típico fundo mútuo. Eles não querem se tornar *traders*; não percebem as diferenças; e estão incorretamente usando as palavras "investir" e "operar" de forma intercambiável. A maioria tem algum dinheiro em suas contas de poupança ou de aposentadoria e gostaria de aumentar esse investimento a uma taxa mais rápida do que aquela oferecida pelos fundos mútuos ou por outros serviços de investimento gerenciados. Eu explico as diferenças entre um *trader* e um investidor para assegurar que tenham clareza sobre a carreira de um operador de bolsa. Claro, a maioria não está pronta para se tornar um *trader*.

Muitas vezes, também sou solicitado a dar minha opinião sobre o mercado ou sobre uma ação específica. Por exemplo, meus amigos e familiares vão me perguntar "Andrew, você acha que o mercado vai subir ou descer daqui até o final do ano?" ou "A Apple está caindo, agora é uma boa hora para comprar? Você acha que vai subir?".

Minha resposta é: "Não faço ideia".

Eu sou um *trader*. Não sou um investidor. Não estudo tendências de longo prazo nem fui treinado como investidor. Nunca desenvolvi uma estratégia de investimento de longo prazo. Não tenho certeza de para onde o mercado geral se dirigirá em seis meses ou até mesmo se o preço da Apple continuará inalterado amanhã. Meu ramo é o de negociação, não de investimento. Não me importa a que preço a AAPL será negociada em dois anos. Pessoalmente, desejo que ela suba, mas, como *trader*, meus desejos pessoais são irrelevantes. Se a AAPL for, naquele dia, uma "ação em jogo" (consulte o capítulo 4) e fraca, vou vendê-la a descoberto. Se AAPL estiver forte, estarei comprado. (Explicarei "a descoberto" e "comprado" na próxima seção.) Como *day trader*, fui treinado para fazer operações intradiárias de curto prazo, nada mais. Só estou interessado em quais ações serão mais movimentadas hoje. Como ganhar dinheiro hoje é minha obsessão e minha especialidade.

Tenho algum entendimento da situação geral do mercado — se a tendência é de alta, baixa ou neutra —, mas porque também sou um *swing trader*. Como *day trader* no mercado de ações, você precisa necessariamente saber a direção do mercado no futuro próximo. Você é um *day trader*, seu intervalo de tempo é medido em segundos e minutos, raramente em horas, e certamente não em dias, semanas ou meses.

COMPRA A DESCOBERTO, VENDA A DESCOBERTO

Os *day traders* compram ações na esperança de que o preço suba. Isso é chamado de posição "comprada" (*long*), ou simplesmente se diz que está comprada. Quando você me ouve ou ouve outro *trader* dizer "Estou comprado em cem ações da AAPL", isso significa que compramos cem ações da Apple, Inc. e que gostaríamos de vendê-las por um preço mais alto para obter lucro. Posições longas são boas quando se espera que o preço suba.

Mas e se os preços estiverem caindo? Nesse caso, você pode *vender a descoberto* e ainda assim ter lucro. Os *day traders* podem tomar emprestado ações de sua corretora e vendê-las, na esperança de que o preço caia e que possam comprar essas ações por um preço mais baixo e obter lucro. Isso é chamado de *venda a descoberto*, ou simplesmente "curta" (*short*). Quando as pessoas dizem "estou vendido na Apple", significa que venderam ações da Apple e esperam que seu preço caia. Quando o preço está caindo, você deve 100 ações à sua corretora (provavelmente aparecem -100 ações em sua conta), o que significa que você precisa devolver 100 ações da Apple ao seu corretor. Sua corretora não quer seu dinheiro; ela quer as ações de volta. Portanto, se o preço baixar, você pode comprá-las mais barato do que quando as vendeu antes e ter lucro. Imagine pegar emprestado 100 ações da Apple de sua corretora e vendê-las a 100 dólares por ação. O preço da Apple então cai para 90 dólares. Você compra de volta essas 100 ações por 90 dólares e as devolve ao seu corretor. Você ganhou 10 dólares por ação, ou 1.000 dólares. E se o preço da Apple subir para 110 dólares? Nesse caso, você ainda precisará comprar 100 ações para devolver ao seu corretor, porque você deve ações à sua corretora, e não dinheiro. Assim, você precisa comprar 100 ações a 110 dólares para devolver 100 ações à sua corretora — e terá perdido 1.000 dólares.

Os vendedores a descoberto lucram quando o preço das ações que eles pegaram emprestado e venderam cai. A venda a descoberto é importante porque os preços das ações, em geral, caem muito mais rapidamente do que sobem. O medo é um sentimento mais poderoso do que a ganância. Portanto, os vendedores a descoberto, se operarem corretamente, podem ter lucros surpreendentes, quando outros *traders* entram em pânico e começam a vender.

No entanto, como tudo no mercado que tem grande potencial, a venda a descoberto também tem seus riscos. Ao comprar ações de uma empresa por 5 dólares, o pior cenário é a empresa ir à falência e você perder seus 5 dólares por ação. Existe um limite para sua perda. Contudo, se você vender a descoberto ações dessa empresa a 5 dólares, e o preço, em vez de cair, começar a subir cada vez mais, não haverá limite para o seu prejuízo. O preço pode chegar a 10, 20 ou 100 dólares, e ainda assim não haverá limite para sua perda. Sua corretora quer aquelas ações de volta. Você pode não apenas perder todo o dinheiro de sua conta como também sua corretora pode processá-lo para obter mais dinheiro se você não tiver recursos suficientes para cobrir suas posições vendidas.

A venda a descoberto é uma atividade legal por diversas boas razões. Primeiro, ela fornece aos mercados mais informações. Muitas vezes, os vendedores a descoberto realizam diligências extensas e legítimas para descobrir fatos e falhas que sustentam sua suspeita de que a empresa-alvo está supervalorizada. Se não houvesse vendedores a descoberto, o preço das ações poderia aumentar injustificadamente cada vez mais. Os vendedores a descoberto estão equilibrando o mercado e ajustando os preços ao seu valor razoável. Suas ações favorecem a saúde do mercado.

Se a expectativa é de que o preço caia ainda mais, você pode se perguntar por que sua corretora permitiria que vendesse a descoberto em vez de vender as ações antes que o preço caia. A resposta é que sua corretora prefere manter sua posição por um prazo longo. A venda a descoberto oferece aos investidores que possuem as ações (com posições compradas) a capacidade de gerar renda extra, emprestando suas ações aos vendedores a descoberto. Os investidores de longo prazo que disponibilizam suas ações para venda a descoberto não temem os altos e baixos de curto prazo. Eles investiram na empresa por um bom motivo e não têm interesse em vender suas ações durante um período de tempo breve. Portanto, eles preferem emprestar suas ações a *traders* que desejam lucrar com as oscilações de curto prazo do mercado. Em troca do empréstimo de suas ações, eles cobrarão juros. Portanto, ao vender a descoberto, você precisará pagar algum juro a sua corretora pelo custo do empréstimo dessas ações. Se vender a descoberto apenas durante o mesmo dia, geralmente não precisará pagar juros. Os *swing traders* que vendem a descoberto costumam pagar juros diários sobre suas ações a descoberto.

A venda a descoberto é, em geral, uma prática perigosa. Alguns *traders* tendem a ter um viés altista. Eles simplesmente compram ações na esperança de vendê-las a um nível mais alto. Não tenho problema algum com isso. Vou vender a descoberto quando achar que a configuração está pronta e comprarei sempre que for adequado à minha estratégia. Dito isso, sou mais cauteloso quando vendo ações a descoberto. Algumas das estratégias que explico neste livro funcionam apenas para posições compradas (bandeira de alta e reversão de fundo). Algumas estratégias funcionam apenas para vendas a descoberto (reversão de topo) e outras funcionarão em posições compradas e vendidas, dependendo da configuração. Explico essas posições em detalhes nas páginas seguintes.

TRADERS DE VAREJO VERSUS TRADERS INSTITUCIONAIS

Os *traders* individuais, como você e eu, são chamados de *traders* de varejo. Podemos ser *traders* em tempo parcial ou em tempo integral, mas não trabalhamos para uma empresa e não administramos o dinheiro de outras pessoas. Nós, *traders* de varejo, somos uma porcentagem pequena do volume do mercado. Contudo, existem os chamados *traders* institucionais, como os bancos de investimento de Wall Street, as firmas que administram seus próprios recursos (chamadas de *proprietary* ou *prop traders*), os fundos mútuos e os fundos de *hedge*.[13] A maior parte de suas negociações é baseada em algoritmos sofisticados e em negociações de alta frequência. Raramente alguém se envolve nas operações de *day trading* dessas contas grandes. Seja qual for o meio, os *traders* institucionais contam com recursos consideráveis e podem ser muito agressivos.

Você pode perguntar apropriadamente: "Como um *trader* individual — como você e eu —, chegando atrasado ao jogo, pode competir com os *traders* institucionais e sair ganhando?".

Os *traders* individuais têm uma vantagem tremenda sobre os *traders* institucionais. Os bancos e outras instituições são obrigados a operar, muitas vezes, em grandes volumes e, às vezes, com pouca consideração pelo preço. Espera-se que estejam constantemente ativos no mercado. Os *traders* individuais, entretanto, podem decidir se desejam ou não operar e aguardar até que as oportunidades se apresentem.

Ironicamente, inúmeros operadores não aproveitam essa vantagem quando praticam o *overtrading*, ou seja, operar em excesso. Em vez de serem pacientes e exercerem a autodisciplina dos vencedores, sucumbem à ganância, operam de forma imprudente e sem necessidade — e, dessa forma, se tornam perdedores.

---

13. Também chamado de "fundo de cobertura", é um investimento que pode operar com diferentes ativos e estratégias sofisticadas, com o objetivo de lucrar independentemente da situação do mercado. (N.E.)

Eu sempre uso a analogia entre o *day trading* de varejo e a guerrilha. A guerrilha é um tipo de guerra irregular em que um pequeno grupo de combatentes, como paramilitares ou civis armados, usa táticas de ataque e fuga, como emboscadas, sabotagem, ataques e ações de pequeno porte para manobrar em torno de uma força militar tradicional maior e menos móvel. Os militares dos Estados Unidos são considerados uma das forças de combates mais formidáveis do mundo. No entanto, eles sofreram significativamente com as táticas de guerrilha na selva usadas contra eles no Vietnã do Norte. Exemplos anteriores a esse incluem os movimentos de resistência europeus que lutaram contra a Alemanha nazista durante a Segunda Guerra Mundial.

No *trading* de guerrilha, como o termo sugere, você fica escondido, esperando uma oportunidade de entrar e sair da selva financeira em um intervalo curto para gerar lucros rápidos e, ao mesmo tempo, manter o risco ao mínimo. Você não quer derrotar ou ser mais esperto que os bancos de investimento, simplesmente espera por uma oportunidade de atingir sua meta de lucro diário.

O *day trader* de varejo tem outra vantagem distinta sobre os *traders* institucionais, pois pode sair rapidamente de suas posições perdedoras. Como abordarei mais adiante, determine um plano de saída caso uma ação se mova em direção contrária a seus interesses. Um *trader* iniciante deve começar operando um lote padrão, 100 ações. Cem ações representam um risco baixo e, embora a recompensa também seja baixa para o *trader*, você precisa começar por algum lugar. Os *traders* iniciantes devem começar operando 100 ações. Se o preço chegar no *stop loss* deles, eles realmente não terão desculpa para não conseguir sair. Mesmo para uma ação ilíquida (difícil de vender), negociada a um volume muito baixo, 100 ações não são nada.

Os *traders* institucionais, todavia, podem ter uma posição acionária de 1 milhão de ações para trabalhar. Demora algum tempo para se desfazer de uma posição tão grande; não se trata de dar apenas um clique no mouse (ou, no caso da maioria dos *day traders* ativos, um toque em uma tecla de atalho, o que é muito mais rápido do que clicar com o mouse), e as perdas podem ser significativas. Os *day traders* operam com um volume muito menor e podem sair de suas operações perdedoras com uma perda muito pequena. Na verdade, um bom *day trader* pode sofrer inúmeras perdas de apenas 1 centavo. Portanto, aprenda a explorar uma de suas enormes vantagens. Isso significa vender uma ação quando estiver sendo negociada a seu preço de saída.

Como um *day trader*, você lucra com a volatilidade do mercado de ações, a qual é mais provável ocorrer nas operações matutinas do que no final do dia. Se o mercado ou os preços das ações não estão se movendo muito, você provavelmente não ganhará dinheiro; apenas os *traders* de alta frequência ganham dinheiro nessas circunstâncias, pois têm acesso a comissões baixas e operam grandes volumes de ações com taxas baixas. Sendo assim, encontre ações que se movimentem para cima ou para baixo. Nem todo movimento do preço de uma ação é operável ou mesmo reconhecível pelos *traders*. O trabalho de um bom *trader* é encontrar padrões reconhecíveis e consistentes que você conhece do passado e, em seguida, operar com base neles. Existem muitos movimentos "grandes" no mercado, e a maioria dos *traders* acha que deveria fazer o melhor para captar e operar cada um deles. Isso é um erro. Seu trabalho como *trader* é seguir padrões consistentes e que conquistaram sua confiança devido ao seu desempenho anterior. Os *traders* institucionais, no entanto, operam com uma frequência muito alta e lucram com movimentos muito pequenos de preço — esses movimentos, às vezes, são chamados de "mercado errático".

É extremamente importante ficar longe de ações que são muito negociadas por *traders* institucionais. Como um *day trader* de varejo individual, limite-se ao seu território de *trading* de varejo. Não negocie ações que outros *traders* de varejo não estejam negociando ou acompanhando. A força das estratégias de *day trading* de varejo está no fato de que outros *traders* de varejo também as usam. Quanto mais *traders* usarem essas estratégias, melhor funcionarão. Quanto mais pessoas reconhecerem essas sinalizações, mais pessoas comprarão em determinados pontos. Isso, é claro, significa que a ação subirá com mais rapidez. Quanto mais compradores houver, mais rápido ela se moverá. É por isso que muitos *traders* ficam felizes em compartilhar suas estratégias de *day trading*. Isso não apenas ajuda outros *traders* a se tornar mais lucrativos, mas também aumenta o número de *traders* que usam essas estratégias. Não há benefício algum em ocultar esses métodos ou mantê-los em segredo.

NEGOCIAÇÕES DE ALTA FREQUÊNCIA (HFT)

Conforme mencionei há apenas algumas páginas, a maioria dos bancos de investimento, fundos mútuos, empresas imobiliárias e fundos de *hedge* de Wall Street baseiam suas negociações em algoritmos de computador sofisticados e nas negociações de alta frequência (*high frequency trading* [HFT]).

Você pode ter ouvido falar sobre a misteriosa "caixa-preta", os programas de computador, fórmulas e sistemas secretos que manipulam o mercado de ações. Alguns dirão que, uma vez que não é possível vencer um computador ou a HFT, não existe razão para tentar fazê-lo. Isso é simplesmente uma desculpa para não estar se dando bem e não trabalhar duro o suficiente. Eu e muitos outros *day traders* de sucesso vencemos a "caixa-preta" e lucramos muito no processo.

Com toda a honestidade, sim, a HFT tornou a negociação em bolsa mais difícil e complicada para o *day trader* individual. Isso pode frustrá-lo. Estressá-lo. Alguns desses programas são deliberadamente projetados para buscar e vencer os *day traders*.

A melhor maneira de superá-los é ser muito seletivo ao fazer uma negociação e monitorar o preço das ações de muito, muito perto. Seja aquele *trader* de guerrilha. Encontre uma ação em jogo (descrita em detalhes no capítulo 4). Encontre os momentos em que as fórmulas e os algoritmos do computador não possam arrancar seu dinheiro. Encontre seu ponto de entrada. Faça sua jogada. Faça sua saída. Faça o seu lucro.

Acredito que um dos desafios mais significativos com essas "caixas-pretas" é que os programadores que trabalham tantas horas por dia em suas fórmulas não têm a menor ideia de como praticar o *day trading*. Os dados de mercado anteriores são muito valiosos para você e para seus computadores, mas o mercado de ações não é 100% previsível. Está sempre mudando. Há uma incerteza para a qual nenhum programador pode se preparar totalmente com antecedência. É impossível incluir todas as variáveis. Ao observar o mercado em tempo real, você verá aqueles momentos imprevisíveis e lucrará com eles. Seja bastante estratégico em todas as transações em que entrar. Nunca se esqueça de que, no mundo igualmente estratégico do xadrez, Garry Kasparov venceu algumas de suas rodadas contra o Deep Blue da IBM. Mais recentemente, até mesmo o Watson da IBM obteve várias respostas erradas ao participar do *Jeopardy!*[14]

Você também deve se lembrar de que a poderosa "caixa-preta" de qualquer organização está negociando com as poderosas "caixas-pretas" de todas as outras organizações e, portanto, elas estão destinadas ao fracasso. Nem todos podem vencer. À medida que pratica *day trading* e ganha experiência, você aprende a identificar diferentes algoritmos e a negociar com eles. Você pode ter sucesso e eles podem fracassar. Na prática, eles realmente têm fracassado terrivelmente.

Dos vários programas de HFT em operação atualmente, um dos menos eficazes é o chamado programa "compre na baixa". Quando uma ação atinge um novo ponto mínimo intradiário, muitos *day traders* entram em posições

---

14. *Jeopardy!* é um programa de televisão de perguntas e respostas transmitido para o mundo inteiro. (N.T.)

vendidas para aproveitar a tendência de baixa. Esse programa, então, começa a comprar as posições vendidas desses *day traders* para empurrar o preço para cima. Isso faz com que os *day traders* entrem em pânico e cubram suas posições vendidas. Como as organizações por trás dos programas de HFT têm poder de compra quase ilimitado, o plano parece perfeito. O plano fracassa rapidamente, no entanto, quando outro grande vendedor institucional também se junta à transação e decide se desfazer de sua posição grande. Isso significa que, independentemente de quantas ações o programa compre, elas simplesmente não subirão porque os vendedores institucionais e os *day traders* continuarão a despejar suas ações no mercado.

Um exemplo clássico do fracasso desse tipo de HFT é apresentado no livro *One Good Trade*, do meu amigo e *trader* muito respeitado Mike Bellafiore. Em setembro de 2008, o banco de investimento Lehman Brothers Holdings Inc. (LEH, agora retirado da lista após sua falência), a Federal Home Loan Mortgage Corp (FRE) e muitas outras participações hipotecárias e bancos de investimento sofreram uma queda maciça de preço. Os programas tentaram comprar suas ações já quebradas para espremer e queimar os vendedores a descoberto, mas o preço das ações nunca subiu. Os *day traders* e os grandes vendedores institucionais despejaram suas ações em cima dos programas. Os programas e seus desenvolvedores foram destruídos e deixados com enormes quantidades de ações inúteis do LEH e FRE, bem como de outras participações falidas.

Você lerá repetidamente neste livro como é importante fazer a lição de casa. Preparar. Praticar. Ser disciplinado. Ser esperto. Fazer movimentos comerciais inteligentes. Você não vai ganhar todas as rodadas contra os algoritmos e as HFTs, mas pode ganhar algumas rodadas e lucrar. Seja capaz de identificar os diferentes programas algorítmicos para negociar com eles. Isso requer alguma experiência, boa orientação e prática.

Os programas de HFT devem ser respeitados, porém não temidos. Lembre-se sempre de que o mercado é um lugar dinâmico e em constante mudança. O que funciona hoje para os *traders* pode não funcionar amanhã. E, por causa disso, as HFTs e a negociação eletrônica nunca podem dominar completamente a negociação. Sempre haverá a necessidade de um *trader* inteligente que entenda o mercado e a movimentação dos preços em tempo real. Como o mercado está sempre mudando, é impossível programar todas as diferentes variáveis que eliminam a necessidade de discernimento do *trader*. Não existe um algoritmo que possa ser programado para negociar com o *trader* bem treinado e disciplinado. Há variáveis demais nos mercados.

Sempre lembro a meus colegas de *trading* que se incomodam com computadores que há uma lição muito maior a ser aprendida. Como um *day trader*, você pode reclamar de qualquer coisa que tire seu dinheiro, incluindo, é claro, os programas algorítmicos irritantes. Se não fizer a lição de casa e não estiver preparado e instruído quando iniciar sua negociação, eles de fato tirarão seu dinheiro. Mas você tem a opção de gastar sua energia reclamando ou, em vez disso, competir com eles. Eu incentivo os *traders* a descobrir como usar os programas a seu favor. Por exemplo, quando um programa força os vendedores a descoberto a fazer uma cobertura rápida, aproveite o aperto sofrido pelos vendedores a descoberto quando o programa faz os preços subirem. Encontre os pontos onde os algoritmos não podem ficar com seu dinheiro e descubra as ações com as quais você pode vencer os programas. Esse é apenas outro motivo para você estar nas *ações em jogo* (leia o capítulo 4).

Você não vai chegar a lugar nenhum no *day trading* reclamando dos algoritmos. O que isso adiantará? Como isso o ajudará a ganhar dinheiro? Muitos *day traders* de varejo granjeiam lucros, constantemente, por meio do *day trading* em seus escritórios domésticos. Como escrevi, os *traders* iniciantes têm escolha. O mercado é simplesmente um exercício de resolução de padrões. Todas as manhãs, você precisa resolver um novo quebra-cabeça. Os algoritmos e as HFTs tornam mais difícil decifrar esses padrões, mas não é impossível. Sim, sempre haverá obstáculos e situações injustas no mercado de ações para *traders* de varejo como você e eu. Devemos dar passos pequenos e consistentes e trabalhar mais para lucrar no mercado com suas situações em constante mudança. Mas o que não devemos fazer, o que um *trader* nunca deve fazer, é ficar se desculpando.

NEGOCIE AS MELHORES, ESQUEÇA AS PIORES

Como parte da negociação algorítmica, feita por sistemas de computador, a maioria das ações acompanhará a tendência geral do mercado, a menos que tenha um motivo para não o fazer. Portanto, se o mercado estiver subindo, a maioria das ações também subirá. Se o mercado geral estiver caindo, o preço da maioria das ações também cairá. Mas, lembre-se, haverá um punhado de ações que irá contrariar a tendência do mercado porque tem um catalisador. Essas são as *ações em jogo*. Isto é o que os *traders* de varejo devem procurar: aquele pequeno punhado de ações que está subindo quando os mercados estiverem afundando ou afundando quando os mercados estiverem em alta.

Se o mercado estiver em alta e essas ações também, tudo bem. Você só precisa garantir que está negociando ações que se movimentam porque têm uma *razão fundamental* para se movimentar, não apenas por causa das condições gerais do mercado — essas são as ações em jogo. Você pode perguntar qual é o catalisador fundamental para essas ações em jogo que as torna adequadas para o *day trading*. As ações em jogo geralmente trazem notícias novas e inesperadas, positivas ou negativas, como estas:

- relatórios de lucros;
- avisos ou pré-anúncios de lucros;
- surpresas de lucros;
- aprovações ou reprovações da FDA;[15]
- fusões ou aquisições;
- alianças, parcerias ou grandes lançamentos de produtos;
- grandes vitórias ou perdas de contratos;
- reestruturações, dispensas ou mudanças de gestão; e
- desdobramentos de ações, recompras ou ofertas de dívida.

Quando faço transações de reversão (explicadas no capítulo 7), minhas transações de reversão favoritas são feitas com ações que estão caindo porque houve alguma má notícia sobre aquela empresa. Se houver uma venda rápida por causa de más notícias, muitas pessoas perceberão e começarão a monitorar as ações na esperança da assim chamada "reversão de fundo". Se as ações estão tendendo para baixo com o mercado como um todo, como aconteceu com o petróleo há algum tempo, não há como fazer uma boa operação de reversão. O valor dela sobe 10 centavos e você acha que é uma reversão, mas depois ela cai mais 50 centavos. Elas estão caindo em sintonia com tendências tanto no mercado geral quanto em seu setor. O petróleo foi um setor fraco por um tempo, em 2014 e 2015, e a maioria das ações de petróleo e energia estava caindo nessa época. Quando um setor está fraco, não é um bom momento para fazer uma transação de reversão. É aí que você precisa se diferenciar.

Então, aqui segue a quarta regra do *day trading*.

Regra 4 — Sempre pergunte "Essa ação está se movendo porque o mercado geral está se movendo ou ela está se movendo porque tem um catalisador fundamental único?".

---

15. A Food and Drug Administration (FDA) é a agência governamental americana responsável pelo controle e pela supervisão de, entre outras coisas, segurança alimentar e medicamentos. (N.T.)

É aí que você precisa fazer um pouco de pesquisa. À medida que se tornar mais experiente como *trader*, você será capaz de diferenciar entre a movimentação de preço baseada em um catalisador e a movimentação baseada na tendência geral do mercado.

Conforme discutido, você deve ter cuidado para que, como *trader* de varejo, não esteja do lado errado de uma transação, ou seja, contra os *traders* institucionais. Mas como é possível ficar fora do caminho deles? Em vez de tentar encontrar *traders* institucionais, você descobre onde os *traders* de varejo estão se encontrando naquele dia e então negocia com eles. Pense em um pátio de escola por um momento. Você não vai querer ficar em um canto sozinho, negociando uma ação na qual ninguém está prestando atenção. Você está no lugar errado. Concentre-se onde todos estão focados — concentre-se na ação que está se movendo todo dia e sendo muito procurada. Essa é a que os *day traders* buscam.

Você pode fazer *day trading* diariamente com ações como as da Apple, da Microsoft, da Coca-Cola ou da IBM? Claro que pode, mas essas são ações de movimento lento, que são dominadas por *traders* institucionais e *traders* algorítmicos, e, em termos gerais, serão muito difíceis de negociar no dia a dia. Pense nisso como o equivalente a permanecer naquele canto do pátio da escola em vez de brincar com seus colegas no parquinho, onde está a turma descolada.

Como você determina em que os *traders* de varejo estão focados e qual é o seu lugar nesse pátio?

Há algumas maneiras de encontrar seu melhor lugar. Uma delas é observar os *scanners* de ações de *day trading*. (Explico, mais adiante, nos capítulos 4 e 7, como configurei meu *scanner*.) As ações que estão subindo ou caindo significativamente são aquelas que os *traders* de varejo observam. Em segundo lugar, é bom estar em contato com as redes sociais e com uma comunidade de *traders*. Em geral, StockTwits e Twitter são lugares bons para aprender o que é tendência. Se você seguir um punhado de *traders*, poderá ver por si mesmo o que todos estão falando. Existe uma grande vantagem em fazer parte de uma comunidade de *traders*, como uma sala de bate-papo, e há muitas salas de bate-papo na internet.

Se você está negociando completamente por conta própria, está no canto daquele pátio escolar proverbial. Você não está em contato com o que os outros *traders* estão fazendo e, inevitavelmente, tornará as coisas muito difíceis para si mesmo, porque não saberá onde a atividade se encontra. Tentei bloquear a mídia social e negociar em uma bolha, basicamente fazendo tudo do meu jeito, e não funcionou. Aproveite as leis de sobrevivência do ensino médio para guiá-lo!

Eis um pouco mais sobre o que faço. Como *day trader*, não negocio com base nos fundamentos de uma empresa, como produtos, lucros, crescimento dos lucros por ação e demonstrativos financeiros. Como mencionei antes, não sou um investidor fundamentalista nem investidor de longo prazo. Também não negocio opções ou futuros, mas uso os contratos futuros para obter uma compreensão da direção geral do mercado no futuro próximo. Sou um *trader* de ações intradiário. Também sou um *swing trader*. No *swing trading*, me preocupo muito com os fundamentos das empresas com as quais escolho operar: seus lucros, dividendos, lucros por ação e muitos outros critérios. Mas o *swing trading* não é o foco deste livro e por isso não vou abordar esse tópico por enquanto.

Também sou *trader* de *forex* (câmbio estrangeiro) e, às vezes, negocio *commodities* e moedas. Mas sou principalmente um *day trader* de ações e me concentro em ações reais. A maioria dos *day traders* não negocia *penny stocks* ou no mercado de balcão (*over-the-counter* — OTC *market*). As *penny stocks* são extremamente manipuladas e não seguem nenhuma das regras das estratégias correntes. Negociamos ações reais. Às vezes, podemos estar negociando a Facebook, Inc. (FB); às vezes, podemos estar negociando a Apple Inc. (AAPL) — mas sempre negociaremos as ações que estão tendo um grande dia. Você pode se surpreender, mas em quase todos os dias do mercado há uma ação tendo um grande dia porque a empresa divulgou lucros, foi assunto do noticiário ou algo ruim ou bom aconteceu com ela. Esses são os catalisadores fundamentais que você deve procurar.

Como é meu dia como *day trader*? Você lerá sobre isso, em detalhes, no capítulo 8, mas meu dia de negociação normalmente começa por volta das 6h da manhã (que são 9h no horário de Nova York) com a varredura pré-mercado. Escaneio para ver onde há volume no mercado. Já às 8h30, horário de Nova York, você saberá quais ações estão subindo ou descendo. Em seguida, começo a vasculhar as notícias em busca de catalisadores que expliquem as lacunas. Começo a montar uma lista de observação (a lista de ações que monitorarei durante o pregão). Descarto algumas e então escolho quais eu gosto e quais não gosto. Às 9h15, horário de Nova York, estou em nossa sala de bate-papo revisando minha lista de observação com todos os nossos *traders*. Por volta das 9h30, quando o sino toca, meus planos estão prontos.

Da abertura do mercado, às 9h30, até por volta das 11h30, horário de Nova York, é quando o mercado tem o maior volume de transações e também a maior volatilidade. Esse é o melhor momento para negociar e focar especialmente a negociação dinâmica (o que será explicado mais adiante). A vantagem de ter um volume de transações elevado é que ele fornece liquidez. A liquidez é um dos elementos mais importantes da negociação em bolsa. Isso significa que há muitos compradores e muitos vendedores, o que, por sua vez, significa que você pode facilmente entrar e sair das transações sem se preocupar se seus pedidos serão atendidos ou não.

Por volta do meio do dia (12h às 15h, horário de Nova York), você pode ter bons padrões de negociação, mas talvez falte volume para negociá-los. O baixo volume de negócios, conforme explicado antes, significa falta de liquidez, o que torna mais difícil entrar e sair das ações. É muito importante considerar essa situação se você deseja operar posições grandes. Além disso, negociar ações de baixo volume o tornará vulnerável a negociações e algoritmos de alta frequência. Meu foco sempre foi negociar na abertura do mercado, que é às 9h30 em Nova York (horário do leste). Eu negocio apenas na primeira ou segunda hora após a abertura do mercado. Raramente faço negócios depois das 11h30, horário de Nova York.

Em um bom dia, alcanço minha meta às 7h30, horário do Pacífico (10h30, horário de Nova York). Se for apenas um dia normal, na hora do almoço, quase sempre atinjo minha meta para o dia e, em geral, fico sentado sem fazer nada, a menos que haja uma configuração perfeita. Das 16h às 18h, faço cursos de negociação com nossos *traders* ou reviso minhas transações do dia.

Evito negociar pré-mercado porque a liquidez é muito baixa, pois há muito poucos *traders* ativos. Isso significa que as ações podem subir 1 dólar, depois cair 1 dólar, e você não pode entrar com posições grandes e sair delas. Você tem que entrar bem pequeno e usar posições tão pequenas que, pelo menos para mim, não vale a pena. Se você não se importa em negociar com posições pequenas, então certamente pode negociar no pré-mercado, mas primeiro precisa garantir a aprovação de sua corretora para operar nesse nicho.

Moro em Vancouver, Canadá; no meu fuso horário, o mercado abre às 6h30, horário do Pacífico. Isso significa que meus dias começam muito cedo. A grande vantagem para mim é que posso terminar de fazer transações antes que muitas pessoas, em minha cidade, tenham sequer saído da cama. Posso, então, passar o resto do dia esquiando, escalando, com a família e os amigos ou me concentrando em outros trabalhos e negócios que tenho. No *day trading*, perder dinheiro é muito fácil. Depois de atingir sua meta de lucro diário, é melhor interromper a negociação ou ir fazer negociações em seu simulador.

3
GESTÃO DE RISCO E DE CONTA

Percebi, e às vezes da maneira mais difícil, que o sucesso no *day trading* vem de três habilidades importantes: aprender e dominar uma ou várias estratégias de *trading* comprovadas; gestão de risco adequada (saber com que valor entrar em uma operação e saber quando sair de forma adequada); e, como já foi enfatizado diversas vezes neste livro, controlar suas emoções e ter uma personalidade equilibrada. É como um banquinho de três pernas: se você remove uma perna, ele desaba. Para ter sucesso na negociação em bolsa, você precisa dominar tudo. Dominar com sucesso algumas coisas ao mesmo tempo é, de fato, comum a todas as disciplinas que exigem desempenho.

Para ser um atleta competitivo bem-sucedido, por exemplo, você precisa dominar o que a Nike chama de cinco facetas do treinamento: movimento, atenção plena, recuperação, nutrição e sono. Realmente acredito que, para ter sucesso em qualquer carreira ou empreendimento, você precisa dessas mesmas cinco facetas, embora com alguns ajustes específicos para a situação. Não há nada no mundo mais comparável à negociação em bolsa do que o atletismo profissional de alta performance. Tomando emprestado o conceito introduzido pela Nike, acredito que o sucesso nas negociações em bolsa é fruto do domínio destas cinco facetas: conhecimento técnico, gestão de riscos, nutrição, mente forte e sono.

É por isso que, na Bear Bull Traders, tentamos abordar todos esses tópicos e orientar a comunidade a respeito deles, pois todos contribuem para o seu sucesso. Se não acredita, por exemplo, na influência da nutrição ou do sono adequado em sua capacidade de negociar, tente fazê-lo após ingerir muita cafeína, com a consciência em estado alterado ou quando estiver sem dormir direito, e você verá os resultados. (Recomendo fazer esse teste em um simulador!) Há evidências consideráveis e pesquisas científicas que documentam os efeitos da alimentação, da falta de sono e dos estimulantes na capacidade cognitiva e na tomada rápida de decisões de uma pessoa.

Muitas vezes, os *traders* iniciantes que não conseguem ganhar dinheiro nos mercados ficam frustrados e tentam aprender mais sobre como os mercados funcionam, estudar novas estratégias, adotar indicadores técnicos adicionais, seguir alguns *traders* diferentes e entrar em outras salas de bate-papo. Eles não percebem que a causa principal de seu fracasso costuma ser a falta de autodisciplina, a tomada de decisões por impulso e a gestão descuidada de riscos e de dinheiro, não seu conhecimento técnico. Você é o único problema que terá em sua carreira de operador de mercado e, é claro, é a única solução para esse problema.

Foi demonstrado que cada uma das estratégias descritas neste livro, caso seja executada corretamente, gerará resultados positivos. Mas, antes de começar seu primeiro dia como *trader*, entenda e aceite que haverá dias em que você perderá dinheiro. Talvez até muito. Acontece com o mais experiente dos *traders* e acontecerá com você. Algo completamente inesperado pode acontecer no meio de suas operações. Por favor, acredite em mim, não existe uma fórmula mágica para o sucesso na negociação em bolsa. Será preciso muito trabalho, determinação e resiliência para escapar do fracasso.

Uma das minhas expressões de *trading* favoritas é "sobreviva para jogar outro dia". Esse simples ditado diz muito sobre a mentalidade de um *trader* profissional. Se sobreviver à curva de aprendizado, os bons tempos chegarão e você poderá se tornar um *trader* consistentemente lucrativo. Mas é preciso sobreviver. E muitos simplesmente não conseguem.

Uma razão comum para o fracasso de *day traders* iniciantes é que eles não sabem gerenciar suas perdas iniciais. Aceitar lucros é fácil de fazer, mas é muito mais difícil, sobretudo para iniciantes, superar a tentação de esperar que as negociações perdidas voltem ao ponto de equilíbrio. Eles costumam dizer: "Vou dar a esta transação um pouquinho mais de espaço". Esperar por algo que, provavelmente, não acontecerá pode resultar em sérios danos às suas contas.

Como o doutor Alexander Elder escreve em seu livro *Trading for a Living*, para ser um operador de mercado bem-sucedido, você não apenas deve aprender excelentes regras de gestão de risco, mas também implementá-las com firmeza. *Traders* experientes ficam de olho na transação em que se encontram e no dinheiro que têm em sua conta com o mesmo cuidado que os mergulhadores observam seu suprimento de oxigênio. Estipule um ponto que lhe diga quando sair de uma transação. Isso é o que chamamos de *stop loss*. De vez em quando, será necessário admitir que a operação não funcionou e dizer: "A configuração ainda não está pronta". Ou talvez isto: "Vou sair do caminho". E esse reconhecimento deve vir em tempo hábil, não tarde demais na transação! Esperar demais para sair de uma operação pode zerar completamente a sua conta.

Isso pode acontecer com quase qualquer um de nós, em qualquer momento de nossa carreira. Em junho de 2020, fiz uma transação boba com a American Airlines Group Inc. (AAL) sem levar em consideração um *stop loss*. Os *traders* de nossa comunidade me alertaram para não fazer isso, pois mostro todas as minhas posições na sala de bate-papo. No entanto, por algum motivo, eu estava confiante demais. Nem mesmo tinha um *stop loss* em mente. Por fim, tive de aceitar uma perda de 25 mil dólares em uma negociação na qual deveria ter aceitado uma perda de apenas mil dólares.

Apesar dessa transação, sou um operador consistentemente lucrativo, mas ainda perco quase todos os dias. Isso significa que devo ter encontrado uma maneira de ser um perdedor muito bom. Saiba perder com elegância. Aceite as perdas e saia, depois volte e procure outra operação.

Se uma transação vai contra você, saia dela. No *day trading*, o inesperado ocorrerá, esse é o nome do jogo. Sempre haverá outra transação e outro dia. Manter uma posição desfavorável por conta do seu interesse, acima de tudo, de provar que sua previsão está correta é uma maneira ruim de negociar. Seu trabalho não é estar correto. Seu trabalho é ganhar dinheiro. Essa carreira é chamada de "negociação" de ativos, não de "previsão".

Nunca é demais enfatizar como é importante saber ser um bom perdedor. Seja capaz de aceitar uma perda. É parte integrante do *day trading*. Em todas as estratégias que explico neste livro, vou deixar você saber qual é meu ponto de entrada, meu objetivo de saída, bem como meu *stop loss*.

Siga as regras e os planos de sua estratégia, um dos desafios que enfrentará quando estiver em um mau negócio. Muito provavelmente, você pode se justificar por ter feito uma transação ruim dizendo: "Bem, você sabe, é a Apple, e os smartphones deles são ótimos. Eles definitivamente não vão falir. Vou segurar um pouquinho mais!".

Não tenha esse tipo de ilusão. Na operação com a AAL que acabei de mencionar, passou pela minha cabeça que o governo dos Estados Unidos acabaria fazendo algo para salvar as companhias aéreas, não é? E fariam esse "algo" naquele exato momento, enquanto eu estava no meio da minha transação? Esqueci as regras de negociação, esqueci os padrões de negociação e, em vez disso, fiquei "esperando" que algo imprevisto me salvasse. Siga as regras de sua estratégia. Você sempre pode voltar, mas é difícil se recuperar de uma grande perda.

Você pode pensar "não quero perder 50 dólares". Bem, você definitivamente não quer ter uma perda subsequente de 500 dólares, e certamente não uma perda de 25 mil dólares, e bem à vista de seus colegas, como eu tive. E, se você acabasse tendo uma perda tão grande, seria muito difícil se recuperar. Muitos *traders* iniciantes nunca conseguem se recuperar de uma perda grande. Aceite as perdas pequenas, saia e volte quando o momento estiver melhor.

Cada vez que entra em uma operação, você se expõe a um risco. Como minimizar esse risco? Encontrando uma boa configuração e gerenciando o risco com um tamanho de posição adequado e um *stop loss*.

Aqui está minha próxima regra:

Regra 5 — O sucesso no *day trading* vem da gestão de risco — encontrar situações de risco baixo com uma recompensa potencialmente alta. A proporção mínima entre vitórias e derrotas para mim é de dois para um.

Uma boa configuração é uma oportunidade para você entrar em uma operação com o mínimo de risco possível. Isso significa que você pode estar arriscando 100 dólares, mas tem potencial para ganhar 500 dólares. Você chamaria isso de uma relação de lucro/prejuízo de 5 para 1. No entanto, se você entrar em uma configuração em que está arriscando 100 dólares para ganhar 50, terá uma relação risco-recompensa inferior a 1 (neste caso, 1 para 2), e essa é uma operação na qual não se deve entrar. A relação risco/recompensa mais baixa que um *day trader* deve assumir é de 2 para 1.

Bons *traders* não aceitarão operações com índice de lucro/prejuízo inferior a 2 para 1. Isso significa que, se comprar mil dólares em ações e estiver arriscando 100 dólares, você deverá vendê-las por, pelo menos, 1.200 dólares para ganhar, ao menos, 200 dólares. Claro, se o preço cair para 900 dólares, você deve aceitar a perda e sair da negociação com apenas 900 dólares (uma perda de 100 dólares).

Deixe-me explicar a relação risco/recompensa em uma transação real que fiz. A Molina Healthcare, Inc. (MOH) estava na minha lista de observação em 16 de fevereiro de 2017. Na abertura (às 9h30), mostrou força e logo subiu. Fiquei acompanhando. De repente, por volta das 9h45, a MOH começou a vender fortemente abaixo do preço médio ponderado por volume (*volume weighted average price* — VWAP). (Consulte o capítulo 5 para ler alguns comentários detalhados sobre meus indicadores.) Decidi vender a descoberto a MOH abaixo do VWAP a cerca de 50 dólares. Minha meta de lucro era o próximo suporte diário de 48,82 dólares. Isso seria uma recompensa de 1,20 dólar por ação. Meu *stop loss*, naturalmente, deveria ter ocorrido quando o preço da MOH estava acima do VWAP, que nesse caso era de 50,40 dólares, conforme marcado na Figura 3.1. Eu poderia arriscar 0,40 dólar por ação na esperança de me recompensar com 1,20 dólar por ação. Isso significa um risco/recompensa de 1:3. Aceitei essa negociação de fato.

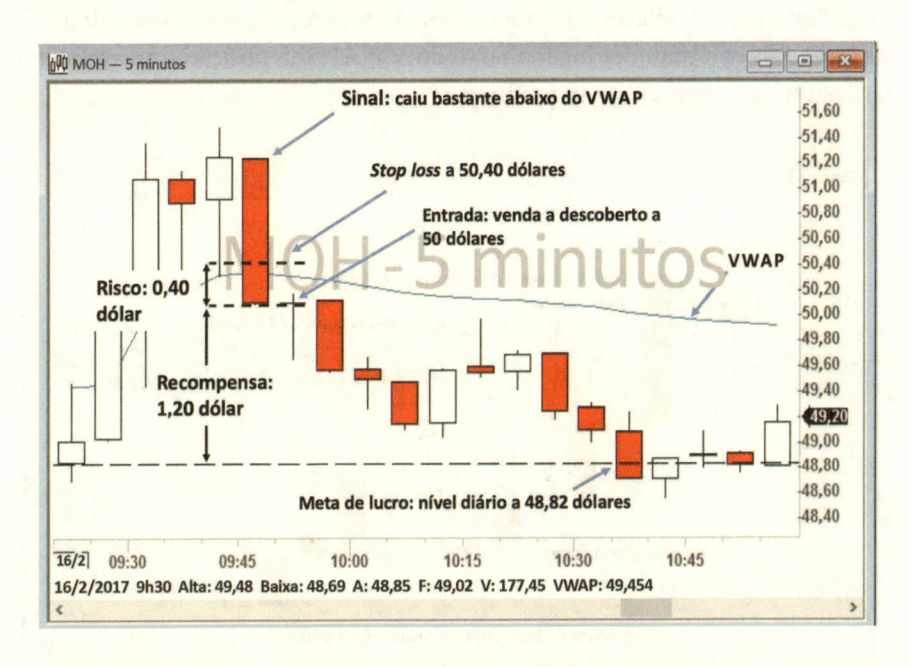

Figura 3.1 – Captura de tela da minha negociação da MOH em 16 de fevereiro de 2017 mostrando entrada, saída e *stop loss*. Veja que o índice lucro/prejuízo é de 3 para 1.

Agora imagine se, no exemplo da Figura 3.1, você tivesse perdido a oportunidade às 9h45, quando a ação estava sendo negociada por cerca de 50,20 dólares e, em vez disso, fosse vender a descoberto alguns minutos depois por cerca de 49,60 dólares com a meta de lucro de 48,82 dólares. Nesse caso, sua recompensa seria em torno de 0,80 dólar por ação, mas seu *stop loss* deveria estar acima do VWAP, em cerca de 50,20 dólares. Dessa forma, você está arriscando 0,60 dólar por ação para se recompensar com 0,80 dólar por ação. Esse índice de 1,3 (0,80/0,60 dólar) não é uma proporção favorável de lucro/prejuízo na qual desejo basear uma operação. Nesse caso, eu aceitaria que talvez tivesse perdido a oportunidade. Você pode dizer tudo bem, se meu ponto de entrada for de 49,60 dólares, vou definir um *stop loss* mais próximo para ter uma relação entre lucro e *stop loss* mais favorável? A resposta é não. Seu *stop loss* deve estar em um nível técnico razoável. Qualquer *stop loss* abaixo do VWAP não tem sentido nesse caso, uma vez que a ação pode fazer um retrocesso normal em direção ao VWAP a qualquer momento e, depois, continuar a cair em direção a sua meta. Na verdade, foi isso o que aconteceu quando, por volta das 10h20, o preço da MOH recuou para o VWAP, mas não o atingiu, e então foi negociada a 48,80 dólares. Marquei isso na Figura 3.2. Se você tivesse definido um *stop loss* em qualquer lugar abaixo do VWAP, sua posição provavelmente teria sido encerrada com um prejuízo.

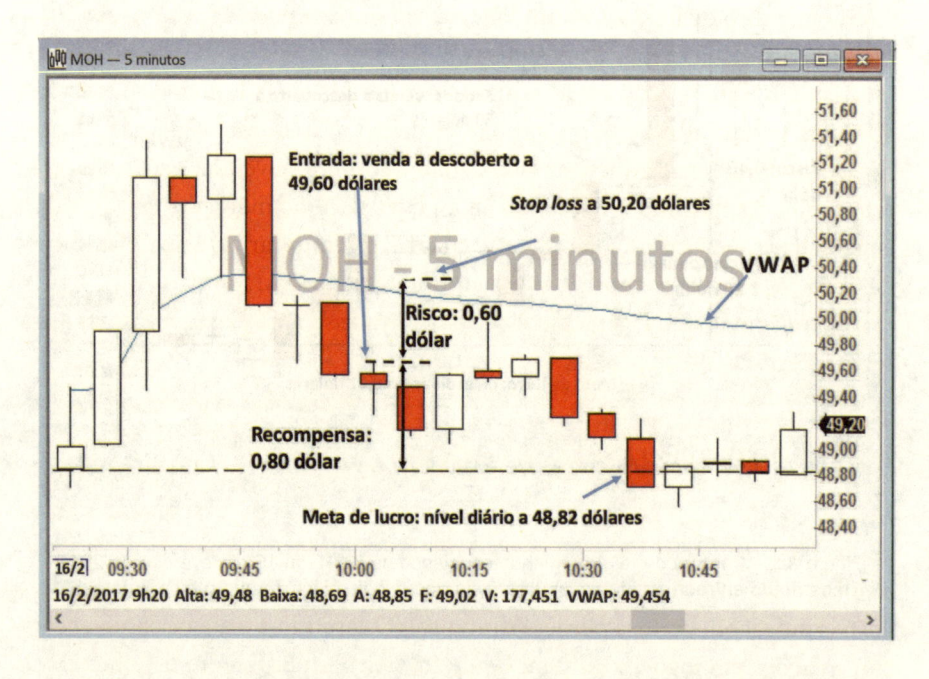

Figura 3.2 – Captura de tela da MOH em 16 de fevereiro de 2017. Eis um exemplo de índice risco/recompensa ruim. Veja que o índice lucro/prejuízo é inferior a 2 para 1 e não é negociável. Você perdeu a oportunidade.

Se não conseguir encontrar uma configuração com um bom índice lucros/perdas, siga em frente e continue procurando outra operação. Como *day trader*, você está sempre procurando oportunidades de obter um ponto de entrada de baixo risco com uma grande recompensa ou, como chamamos, um índice risco/recompensa favorável. Ser capaz de identificar configurações que tenham um risco/recompensa adequado e favorável é uma das partes importantes do processo de aprendizagem. Como um *trader* iniciante, é claro que você pode não ser capaz de diferenciar e reconhecer essas configurações. Pode ser difícil entender o que é um padrão ABCD altamente lucrativo e o que acabará sendo um "falso rompimento". Esse reconhecimento é algo que vem com experiência e treinamento. (Abordaremos esse assunto com mais detalhes nos próximos capítulos.) Você pode aprender com os vídeos do YouTube e do Google. Também pode participar de nossa sala de bate-papo Bear Bull Traders, onde eu e outros *traders* experientes, em nossa comunidade, explicamos nosso processo de pensamento em tempo real enquanto operamos. Você poderá observar nossa tela compartilhada, incluindo nosso *scanner,* e a nossa plataforma de negociação. Como membro de nossa comunidade, você também pode acessar nosso *scanner* para fazer suas próprias pesquisas.

Usando uma relação entre ganhos e perdas de 2 para 1, posso estar errado 40% das vezes e ainda assim ganhar dinheiro. Mais uma vez, seu trabalho como *day trader* é administrar riscos, não é comprar e vender ações. Sua corretora está comprando e vendendo ações para você no mercado. Seu trabalho é gerenciar seu risco e sua conta. Ao clicar em "comprar" em sua plataforma de negociação, você sempre expõe seu dinheiro a riscos.

Como, então, você gerencia esse risco? Em essência, existem três etapas a serem seguidas. Você precisa se perguntar:

1. ESTOU NEGOCIANDO AS AÇÕES CERTAS?

Lembre-se de que o gerenciamento de risco começa com a escolha das ações certas para negociar. Você pode ter a melhor plataforma e as melhores ferramentas e ser um mestre em muitas estratégias, mas, se estiver negociando a ação errada, com certeza perderá dinheiro. (O capítulo 4 trata de como encontrar as ações em jogo certas para o *day trading*.) Explicarei em detalhes como encontrar ações adequadas para o *day trading* e quais critérios você deve procurar nelas. Evite ações que: 1) sejam muito negociadas por computadores e *traders* institucionais; 2) tenham um volume relativo de negociação pequeno; 3) sejam *penny stocks* e, portanto, altamente manipuladas; e 4) não tenham nenhuma razão para se mover (sem catalisadores fundamentais). (Explicarei esses pontos com mais detalhes também no capítulo 4.)

2. QUAL É O TAMANHO DA POSIÇÃO QUE DEVO ESCOLHER?

Uma ação, dez ações ou cem ações? Que tal mil ações? Isso depende do tamanho da sua conta e de sua meta diária. Se você tem como meta mil dólares ao dia, dez ou vinte ações podem não ser suficientes. Você precisa ter mais ações ou aumentar o tamanho da sua conta. Se não tiver dinheiro suficiente para negociar para uma meta diária de mil dólares, deverá diminuir sua meta diária.

Tenho cerca de 50 mil dólares em minha conta de negociação e, em geral, escolho duas mil ações para negociar. Minha meta diária é de 500 dólares ou cerca de 120 mil dólares/ano. Isso é suficiente para dar conta do meu estilo de vida. Qual é o seu objetivo comercial?

3. QUAL É O MEU *STOP LOSS*?

Você nunca deve arriscar mais do que 2% de sua conta em qualquer transação. Se você economizou fundos suficientes e tem 50 mil dólares em conta, nunca deve colocar mais de 2% em risco — neste caso, mil dólares. Se só conseguiu economizar uma quantia modesta de fundos para o *day trading*, então não há nada a fazer a não ser negociar com um número menor de ações. Faça disso uma de suas regras inquebráveis. Será difícil seguir em frente. Mas, se olhar para seus monitores e vir uma configuração possível que possa custar mais de 2% de sua conta de negociação, siga em frente e procure outra transação. A cada operação realizada, sempre garanta que, pelo menos, 98% de sua conta esteja protegida.

GESTÃO DE RISCO EM TRÊS ETAPAS

Etapa 1: Determine o risco máximo em dólares para a negociação que você está planejando (nunca mais do que 2% de sua conta). Faça esse cálculo antes do início do seu dia de negociação.

Etapa 2: Estime seu risco máximo por ação, o *stop loss*, em dólares, a partir de seu ponto de entrada. Explicarei mais tarde, neste livro, qual deve ser o *stop loss*, dependendo de qual estratégia específica você planeja operar.

Etapa 3: Divida "1" por "2" para encontrar o número máximo absoluto de ações que você pode negociar de cada vez.

Para ilustrar melhor esse ponto, vamos voltar ao exemplo da MOH algumas páginas atrás. Se você tiver uma conta de 40 mil dólares, a regra dos 2% limitará seu risco, em qualquer negociação, a 800 dólares. Vamos supor que você queira ser conservador e arriscar apenas 1% dessa conta, ou 400 dólares. Essa será a Etapa 1.

À medida que monitora a MOH, você vê uma situação se desenvolver em que a estratégia VWAP (consulte o capítulo 7) pode muito bem funcionar a seu favor. Você decide vender a descoberto as ações a 50 dólares e deseja cobri-las a 48,82 dólares, com um *stop loss* de 50,40 dólares. Você arriscará 0,40 dólar por ação. Essa será a Etapa 2 do controle de risco.

Para a Etapa 3, calcule o tamanho da sua posição, ao dividir a "Etapa 1" pela "Etapa 2", para encontrar o volume máximo que você pode negociar. Nesse exemplo, você poderá comprar no máximo mil ações.

Nesse caso, você pode não ter dinheiro ou poder de compra suficiente para comprar mil ações da MOH por 50 dólares (porque você tem apenas 40 mil dólares em sua conta). Portanto, em vez disso, comprará oitocentas ações ou, talvez, até quinhentas ações. (Lembre-se de que você sempre pode arriscar menos, mas não pode arriscar mais de 2% de sua conta em hipótese alguma.)

Com as estratégias apresentadas nas páginas a seguir, explico onde estaria meu *stop loss* com base na análise técnica e no meu plano de negociação. Não posso considerar a perda máxima para sua conta porque, é claro, não sei o tamanho de sua conta. Faça esse julgamento por si mesmo. Por exemplo, quando seu *stop loss* estiver acima da média móvel (consulte o capítulo 5 para obter informações sobre os indicadores em meu gráfico), calcule e veja se esse *stop* seria maior do que o tamanho máximo de sua conta ou não. Se o rompimento da média móvel render um prejuízo de 600 dólares e você tiver definido um prejuízo máximo de 400 dólares por operação, então adquira menos ações nessa operação ou simplesmente não realize essa operação e espere outra oportunidade.

Você pode argumentar, corretamente, que será difícil calcular o tamanho da posição ou do *stop loss* com base em uma perda máxima em sua conta enquanto aguarda o início de uma operação. Tome uma decisão rápido ou perderá a oportunidade. Entendo que calcular seu *stop loss* e a perda máxima no tamanho de sua conta em uma negociação ao vivo é difícil. Lembra a Regra 2? *Day trading* não é algo fácil de fazer. A negociação exige prática, e recomendo fortemente que os *traders* iniciantes façam operações fictícias sob supervisão por, pelo menos, três meses em uma conta simulada ao vivo. Parece loucura no início, mas você aprenderá rapidamente como gerenciar sua conta e seu risco a cada operação. Você ficará surpreso com a rapidez com que o cérebro humano consegue calcular o tamanho da posição a ser negociada e onde definir o *stop loss*.

PSICOLOGIA DE NEGOCIAÇÃO

Uma questão premente para muitos no início de sua carreira de *trader* é: "Por que a maioria dos *traders* fracassa?".

Vamos imaginar que três *traders* diferentes realizem exatamente a mesma operação e todos eles percam dinheiro. No entanto, a maneira como eles reagem às perdas pode ser o catalisador que determinará seus resultados comerciais futuros. Um *trader* pode ficar desanimado, xingar o mercado e desistir de operar naquele dia. Outro *trader* pode ficar frustrado, operar de forma mais agressiva para recuperar sua perda anterior e acabar perdendo ainda mais naquele dia. Um terceiro *trader* fará uma pausa nas operações, sairá por alguns minutos para reavaliar suas emoções, voltará para reavaliar sua estratégia, aguardará um sinal claro de oportunidade e, em seguida, fará uma boa transação que neutralize o prejuízo antes mesmo do fim do dia.

Qual é a diferença fundamental que distingue esses *traders*?

A resposta a essas duas perguntas é que o sucesso e o fracasso têm a ver com a forma como os *traders* se comportam e controlam suas emoções. Isso é o que distingue os vencedores dos perdedores.

Uma das principais razões pelas quais muitos *traders* fracassam é que eles encaram os eventos negativos e as perdas no mercado de forma pessoal. Sua confiança e paz de espírito estão relacionadas aos resultados de suas operações. Quando os *traders* se saem bem, eles se sentem bem. Quando enfrentam perdas, ficam desanimados, inseguros e frustrados, questionando a si próprios, a sua estratégia e a sua carreira. Em vez de lidar direta e construtivamente com suas perdas, eles reagem às emoções que foram instigadas pela personalização dos eventos.

Traders bem-sucedidos são aqueles que negociam por habilidade, e não por dinheiro. Quase todos os *traders* profissionais ocultam sua coluna de lucros e perdas não realizados (P&L) durante uma transação. Não têm interesse em ver o quanto estão lucrando ou perdendo. Eles se concentram na execução perfeita de uma meta de lucro ou de um nível de *stop loss*. Os *traders* consistentemente lucrativos encaram todas as negociações negativas ou positivas que fazem como uma oportunidade para se aprimorar.

O *day trading* exige que você tome decisões rápidas e, ao mesmo tempo, seja muito disciplinado. É por isso que essa é uma carreira tão exigente. Todas as manhãs, é necessário examinar o mercado, encontrar oportunidades e, às vezes, em questão de segundos, tomar decisões sobre se deve comprar, vender ou vender a descoberto as ações em jogo — e isso deve ser feito com um alto grau de disciplina.

Um dos principais fatores que contribuem para a autodisciplina dos *traders* é sua saúde física e mental. Pessoas que ingerem refeições nutritivas bem balanceadas, se exercitam com regularidade, mantêm o peso corporal e os níveis de condicionamento físico apropriados e descansam de maneira adequada provavelmente terão os níveis de energia e vigilância necessários para se tornar *traders* eficientes. Você pode se surpreender ao ler isso, mas seu estado de alerta, seu nível de energia e sua saúde geral têm um impacto significativo em seus resultados diários de negociação. Aqueles que negligenciam esses aspectos de seu bem-estar — ou, pior ainda, abusam do álcool ou das drogas — têm dificuldade para se concentrar e tomar decisões acertadas.

Fadiga, tensão corporal e problemas de saúde costumam afetar negativamente sua concentração e o processo consistente de tomada de decisão. É difícil fazer e manter os esforços mentais necessários para o *day trading* quando não se dorme bem ou ao se sentir deprimido por falta de exercícios. Muitas vezes, seu humor é influenciado pelo seu estado físico, até mesmo por fatores tão delicados como o que e quanto você come. Mantenha um registro diário de seus resultados comerciais e de sua condição física e verá essa relação por si mesmo. Comece a manutenção preventiva conservando seu corpo e, portanto, sua mente numa condição operacional de pico.

Aspectos da vida pessoal fora do comércio também podem afetar a eficácia de um *trader*. Mudanças nos relacionamentos pessoais, como separação ou divórcio, e questões familiares, como doenças e problemas financeiros, podem reduzir a capacidade de uma pessoa de se concentrar e tomar as decisões adequadas. Por exemplo, é comum que os jovens *traders* experimentem mais estresse depois de se casar, ter filhos ou comprar uma casa nova, porque essas responsabilidades financeiras adicionais criam preocupação e estresse (mas também, espero, muito prazer!).

Certamente demorou, mas descobri que, quanto mais praticava, mais era capaz de executar minhas estratégias de negociação de modo eficaz (que explicarei mais adiante). O verdadeiro sucesso, entretanto, não veio até que eu fosse capaz de me controlar e disciplinar. É muito desafiador prever o que os mercados de ações farão em determinado dia. Se você mesmo não souber com antecedência o que fará antes de entrar em uma transação, seu sucesso será muito limitado, e qualquer sucesso será quase exclusivamente baseado na pura sorte. Tenha um plano bem elaborado e trate de segui-lo. Novas estratégias de negociação, dicas de salas de bate-papo ou deste livro ou até mesmo o software mais sofisticado que se possa imaginar não ajudarão os *traders* que não conseguem lidar com suas emoções e controlá-las.

Para cada operação, você precisa fazer as perguntas a seguir.
- Esta operação é consistente com minha personalidade comercial e com minha tolerância ao risco?
- Em que estratégia esta operação se encaixará?
- Se esta operação der errado, onde está meu *stop loss*?
- Quanto dinheiro estou arriscando na operação e qual é o potencial de recompensa?

Isso é o que muitos *traders* acham difícil de fazer. Todas essas decisões — o próprio processo de garantir que essas decisões se ajustem à sua tolerância ao risco e aos parâmetros da sua estratégia — são uma tarefa com múltiplas facetas e difícil de executar. Não é apenas uma multitarefa, mas também uma a ser realizada sob estresse.

Compreendo esse estresse. Houve ocasiões em que estive no mercado com uma posição de 80 mil dólares e tudo que precisava fazer era vender. Mas, ao olhar para o teclado, me via paralisado como um cervo ofuscado pelos faróis de um carro na estrada. Não conseguia ao menos descobrir quais teclas deveria pressionar. Esse tipo de paralisia não é incomum quando você está sobrecarregado. Acontece com todos nós. Mas lembre-se: a confiança em sua capacidade de negociação não surge por estar certo e por ter lucro em todas as suas operações, ela é desenvolvida após você sobreviver às ocasiões em que esteve errado e perdeu dinheiro.

Operar em bolsa é estressante. O *day trading* é talvez o mais estressante de todos os tipos de operação em bolsa. Um erro pode arruinar seu mês. Não aproveitar uma oportunidade de realizar um bom lucro adequado pode arruinar sua semana. Existe uma linha tênue entre ser um *trader* bom e ser um *trader* perdedor. Se você estiver sob pressão, não faça uma operação. Faça uma caminhada para aliviar o estresse e não retome as atividades até que esteja novamente concentrado e calmo. *Traders* profissionais refrescarão, com frequência, a mente ao dar uma corrida após uma perda grande e, em seguida, voltarão para reiniciar a operação, mas em um simulador, não ao vivo, até que as emoções estejam de novo sob controle.

Reveja os resultados de suas decisões e analise constantemente seu desempenho.
- Você está realizando lucros a longo prazo? Como estão seus lucros e perdas acumulados? Como está sua curva de patrimônio líquido (seus lucros e perdas após deduzir as comissões e taxas de corretagem)?
- Você teve vários dias de lucros seguidos ou vários dias de perdas seguidos?

- Se estiver em uma sequência de perdas, você estará em contato com suas emoções e manterá sua compostura ou permitirá que seu bom senso seja prejudicado? Conecte-se com sua comunidade ou seu grupo de apoio e garanta um *trader* ou mentor "amigo" que também monitore seu desempenho e forneça uma avaliação.

Nunca é demais enfatizar a importância das etapas a seguir: dedicar um tempo para se preparar, trabalhar duro, planejar suas operações, dedicar algum tempo depois para revisá-las — e você não pode fazer tudo isso sozinho. Não é possível alcançar o sucesso sozinho. Há muito valor em compartilhar ideias e aprender com uma comunidade de *traders* e com seu mentor, caso tenha um.

Considere habilidade e disciplina como seus músculos de operação. Os músculos precisam de exercício para ficarem fortes e, uma vez que os tenha fortalecido, eles precisam ser exercitados ou você perderá a força. É isso que faço todos os dias: exercito continuamente minha capacidade de ter autocontrole e de ser disciplinado. A boa notícia é que muitas das habilidades que você aprende operando em bolsa são comparáveis a aprender a dirigir. Depois de aprendida, dirigir é uma habilidade que não se perde. Você se lembra da primeira vez que dirigiu? Para mim, foi um esforço multitarefa muito intimidador. Mas agora você consegue dirigir sem, de fato, pensar sobre isso. Acontece o mesmo com as operações no mercado financeiro. Depois de aprender a operar, habilidades como identificar uma boa ação para negociar ou como entrar e sair de uma operação não desaparecerão. Contudo, lembre-se de que disciplina é algo que precisa ser trabalhado constantemente para ser um *trader* bem-sucedido. A disciplina sempre demanda esforço contínuo. Por exemplo, quando é que você pode dizer que finalmente está em ótima forma física? Nunca. Seja sempre disciplinado com sua dieta, seus exercícios e seu sono.

Você ingressou em uma profissão na qual estará sempre aprendendo e exercendo disciplina e atenção plena. Isso é ótimo e muito estimulante. Mas é importante lembrar que, se começar a ficar excessivamente confiante e achar que é mais esperto que o mercado no quesito sabedoria de operação ou que não precisa mais aprender, talvez receba um lembrete rápido desse mercado: um tapa na cara! Você perderá dinheiro e verá que o mercado o está ensinando.

Nunca é demais enfatizar que ser capaz de tomar decisões rápidas e de fazer e seguir suas regras de operação são etapas fundamentais para obter sucesso no mercado. À medida que avançar na leitura deste livro, você lerá muito sobre gestão de riscos. Tudo o que os *traders* fazem retorna para a gestão de risco porque, em última análise, é o conceito mais importante que um *trader* precisa entender. Durante todo o dia, você está gerenciando riscos. Relacionada a esse aspecto está a capacidade de gerenciar riscos para tomar decisões acertadas — mesmo no calor do momento.

Esta é a próxima regra do *day trading*:

> **Regra 6 —** **Sua corretora compra e vende ações para você na bolsa. Seu único trabalho como *day trader* é gerenciar o risco. Não dá para ser um *day trader* de sucesso sem ter uma excelente habilidade para gerenciar riscos, mesmo que domine muitas estratégias eficazes.**

Conforme mencionado anteriormente, o *day trading* é uma atividade muito séria. Trate-a como tal. Só você pode decidir quanto de sua conta pode perder a qualquer momento. Leve em consideração suas finanças, suas habilidades e sua personalidade. Mas nunca se esqueça da regra dos 2% explicada anteriormente. Não realize uma operação se mais de 2% de sua conta estiver em risco. Simplesmente não vale a pena.

Há uma verdade muito básica a ser aceita aqui: não espere estar certo o tempo inteiro. É impossível estar. A negociação em bolsa é baseada em probabilidades e requer muita paciência para identificar configurações com potencial atraente de risco/recompensa. Sou um *trader* consistentemente lucrativo, mas 30% das minhas operações resultam em perdas. Não espero estar certo em todas as operações. Se você tivesse uma pequena empresa, não esperaria que ela fosse lucrativa todos os dias. Em determinados dias não haveria clientes ou vendas suficientes até mesmo para pagar sua equipe ou sua locação, mas isso seria mais do que compensado pelos dias em que seu negócio prosperasse.

Se você examinar o trabalho da maioria dos *traders* bem-sucedidos, perceberá que todos eles sofrem pequenas perdas. Seus resultados estão repletos de numerosas pequenas perdas de sete, cinco, três e até um centavo por ação. A maioria dos bons *day traders* tem poucas perdas superiores a trinta centavos por ação. A maioria das operações vencedoras deve funcionar a seu favor imediatamente.

Um dos fundamentos a ser aprendidos com este livro é que, todos os dias, a estratégia de operação tem de ter um nível de *stop loss,* e você precisa evitar ações que não sejam compatíveis com sua estratégia. Imagine, por um momento, que está vendendo a descoberto uma ação abaixo de um nível de resistência importante e espera que o preço caia. Tudo bem. Porém, de repente, o preço se volta contra você, quebra o nível de resistência e sobe. Agora, seu plano comercial original está obsoleto. Não há motivo para permanecer na transação. Não continue na transação na esperança de que a ação talvez seja negociada a um preço mais baixo novamente. Isso é ilusão. Você pode zerar sua conta de negociação com UM movimento louco. A ação pode ou não ser negociada a um preço mais baixo novamente, mas, acima do nível de resistência, você não tem razão para estar vendido nessa ação. Se a ação enfraquece e volta abaixo do nível inicial, você deve entrar na operação novamente. As comissões são baratas, então aceite uma pequena perda e saia. Você sempre poderá voltar à operação quando a configuração estiver pronta.

Aqueles que nunca dominaram essa regra fundamental fracassarão. Este é um problema comum entre os *traders* iniciantes: eles não aceitam uma pequena perda. Trabalhe essa ideia enquanto negocia em um simulador. Você só deve passar para a negociação ao vivo se conseguir aceitar e respeitar o *stop loss*. Se não sabe onde está seu *stop loss* ou onde ele deveria estar, isso significa que provavelmente você nem ao menos deveria ter entrado na transação. Isso significa que não se planejou corretamente. Isso também significa que você deve dar um passo atrás, revisar suas estratégias e voltar a negociar no simulador.

Os *traders* consistentemente lucrativos fazem negócios sólidos e razoáveis. Eles aceitam que não podem controlar o mercado ou os resultados de todas as operações, mas seguem à risca seu plano e controlam seu capital. Muitas vezes, você pode revisar seus lucros e perdas no final de cada mês. Os *traders* profissionais costumam avaliar seus resultados a cada trimestre e, em seguida, tomam uma decisão com relação ao seu desempenho e ajustam suas estratégias de operação de acordo com a decisão tomada.

Muitos *traders* acham que um bom dia de operação é um dia positivo. Errado. Um bom dia de operação é um dia em que você foi disciplinado, operou com estratégias sólidas e não violou nenhuma regra de operação. A incerteza natural do mercado de ações resultará em alguns dias negativos, mas isso não significa que um dia negativo foi um dia de operações ruins.

4
COMO ENCONTRAR AÇÕES PARA OPERAR

"Você é tão bom quanto as ações que negocia." Essa é uma expressão famosa na comunidade dos *traders*. Existem muitos *traders* iniciantes que não sabem o que é uma boa ação no dia a dia, nem como encontrá-la, e perdem muitos dias de mercado acreditando, erroneamente, que é impossível fazer *day trade* naquela situação.

Você pode ser o melhor *trader* do mundo, mas, se suas ações não se moverem nem tiverem volume suficiente, você não ganhará dinheiro de forma consistente. Meu amigo mencionado anteriormente, Mike Bellafiore, que é cofundador da SMB Capital (uma firma de *proprietary trading* na cidade de Nova York), escreve em seu livro incrível *One Good Trade* que negociar uma ação que não se move é um dia de negociação desperdiçado. Como *day trader*, você precisa ser eficiente com seu tempo e poder de compra (o que será explicado no capítulo 5).

Agora, não queremos apenas ações que se movam, mas buscamos ações que possamos identificar que estão prestes a se mover em determinada direção. É possível que uma ação que varia 5 dólares durante certo dia nunca nos ofereça excelentes oportunidades de risco/recompensa. Algumas ações movimentam-se muito durante o dia sem oferecer pistas sobre sua direção.

Seu próximo desafio como *trader* iniciante é aprender a encontrar ações adequadas com as quais operar.

Muitos *traders* iniciantes entendem como funciona a negociação em bolsa e têm uma formação adequada e as ferramentas certas para o *day trading*. Porém, quando se trata de realmente encontrar ações para negociar em tempo real, eles não têm a mínima noção (e não quero parecer maldoso quando digo isso). Certamente foi algo que experimentei como *trader* iniciante. Se você aprender as estratégias explicadas neste livro, mas não conseguir ganhar dinheiro de forma consistente, é possível que esteja com a ação errada. Novamente, você é tão bom quanto as ações que negocia. Encontre as ações que estão sendo negociadas pelos *day traders* ou, como eu as chamo, as ações em jogo.

Há mais de uma maneira de selecionar ações em jogo e ganhar dinheiro negociando-as, e definitivamente há mais de uma maneira correta. Alguns *traders* negociam cestas de ações e índices. Alguns *day traders*, como outro amigo meu, Brian Pezim, autor do *best-seller How to Swing Trade*, negociam principalmente fundos de índice (*exchange-traded funds* [ETFs]). Muitos desenvolveram filtros exclusivos para encontrar ações. Outros se concentram em operar os mercados como um todo por meio dos contratos futuros de índice. Muitas vezes, nas mesas de operações dos grandes bancos, os *traders* profissionais simplesmente fazem transações em determinado setor, como ouro, petróleo ou tecnologia. Mas lembre-se: somos *traders* de varejo com quantias limitadas de capital, então devemos ser eficientes na seleção de nossas ações em jogo.

Uma ação em jogo é uma ação que oferece excelentes oportunidades de configuração de risco/recompensa — oportunidades em que seu lado negativo é 5 centavos e seu lado positivo, 25 centavos, ou seu lado negativo é 20 centavos e seu lado positivo, 1 dólar —, isto é, 1 para 5 (1:5). Você pode, periodicamente, identificar uma ação em jogo que está prestes a subir ou descer em relação ao seu preço atual. Uma ação em jogo se move, e esses movimentos são previsíveis, frequentes e identificáveis. Uma boa ação intradiária oferece inúmeras e excelentes oportunidades de risco/recompensa.

Todos os dias, uma nova série de ações entra em jogo. Negociar ações em jogo lhe permite utilizar seu poder de compra da maneira mais eficiente. Elas, em geral, oferecem oportunidades de risco/recompensa muito melhores durante o dia e assim você pode executar suas ideias e regras de negociação com mais consistência. Negociar as ações em jogo corretas ajuda a combater os programas algorítmicos.

AÇÕES EM JOGO

O que são as ações em jogo? Eu explico em detalhes, posteriormente, neste livro, como encontrá-las, mas elas são, sem ordem hierárquica específica:
- uma ação com novidades;
- uma ação que subiu ou baixou mais de 2% antes da abertura do mercado;

- uma ação que tem atividade comercial incomum antes do mercado; e
- uma ação que atinge níveis intradiários importantes os quais podemos utilizar para fins de negociação.

Você deve se lembrar que o *day trading* de varejo não funciona com todas as ações. Funciona apenas com ações que apresentam *alto volume relativo*. No caso de algumas ações, como da Facebook, Inc. (FB), serão negociadas, em média, milhões e milhões de ações todos os dias, enquanto outras ações, em média, podem ser negociadas apenas 500 mil vezes por dia. Isso significa que você deve negociar apenas a FB? Não. O volume varia de uma ação para outra. Não procure apenas um alto volume total. Existem algumas ações que, em média, serão negociadas a volumes altos. Busque o que está acima da média para aquela ação específica. Vinte milhões de ações da FB negociadas em um dia podem muito bem não ser um marco mais alto do que o normal. Não negocie a FB a menos que ela tenha um volume de negociação muito incomum. Se o volume de negociação não for maior do que o normal, isso significa que a negociação está sendo dominada por operadores institucionais e por computadores de negociações de alta frequência. Fique longe disso.

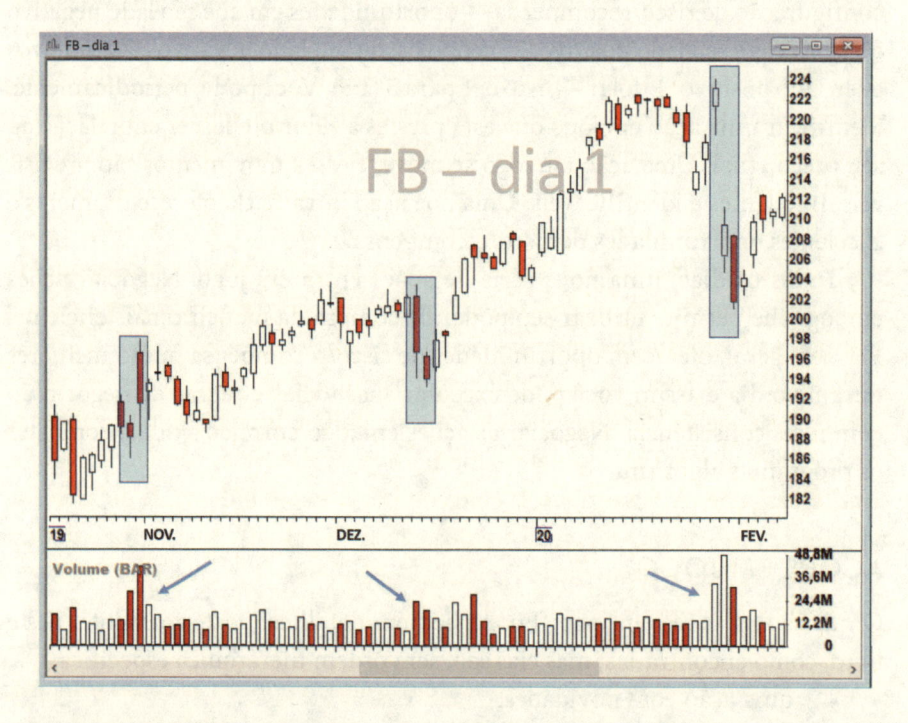

Figura 4.1 — Gráfico diário da FB para o inverno de 2020. Os dias em que a FB teve um volume relativo significativo estão marcados. Esses dias foram adequados para o *day trading* dessa ação.

Dê uma olhada na Figura 4.1. Como você pode ver, houve apenas alguns dias com alta atividade relativa. Eles estão marcados com setas no gráfico. Curiosamente, ao examinar o gráfico de perto, percebe-se que, naqueles dias, a ação oscilava para cima ou para baixo. Marquei essas diferenças de preço no gráfico. Se quisesse negociar a FB, deveria ter negociado apenas nesses dias. Os demais dias eram compostos apenas de negociações algorítmicas normais, de alta frequência. Os *traders* de varejo devem ficar longe de ações que estão sendo negociadas normalmente.

A característica mais importante das ações de alto volume relativo é que são negociadas independentemente do que o setor e o mercado geral estão fazendo. Quando o mercado está fraco, significa que a maioria das ações está sendo vendida. Não importa se é Apple, Facebook, Amazon ou ExxonMobil. Quando o mercado está forte, os preços da maioria das ações estão subindo. Da mesma forma, quando você ouve alguém dizer que o mercado está "em baixa" ou "em queda livre", isso não se refere a uma ação específica. Significa que todo o mercado de ações está perdendo seu valor — todas as ações juntas. Isso também ocorre em setores específicos. Por exemplo, quando o setor farmacêutico está fraco, isso significa dizer que todas as empresas farmacêuticas estão perdendo valor simultaneamente.

Como reconhecer o comportamento do mercado? Os fundos de índice, como o Dow Jones Industrial Average (DIA) ou o SPDR S&P 500 ETF Trust (SPY), costumam ser bons indicadores do comportamento do mercado como um todo. Se DIA ou SPY estiverem em baixa, significa que o mercado como um todo está fraco; se estiverem fortes, o mercado geral está em alta.

O comportamento das ações com alto volume relativo independe do mercado como um todo; elas são ações em jogo. Todos os dias, apenas um punhado de ações está sendo negociado independentemente de seu setor e do mercado em geral. Os *day traders* negociam apenas essas ações. Às vezes, chamo essas ações de Alfa. No reino animal, alfa é um predador no topo de uma cadeia alimentar do qual nenhuma outra criatura se alimenta. No *day trading*, as ações Alfa são aquelas cujo comportamento independe do mercado geral e de seu setor. O mercado e a negociação de alta frequência não podem controlá-los. Isso é chamado de "ações em jogo".

Portanto, a próxima regra é sobre as ações em jogo:

Regra 7 — Os *traders* de varejo negociam apenas as ações em jogo, ações de alto volume relativo que apresentam catalisadores fundamentais e são negociadas independentemente do mercado geral.

Sabemos que precisamos de um volume relativo alto, mas quanto é o suficiente? Não negocio ações cujo volume médio diário é inferior a 500 mil. Você precisa de certa liquidez na ação para poder entrar e sair dela sem dificuldades. Por exemplo, se comprar a JPMorgan Chase & Co. (JPM) por 105 dólares e definir um preço de saída de 104,85 dólares, você pode realmente sair perto dos 104,85 dólares? Ou, uma vez que o volume está tão baixo, você teria que vender a 104,50 dólares para sair? Se está negociando a JPM e conclui que deve sair a 104,85 dólares, mas, na verdade, não consegue sair antes de 104,50 dólares, então essa não é uma boa ação para o *day trading*. As ações em jogo têm liquidez suficiente para que você possa sair sem prejuízos inesperados.

O que torna uma ação uma "ação em jogo"? Normalmente, é a divulgação de notícias fundamentais sobre a ação na véspera ou no mesmo dia de negociação. Notícias ou eventos importantes para as empresas podem ter impactos significativos sobre seu valor no mercado e, portanto, atuar como catalisadores fundamentais para a movimentação de seu preço.

Conforme mencionado no capítulo 2, alguns exemplos dos catalisadores fundamentais para ações que as tornam adequadas para o *day trading* incluem:

- relatórios de lucros;
- avisos ou pré-anúncios de lucros;
- surpresas com relação aos lucros;
- aprovações ou reprovações da FDA;
- fusões ou aquisições;
- alianças, parcerias ou grandes lançamentos de produtos;
- vitórias ou perdas de contratos grandes;
- reestruturações, dispensas ou mudanças de gestão; e
- desdobramentos de ações, recompras ou ofertas de dívida.

Verifico as notícias sobre todas as ações com alta ou baixa superior a 2% nas negociações pré-mercado e faço minha lista de observação de movimentadores pré-mercado (que explicarei mais adiante neste livro). As ações em jogo no dia anterior geralmente continuam em jogo por alguns dias.

No capítulo 7, explico estratégias específicas de *day trading*, como tendência, reversão, VWAP e média móvel. Nesta altura, sua pergunta principal precisa ser como encontrar a ação para cada uma dessas estratégias. Eu categorizo as ações para negociação no varejo em três classes. Com base em minhas experiências, essa categorização fornece alguma clareza sobre como encontrar ações e como adotar uma estratégia para elas.

AÇÕES EM LIVRE CIRCULAÇÃO E CAPITALIZAÇÃO DE MERCADO

Antes de explicar as três categorias, deixe-me explicar a definição de "ações em livre circulação" e "capitalização de mercado" ou "cap de mercado". "Ações em livre circulação" significa o número de ações disponíveis para negociação. Em junho de 2020, por exemplo, a Apple Inc. tinha 4,33 bilhões de ações no mercado disponíveis para compra e venda. A Apple é considerada uma ação "megacapitalizada". Essas ações geralmente não se movem muito durante o dia, uma vez que exigem uma quantidade de dinheiro significativa para serem negociadas, de modo que as ações da Apple podem variar, em média, apenas um ou dois dólares por dia. Elas não são muito voláteis, portanto, os *day traders* não gostam de negociá-las. Os *day traders* procuram a volatilidade.

Contudo, existem algumas empresas com um volume muito baixo de ações em livre circulação. Por exemplo, a ThermoGenesis Holdings Inc. (THMO) tinha apenas cerca de 3,4 milhões de ações em circulação em junho de 2020. Isso significa que a oferta de ações da THMO era baixa e, portanto, uma demanda elevada poderia mover muito rapidamente o preço da ação. As ações com baixo volume em livre circulação podem ser voláteis e movimentar-se muito rapidamente. A maioria das ações com baixo volume em livre circulação vale menos de 10 dólares porque é composta de empresas em uma fase inicial que, em sua maior parte, não são lucrativas. Elas esperam crescer e, ao crescerem ainda mais, emitem mais ações e levantam mais dinheiro junto ao mercado público e, gradualmente, tornam-se ações de megacapitalização. Essas empresas com um volume baixo de ações em livre circulação também são chamadas de "ações de 'pequena capitalização'" ou "microcapitalização". Os *day traders* adoram quando há um volume baixo de ações em livre circulação. Agora vamos voltar àquelas três categorias.

A primeira categoria consiste nos casos de volume baixo de ações em livre circulação, com preços abaixo de 10 dólares. Essas ações são extremamente voláteis, movendo-se 10%, 20%, 100% ou até 1.000% a cada dia. Sim, esse tipo de oscilação realmente acontece! Mas tenha cuidado com essa categoria. Assim como você pode transformar seus mil dólares em 10 mil dólares em uma única transação, seus mil dólares podem facilmente se transformar em 10 dólares. As ações com volume baixo em livre circulação e preço inferior a 10 dólares são, com frequência, muito manipuladas e difíceis de negociar; portanto, apenas *traders* de varejo muito experientes e bem equipados devem negociar essas ações. Eu mesmo raramente faço negócios com elas. Se alguém afirma ter transformado mil dólares em 10 mil dólares em um mês, se for verdade, deve ter negociado esse tipo de ação com volume baixo em livre circulação. Nenhum *trader* iniciante ou mesmo intermediário pode negociar com tanta precisão e eficiência. Se os *traders* iniciantes tentassem negociar ações com volume baixo em livre circulação e com preço inferior a 10 dólares, provavelmente transformariam seus mil dólares em pó em questão de dias.

Quando se trata de ações com volume baixo em livre circulação, a "estratégia tendência bandeira de alta" (sobre a qual falarei mais adiante) funciona melhor. As outras estratégias, neste livro, não são adequadas para ações com volume baixo em livre circulação e preço inferior a 10 dólares.

Em geral, não é possível vender a descoberto ações com volume baixo em livre circulação e preço inferior a 10 dólares. Para realizar uma venda a descoberto, você precisa pegar emprestado ações de seu corretor, e é raro que uma corretora esteja disposta a lhe emprestar ações tão voláteis. Mesmo que sua corretora colabore, aconselho enfaticamente que não tente vendê-las a descoberto. Elas podem facilmente subir e isso acabará zerando sua conta. Você pode mesmo se tornar um *day trader* lucrativo em tempo integral sem vender ações arriscadas a descoberto, então deixe isso para os profissionais de Wall Street.

Negociar ações com volume baixo em livre circulação é muito difícil para um *trader* iniciante. É difícil interpretar a direção do próximo movimento e, portanto, é muito difícil gerenciar seu risco ao negociá-las. Eu desencorajo os *traders* iniciantes a negociar ações com volume baixo em livre circulação. Quando o *trader* iniciante está errado, a perda é tamanha que apaga muitos ganhos.

A segunda categoria é de ações com volume médio em livre circulação na faixa de 10 a 100 dólares. Essas ações têm volumes médios em livre circulação de cerca de 20 milhões a 500 milhões de ações. Muitas das minhas estratégias explicadas neste livro funcionam bem com essas ações, sobretudo o VWAP e as estratégias de suporte ou resistência. As ações com volume médio em livre circulação e custo superior a 100 dólares não são populares entre os *day traders* de varejo, e eu mesmo as evito. Normalmente, não é possível comprar muitas ações desse tipo por causa de seu preço alto. Portanto, é basicamente inútil negociá-las todo dia. Deixe-as para os *traders* institucionais.

A terceira categoria de ações a serem negociadas é a da *megacapitalização*, como Apple, Alibaba, Yahoo, Microsoft e Home Depot. Essas são empresas bem estabelecidas que, em geral, têm mais de 500 milhões de dólares em ações públicas disponíveis para negociação. Milhões dessas ações são negociados todos os dias. Como você pode imaginar, essas ações só se movem quando grandes *traders* institucionais, bancos de investimento e fundos de *hedge* estão comprando ou vendendo grandes posições. Os *traders* de varejo como nós, que costumam negociar de cem a duas mil ações, em geral não conseguem alterar o preço dessas ações. Os *traders* de varejo devem evitá-las, a menos que haja um bom catalisador fundamental para elas. Entre as estratégias apresentadas neste livro, as de reversão e média móvel geralmente funcionam bem nesses casos. Não se esqueça, porém, de que essas ações são muito negociadas por computadores e *traders* de alta frequência e não são adequadas para o *day trading* de varejo, a menos que exista um catalisador fundamental.

A tabela a seguir resume essas categorias.

VOLUME EM CIRCULAÇÃO	FAIXA DE PREÇO	MINHA ESTRATÉGIA FAVORITA (CAPÍTULO 7)
Volume baixo (inferior a 20 milhões)	Inferior a 10 dólares	Apenas tendência (comprado)
Volume médio (20 a 500 milhões)	10 a 100 dólares	Todas, sobretudo VWAP e suporte ou resistência
Volume alto (superior a 500 milhões)	Qualquer uma (em geral, superior a 20 dólares)	Todas, sobretudo média móvel e reversão

As ações em jogo podem ser encontradas de duas maneiras:
- lista de observação matinal pré-mercado; e
- buscas em tempo real durante o dia.

Deixe-me explicar como, a cada dia, encontro minhas ações em jogo para fins de negociação.

MOVIMENTADORES PRÉ-MERCADO

Os *traders* experientes querem estar nas ações certas no momento certo. Como já mencionei, os *traders* são tão bons quanto as ações que negociam. Eu e os *traders* em nossa comunidade usamos um *scanner*, todas as manhãs, programado para encontrar ações em jogo com base nos critérios a seguir.

- Ações que, no pré-mercado, subiram ou baixaram, pelo menos, 2%.
- Ações que, no pré-mercado, foram negociadas, pelo menos, 50 mil vezes.
- Ações que têm um volume médio diário superior a 500 mil ações.
- Ações que têm média de amplitude de variação (o tamanho médio da variação de preço de uma ação todos os dias) de, pelo menos, 50 centavos.
- Existe um catalisador fundamental para a ação.
- Como regra, não negocio ações com uma enorme posição vendida a descoberto, superior a 30% (a posição vendida a descoberto é a quantidade de ações que os investidores ou *traders* venderam a descoberto, mas cujas posições ainda não foram cobertas ou encerradas).

Por que esses critérios?

Quando existem certos catalisadores fundamentais, a atividade pré-mercado é pouco comum, e uma ação em jogo dá um salto para cima ou para baixo antes da abertura do mercado com um número significativo de ações sendo negociadas (na ordem de 50 mil ações).

Procuro ações muito negociadas, de modo que comprar e vender mil ações não seja um problema. É por isso que analiso ações com um volume médio diário superior a 500 mil ações. Também procuro ações que, normalmente, se movimentam em uma faixa interessante para negociação. É por isso que examino a média de amplitude de variação (*average true range* [ATR]). A ATR significa o tamanho da faixa de variação de preço que uma ação apresenta, em média, todos os dias. Se a ATR for 1 dólar, então você pode esperar que a ação suba ou desça em torno de 1 dólar todo dia. Esse é um bom número. Se tiver mil ações, poderá auferir um lucro de mil dólares com a negociação. Mas se a ATR for de apenas 10 centavos, essa faixa de negociação não é atraente para mim.

Vejamos a Figura 4.2, que é um exemplo de como minha lista de observação será formada. Em 1º de junho de 2020, às 9h, horário de Nova York, meu *scanner* mostrava as ações conforme veremos a seguir.

Sigla	Preço ($)	Volume de hoje	Variação	Mudança fechamento	Volume em circulação	ATR (ação)	Volume em circulação (%)	Setor
SPCE	18,27	1,15M	1,23	7,2	175M	1.30	55,79	Outros serviços (exceto administração pública)
GAN	23,00	171,397	1,11	5,1	57,5M	1.77	0,72	Serviços profissionais, científicos e técnicos
CRWD	90,65	118,055	2,84	3,2	113M	4.45	3,19	Indústria
MT	9,93	121,941	0,31	3,2	1,01B	0.65		Indústria
GPS	9,16	140,952	0,26	2,9	205M	0.86	21,18	Comércio de varejo
ZM	183,77	172,576	4,29	2,4	155M	10.07	6,22	Serviços profissionais, científicos e técnicos
LUV	32,78	437,858	0,68	2,1	507M	2.07	4,25	Transporte e armazenagem
BYND	131,00	166,490	2,71	2,1	57,3M	10.31	11,64	Indústria
AAL	10,72	1,23M	0,22	2,1	423M	0.80	55,83	Transporte e armazenagem
UBER	35,52	112,120	-0,80	-2,2	1,25B	1.92	3,32	Serviços profissionais, científicos e técnicos
M	6,19	745,931	-0,17	-2,7	309M	0.56	48,06	Comércio de varejo
GILD	75,50	573,123	-2,33	-3,0	1,25B	2.18	2,08	Indústria
CGC	16,60	386,862	-0,77	-4,4	201M	1.77		Indústria
PFE	35,67	778,526	-2,52	-6,6	5,55B	0.79	0,95	Indústria
ADAP	9,90	394,554	-1,17	-10,6	665M	1.18		Indústria
ABIO	9,95	162,733	-2,65	-21,0	1,59M	1.97	1,44	Indústria
EVH	6,95	106,156	-1,93	-21,7	81,1M	0.65	12,79	Serviços administrativo e de apoio e de gestão de resíduo e remediação

Figura 4.2 — Minha lista de observação dos movimentadores pré-mercado em 1º de junho de 2020, às 9h, horário do leste.

Coloquei em destaque a segunda coluna "mudança fechamento" e a coluna "volume em circulação" em minha lista de observação. A segunda coluna "mudança fechamento" representa o quanto o preço da ação mudou desde o fechamento dos mercados no pregão anterior. Nesse caso, por exemplo, o preço da CrowdStrike Holdings Inc. (CRWD) aumentou 3,2% na negociação pré-mercado. Entre mais de 4 mil ações, agora tenho apenas dezessete candidatas (as ações que deram um salto, para cima ou para baixo, de pelo menos 2%). Examino cada uma delas antes da abertura do mercado, às 9h30. Verifico as notícias sobre cada uma delas para saber por que subiram ou desceram. Existe um catalisador fundamental para essa ação? Houve alguma cobertura de notícias ou eventos extremos para essa empresa?

Dessas dezessete candidatas (para aquele dia; o número varia a cada dia), costumo selecionar duas ou três ações para acompanhar de perto. Você não consegue acompanhar dezessete ações e, independentemente disso, em geral, não há mais do que duas ou três boas candidatas. Observo as duas ou três melhores candidatas de perto em minhas telas, procurando possíveis configurações. Planejo minhas transações antes da abertura do mercado (apresento algumas ideias sobre como criar declarações "se-então" [*if-then*] no capítulo 10) e, em seguida, espero o sino do mercado. Então, negocio de acordo com meu plano.

Mencionei que, via de regra, não negocio ações com enormes posições vendidas a descoberto, nem com um volume diário provavelmente inferior a 500 mil ações ao dia. Uma grande posição vendida a descoberto indica que os *traders* ou investidores acreditam que o preço de uma ação provavelmente cairá. Mas o desafio com as grandes posições vendidas a descoberto é que essas ações são mais vulneráveis a um *short squeeze* feito por investidores e *traders* altistas. Um *short squeeze* ocorre quando os vendedores a descoberto entram em pânico e começam a lutar para devolver suas ações emprestadas, forçando os preços a subirem rápida e perigosamente. Ninguém quer ficar preso em um *short squeeze*.

Às vezes, não consigo identificar uma ação que se enquadre nesses critérios para estar "em jogo" no *scanner* dos movimentadores pré-mercado. Nessas ocasiões, observo meu *scanner* em tempo real intradiário para encontrar ações em jogo para transações de tendência ou reversão ou outros tipos de transações. Minha primeira escolha, porém, será sempre uma ação em jogo que encontro na minha lista de observação de movimentadores pré-mercado.

BUSCAS INTRADIÁRIAS EM TEMPO REAL

Para algumas estratégias, não é possível encontrar ações no pré-mercado. As estratégias de tendência, reversão de topo e reversão de fundo (que serão explicadas posteriormente) são os tipos de estratégias aplicáveis quando uma configuração adequada para negociação ocorre durante o pregão. É difícil encontrar essas ações em uma lista de observação de varredura pré-mercado. Para essas estratégias, tenho *scanners* específicos que buscam essas ações, como explicarei em detalhes na próxima seção.

RADAR DE VOLUME EM TEMPO REAL

Durante o dia, podem aparecer algumas ações em jogo novas no mercado que não se apresentaram como tais quando estava criando minha lista de acompanhamento matinal. A Figura 4.3 é uma captura de tela de um *scanner* no meu software *Trade Ideas*, que está configurado para encontrar, para mim, os seguintes tipos de ações em tempo real:

Sigla	Preço ($)	Variação	Volume do dia	Volume	Posição na faixa (%)	Volume	ATR	Setor
USG	30,54	8,8	3.059.686	918K		10,6	0,56	Indústria
RMD	67,89	-1,7	622.086	1,41M		3,23	0,99	Indústria
KLAC	68,74	1,8	706.826	1,51M		2,31	1,80	Indústria
HLF	62,30	3,0	1.853.963	3,26M		1,86	1,52	Comércio varejista
HOG	51,83	-1,4	936.729	1,20M		1,34	1,28	Indústria
GOLD	98,37	-0,7	172.337	960K		0,56	2,77	Extração de minério, pedreiras, petróleo e gás

Radar de volume: 10:55:00 – 10:59:59

Figura 4.3 — Meu *scanner* de radar de volume intradiário buscando ações em jogo em tempo real.

1. subiram ou caíram, pelo menos, 1 dólar;
2. têm ATR superior a 50 centavos;
3. têm um volume relativo médio de, pelo menos, 1,5 (a ação está sendo negociada a uma vez e meia o seu volume normal);
4. têm um volume médio diário de negociação de, pelo menos, quinhentas mil ações.

Esses são os meus requisitos para uma ação estar em jogo. Ter um ATR superior a 50 centavos é importante porque você deseja que a ação se mova o suficiente durante o dia para que possa lucrar com sua volatilidade. Não faz sentido negociar uma ação que se movimenta apenas 5 centavos em média por dia.

Dou também uma olhada no setor das ações. Se eu tiver várias ações de um setor, há uma boa chance de que não estejam em jogo. Elas têm alto volume relativo porque seu setor está sendo fortemente negociado por *traders* institucionais. É importante saber que o desempenho das ações costuma depender de seu setor. Por exemplo, quando as ações de petróleo estão sendo vendidas, quase todas as empresas petrolíferas baixam de preço. Portanto, é importante distinguir as ações em jogo das outras. Lembre-se de que você é tão bom quanto as ações que negocia. Portanto, se for o melhor *trader* do mundo, mas tiver uma posição em uma ação errada, perderá dinheiro.

SCANNER DE TENDÊNCIA BANDEIRA DE ALTA EM TEMPO REAL

Para a estratégia tendência, como expliquei anteriormente, você precisa encontrar empresas com baixo volume de ações em circulação que estão se movimentando. Você não conseguirá encontrar essas ações se não estiver usando um bom *scanner*. Com relação ao *scanner*, uso software da Trade Ideas (www.Trade-Ideas.com). Verifique, em nosso site, o link da Trade Ideas e obtenha informações sobre um desconto exclusivo para membros de nossa comunidade.

Hora	Sigla	Preço ($)	Volume do dia	Volume relativo	Volume em circulação (ação)	Volume 5 minutos	Nome da estratégia
15h49min26 29/8	NIHD	2,73	1,30M	3,18	92,4M	1,321	Tendência bandeira de alta (flutuação média)
15h49min1 29/8	LNTH	9,70	1,44M	6,25	11,3M	917,2	Tendência bandeira de alta (flutuação média)
15h48min53 29/8	LNTH	9,67	1,44M	6,24	11,3M	1,005	Tendência bandeira de alta (flutuação média)
15h48min18 29/8	NIHD	2,69	1,27M	3,15	92,4M	1,078	Tendência bandeira de alta (flutuação média)
15h46min51 29/8	NIHD	2,67	1,24M	3,11	92,4M	864,5	Tendência bandeira de alta (flutuação média)
15h46min32 29/8	LNTH	9,66	1,40M	6,10	11,3M	764,6	Tendência bandeira de alta (flutuação média)
15h45min54 29/8	CSTM	6,10	2,28M	3,33	70,0M	1,720	Tendência bandeira de alta (flutuação média)
15h45min27 29/8	LNTH	9,58	1,38M	6,07	11,3M	925,0	Tendência bandeira de alta (flutuação média)
15h45min02 29/8	SGU	8,90	131,484	3,00	51,7M	8,429	Tendência bandeira de alta (flutuação média)
15h43min59 29/8	CSTM	6,09	2,25M	3,31	70,0M	1,441	Tendência bandeira de alta (flutuação média)
15h43min58 29/8	TPIC	20,96	1,16M	4,99	11,2M	2,169	Rompimento de faixa (flutuação média)
15h43min41 29/8	LNTH	9,56	1,36M	6,02	11,3M	654,7	Tendência bandeira de alta (flutuação média)

Figura 4.4 — Meu *scanner* de tendência bandeira de alta intradiário em tempo real.

Na Figura 4.4, você pode ver como estou fazendo buscas em tempo real para minha estratégia tendência. Durante o dia, o *scanner* procura ações com alto volume relativo, baixo volume de ações em livre circulação e alto nível de atividade. Então eu as verifico em minha plataforma de negociação e decido, com base em minha estratégia tendência definida no capítulo 7, se desejo negociá-las.

SCANNERS DE REVERSÃO EM TEMPO REAL

As estratégias de reversão de topo e de reversão de fundo são duas outras estratégias para as quais não é possível encontrar ações no pré-mercado. Você precisa ter um *scanner* intradiário em tempo real. A Figura 4.5 é a imagem de um *scanner* de reversão de topo e de reversão de fundo.

Histórico: reversão de fundo

Hora	Sigla	Preço ($)	Volume do dia	Velas consecutivas	Volume em circulação	ATR	5 minutos IFR
3:51:29 PM	ZG	34,80	648K	-4	1,12	1,13	23,8
3:49:21 PM	TRI	41,54	733K	-4	1,25	0,48	20,7
3:48:13 PM	TRI	41,55	718K	-4	1,23	0,48	21,9
3:45:45 PM	TRI	41,56	700K	-4	1,22	0,48	22,8
3:38:37 PM	MCHI	46,86	909K	-4	1,07	0,51	18,1
3:37:28 PM	MCHI	46,87	885K	-4	1,05	0,51	18,6
3:36:12 PM	MCHI	46,89	862K	-4	1,02	0,51	19,9
3:35:09 PM	MCHI	46,90	844K	-4	1,01	0,51	20,6
2:31:55 PM	SBAC	112,96	618K	-6	1,37	1,79	23,4
2:26:13 PM	SBAC	112,98	608K	-5	1,37	1,79	24,1
2:23:22 PM	PGR	32,33	2,00M	-4	1,55	0,39	23,4
2:21:22 PM	PGR	32,34	1,99M	-4	1,56	0,39	24,3
2:18:40 PM	RMD	67,51	2,48M	-7	5,79	0,89	19,2
2:12:47 PM	RMD	67,54	2,46M	-6	5,91	0,89	18,7
1:18:44 PM	AMT	115,03	923K	-5	1,29	1,31	26,1
1:16:34 PM	AMT	115,05	912K	-5	1,29	1,31	26,6
1:15:29 PM	AMT	115,07	910K	-5	1,29	1,31	27,3
1:14:14 PM	AMT	115,08	907K	-4	1,29	1,31	27,4

Histórico: reversão de topo

Hora	Sigla	Preço ($)	Volume do dia	Velas consecutivas	Volume em circulação	ATR	5 minutos IFR
2:36:54 PM	DATA	62,00	6,17M	4	7,76	1,49	53,2
2:27:42 PM	SGEN	47,83	535K	4	1,50	1,20	57,1
2:27:35 PM	FISV	104,19	711K	4	1,42	1,63	67,9
2:27:35 PM	FISV	104,19	711K	4	1,42	1,63	67,9
2:10:03 PM	DD	70,42	2,74M	4	2,23	0,90	73,1
1:46:26 PM	PVH	109,37	829K	5	2,10	2,41	64,6
1:40:54 PM	SHOP	42,20	1,20M	5	1,43	1,72	56,3
1:40:49 PM	MENT	23,68	2,26M	5	6,47	0,47	59,4
1:40:10 PM	PVH	109,36	807K	4	2,09	2,41	65,4
1:35:26 PM	SHOP	42,19	1,19M	4	1,45	1,72	55,7
1:35:14 PM	MENT	23,67	2,25M	4	6,56	0,47	58,3
1:32:41 PM	SWFT	19,48	1,32M	5	1,03	0,53	68,4
1:32:12 PM	DSW	26,01	1,07M	4	1,40	0,67	61,7
1:31:37 PM	ZAYO	29,37	1,14M	4	1,01	0,40	53,0
1:23:30 PM	AME	49,71	852K	4	1,08	0,83	68,0
1:20:12 PM	AME	49,70	848K	4	1,08	0,83	66,9
1:20:12 PM	AME	49,70	848K	4	1,08	0,83	66,9
1:20:12 PM	BA	134,14	1,96M	4	1,20	1,37	55,6

Figura 4.5 — Meu *scanner* de reversão intradiário em tempo real.

Como você pode ver, estou examinando o mercado em tempo real para encontrar ações que estejam sendo vendidas ou subindo bruscamente, para que eu possa fazer uso de minhas estratégias de reversão.

Não entrarei em detalhes aqui sobre como fazer essas buscas, mas explicarei, no capítulo 7, ao abordar cada estratégia, as qualidades específicas a serem buscadas nas ações em cada categoria. Se você conseguir desenvolver novas estratégias para si mesmo, também poderá definir novos *scanners*. Esses *scanners* são muito flexíveis e você pode alterar os parâmetros conforme desejar. Esses são os parâmetros que funcionam para mim, mas, à medida que ganhar experiência e aprender mais sobre outras estratégias e seu estilo de negociação preferido, você poderá muito bem definir novos *scanners* para si mesmo, se quiser.

Muitos *traders* iniciantes não precisam de um *scanner* no início. Algumas comunidades de *day trading* permitem que você acesse seus *scanners* em tempo real. Como eles são caros, no início da transição de sua carreira para o *day trading* é provável que você queira manter suas despesas tão baixas quanto possível.

PLANEJANDO A NEGOCIAÇÃO COM BASE EM *SCANNERS*

Depois de encontrar minhas ações em jogo, começo a procurar padrões de negociação individuais nelas. Em geral, escolho três ações em jogo e monitoro seus gráficos separadamente em três das minhas telas. Quando vejo uma estratégia potencial, planejo minha transação. Esse é um processo de tomada de decisão rápido. Às vezes, você precisa planejar uma transação em alguns minutos e, em outras ocasiões, em apenas alguns segundos. Por isso, é necessário meses de treinamento em contas de simulador para entender bem o processo de tomada de decisão.

Eu me concentro muito na qualidade *versus* quantidade. Existem muitos, muitos *traders* por aí, além de centenas de estratégias. Tive de encontrar a estratégia que funcionasse melhor para mim, para minha personalidade e para o tamanho da minha conta. Encontrei uma estratégia que funciona muito bem para os *traders* em nossa comunidade, bem como para minhas negociações pessoais. Envolve pegar apenas as melhores configurações e esperar, sem fazer negócios, até que se veja algo que valha realmente a pena negociar.

O *day trading* pode ser uma profissão enfadonha; na maioria das vezes, você só fica lá, sentado, observando sua lista. Na verdade, se o *day trading* não é chato para você, é possível que esteja praticando *overtrading*.

Se precisar de um lembrete da importância da paciência na negociação em bolsa, aqui está. Existem muitos *traders* por aí que estão cometendo o erro do *overtrading*. Esse erro pode significar negociar vinte, trinta, quarenta ou até sessenta vezes ao dia. Você remunerará sua corretora para efetuar cada uma dessas transações — portanto, perderá dinheiro e comissões. Muitas corretoras cobram 4,95 dólares por transação. Assim, se você fizer quarenta transações, acabará pagando 200 dólares por dia a sua corretora. Isso é muito. Se você pratica *overtrading*, sua corretora ficará mais rica e você, mais pobre! Como o doutor Alexander Elder escreve em seu livro *Trading for a Living*: "Lembre-se, seu objetivo é negociar bem, não negociar com frequência".

Outro problema com o *overtrading* é o risco. Enquanto você estiver no meio de uma transação, estará exposto ao risco, e esse é um lugar onde você não quer estar, a menos que tenha provado que existe uma configuração na estratégia que vale a pena ser negociada.

Aqui está minha próxima regra de ouro:

Regra 8 — Os *traders* experientes são como guerrilheiros. Eles atacam na hora certa, obtêm o lucro e caem fora.

O mercado de ações é controlado por máquinas e algoritmos muito sofisticados e, como resultado, há muita negociação de alta frequência. Essas negociações criam um ruído significativo nos movimentos dos preços e são projetadas especificamente para alijar os *traders* de varejo, como você e eu. Seja esperto. Não se exponha a isso. Os *traders* lucrativos, em geral, realizam apenas duas ou três transações diárias. Em seguida, encerram suas posições e aproveitam o resto do dia.

Como mencionei antes, os *scanners*, sobretudo os *scanners* de tempo real, em geral, são caros. Os *traders* iniciantes, ou mesmo *traders* experientes, que desejam manter seus custos baixos, podem usar *scanners* que normalmente são compartilhados por comunidades. Em nossa comunidade, mostramos nossos *scanners* e compartilhamos nossas listas de observação de ações em jogo publicamente, todos os dias, com os *traders* em nosso canal do YouTube, em https://www.youtube.com/BearBullTraders/. Para economizar algum dinheiro, não há realmente necessidade de investir em um *scanner* quando você está apenas dando os primeiros passos. Espere até estar absolutamente certo de que quer seguir essa carreira.

5
FERRAMENTAS E PLATAFORMAS

Da mesma maneira que no começo de qualquer outro negócio ou profissão, para iniciar o *day trading*, são necessárias algumas ferramentas importantes. Definitivamente você precisará de uma corretora e de uma plataforma de execução de ordens.

QUAL CORRETORA USAR?

Uma pergunta óbvia que talvez tenha surgido em sua mente é: como realmente compro e vendo ações?

Como *trader* ou investidor individual, você não pode negociar diretamente na bolsa de valores. Para isso, precisará de uma "corretora" ou "conta de corretagem". Uma corretora é apenas um intermediário que dá às pessoas acesso a uma bolsa de valores. As corretoras de valores são muito semelhantes aos corretores imobiliários, que facilitam as transações com imóveis e recebem uma comissão por seus serviços. As corretoras são males necessários; ninguém quer pagar comissão para elas, mas elas oferecem serviços essenciais. No passado, era preciso telefonar para uma corretora para fazer uma transação, mas agora tudo é processado eletronicamente: basta acessar o site (ou plataforma *on-line*, ou aplicativo móvel). Você pode transferir dinheiro, eletronicamente, de sua conta bancária para sua conta de corretagem e, na operação reversa, transferir dinheiro, eletronicamente, para sua conta bancária.

Para praticar o *day trading*, procure uma boa corretora de acesso direto. Na verdade, você não precisa apenas de uma boa corretora, e sim de uma corretora incrível. Sua corretora é seu veículo para a negociação. Se tiver uma corretora ruim, perderá dinheiro, mesmo se estiver negociando de maneira adequada e precisa, porque sua corretora, no final das contas, terá de executar suas ordens pontualmente e a um preço bom. Existem muitas corretoras com vários programas de computador e estruturas de preços. Muitas delas são ótimas, mas caras; outras são terríveis, mas baratas; e algumas delas são terríveis, e também caras. Para não me alongar, não tentarei fazer nem mesmo uma breve revisão dos principais integrantes do ramo — uma pesquisa *on-line* sobre esse tópico pode fornecer informações muito mais detalhadas sobre as corretoras disponíveis. No entanto, vou compartilhar a corretora que eu e muitos dos membros de nossa comunidade estamos usando e por quê. Mas, antes disso, deixe-me explicar a regra do *day trader* padrão (*pattern day trade* [PDT]).

REGRA DO *DAY TRADER* PADRÃO

A Comissão de Segurança e Câmbio (Securities and Exchange Commission [SEC])[16] dos Estados Unidos e a Agência Reguladora do Setor Financeiro (Financial Industry Regulatory Authority [FINRA])[17] aplicam leis que limitam o número de transações que um *trader* pode fazer se estiver subcapitalizado. As regras adotam o termo PDT, que inclui qualquer pessoa que faça *day trades* (compra e depois vende ou vende a descoberto e depois compra o mesmo ativo no mesmo dia) quatro ou mais vezes em cinco dias úteis. De acordo com as regras, um PDT deve manter um patrimônio mínimo de 25 mil dólares em qualquer dia que pratique o *day trading*. O patrimônio mínimo exigido deve estar em sua conta antes de qualquer atividade de *day trade*. Se a conta cair abaixo do mínimo exigido de 25 mil dólares, o PDT não poderá realizar novos negócios até que sua conta seja restaurada ao nível patrimonial mínimo de 25 mil dólares.

Embora muitos *traders* iniciantes que não têm mais de 25 mil dólares em sua conta não apreciem essa regra e a vejam como uma barreira, ela existe, na verdade, para evitar que os *traders* amadores percam seu capital limitado devido às altas taxas e comissões das corretoras. Ela foi estabelecida para proteger os *traders*, não para trabalhar contra eles.

Essa regra representa um requisito mínimo, e algumas corretoras usam uma definição um pouco mais ampla para determinar se um cliente se qualifica como um PDT. Os *traders* devem entrar em contato com suas corretoras

---

16. A SEC exerce, nos Estados Unidos, funções semelhantes às funções da Comissão de Valores Mobiliários (CVM) no Brasil. (N.T.)
17. A FINRA é uma empresa privada americana que age como uma entidade autorreguladora de seus membros, formados por corretoras e bolsas de valores. (N.T.)

para determinar se suas atividades de negociação os levarão a ser designados como *day traders* padrão.

Tal regra é estritamente aplicada pelas corretoras nos Estados Unidos devido à regulamentação da FINRA. No entanto, as corretoras *offshore*, que têm sua sede e atividades fora dos Estados Unidos, não estão sujeitas a essa regra e não a aplicam a seus clientes. Isso cria uma oportunidade para os *traders* iniciantes com menos de 25 mil dólares em conta fazerem *day trades* se recorrer a uma corretora de fora do país. A Capital Markets Elite Group Limited (com sede em Trinidad e Tobago) e a Alliance Trader (com sede na Jamaica) são exemplos de corretoras desse tipo: não têm restrições de PDT para *traders* subcapitalizados e, em troca, oferecem uma estrutura de taxas de comissão ligeiramente mais alta.

O uso dessas corretoras exige certa reflexão. As estadunidenses SEC e FINRA monitoram e fiscalizam estritamente as regulamentações sobre as corretoras dos Estados Unidos, para assegurar que clientes e *traders* estejam protegidos. As corretoras de fora dos Estados Unidos, no entanto, não são regulamentadas pelas autoridades desse país. Essas corretoras *offshore* são regulamentadas pelas autoridades do país em que operam, mas muitas vezes esses regulamentos e órgãos reguladores podem não ser tão rigorosos e diligentes como nos Estados Unidos, e há um risco inerentemente maior ao trabalhar com elas. Pessoalmente, faço uso de corretoras *offshore*, mas não me sinto confortável para manter grandes quantias de dinheiro em contas de corretagem *offshore* pelos motivos acima mencionados. Por exemplo, me sinto confortável em ter entre 5 mil e 10 mil dólares em contas de corretagem *offshore*, mas não guardo 50 mil dólares em dinheiro nessas contas. Se você tiver mais de 25 mil dólares disponíveis, não há realmente necessidade de usar corretoras *offshore* e, portanto, você poderá fazer *day trade* a partir de corretoras sediadas nos Estados Unidos.

Recomendo que os *traders* que usam corretoras *offshore* retirem seus fundos regularmente e, se algum dia puderem aumentar o tamanho de sua conta para atender às regras de PDT, devem abrir uma conta em uma corretora sediada nos Estados Unidos.

Outros países e jurisdições podem aplicar regras PDT semelhantes para seus residentes. Recomendo que os *traders* iniciantes contatem suas corretoras locais e perguntem sobre os requisitos mínimos para praticar o *day trading* em sua jurisdição.

CORRETORAS CONVENCIONAIS *VERSUS* CORRETORAS DE ACESSO DIRETO

As corretoras *on-line* convencionais, em geral, direcionam as ordens comerciais dos clientes a formadores de mercado e a outros provedores de liquidez por meio de arranjos pré-negociados de fluxo de ordens. Em geral, esse processo tem várias etapas e leva tempo — de alguns segundos a vários minutos. Essas corretoras, com frequência, não oferecem uma execução super-rápida, pois seus serviços tendem a dar mais ênfase às funções de pesquisa e análise fundamental do que à velocidade de execução. Essas empresas, às vezes chamadas de "corretoras *full-service*", fornecem pesquisas e consultoria, planejamento de aposentadoria, dicas fiscais e muito mais. Claro, tudo isso tem um preço, uma vez que as comissões das corretoras *full-service* são muito mais elevadas do que as das corretoras de acesso direto (o que explicarei mais adiante). As corretoras *full-service*, em geral, são adequadas para os investidores e os *traders* de *swing* de varejo, mas, devido à lentidão na execução, elas não são uma escolha boa para os *day traders*.

Conforme já mencionado diversas vezes, os *day traders* precisam de uma execução de ordens rápida e sem falhas, uma vez que sua entrada e sua saída do mercado muitas vezes são separadas por apenas um ou dois segundos. Costumo entrar e sair das transações em questão de segundos e as pessoas se perguntam como posso fazer isso tão rápido. As corretoras de acesso direto são a resposta. Essas empresas se concentram na velocidade e na execução das ordens, diferentemente de uma corretora de serviço completo, que se concentra em pesquisa e assessoria para investidores. As corretoras de acesso direto costumam usar programas de computador complicados, que permitem aos *traders* negociar diretamente em bolsas, como a Nasdaq e a Bolsa de Valores de Nova York (New York Stock Exchange [NYSE]), ou com outros indivíduos, por meio de redes de comunicação eletrônica. Em um sistema de negociação de acesso direto, as transações são executadas em uma fração de segundo e suas confirmações são instantaneamente exibidas na tela de computador do *trader*. Isso abriu uma nova oportunidade para os *traders* de varejo como nós. Décadas atrás, era quase impossível para um *trader* de varejo sentado em casa negociar na bolsa. Você precisava pegar o telefone, falar com uma corretora e passar as ordens, um processo que poderia levar minutos, se não horas. Hoje, os *traders* ativos podem receber transações rápidas junto com outros serviços, como a transmissão pela internet de cotações e dados de mercado, gráficos interativos, cotações de

Nível 2 da Nasdaq (que explicarei mais adiante neste capítulo) e outros recursos em tempo real, os quais antes eram acessíveis apenas aos profissionais de Wall Street. Nos últimos anos, essas corretoras reduziram seus custos significativamente e aumentaram a eficiência, o que proporciona a *traders* como nós uma comissão significativamente mais baixa do que as corretoras de tradicionais, que oferecem serviço completo.

Embora as corretoras de acesso direto sejam essenciais para a prática do *day trading*, há algumas desvantagens em usá-las, como requisitos de volume e conhecimento técnico. Por exemplo, algumas empresas cobram taxas de inatividade caso um volume mínimo de transações mensais não seja atingido. No entanto, nem todas as corretoras de acesso direto têm requisitos mínimos de volume de transações mensais e, com o novo movimento no sentido de extinguir as comissões no setor financeiro, parece que cada vez mais corretoras estão oferecendo melhores pacotes e incentivos para atrair os *traders* para seus serviços. É um bom momento para ser um *trader*!

Outro desafio é que os *traders* iniciantes e inexperientes podem ter dificuldade em se familiarizar com a negociação de acesso direto. É necessário ter conhecimento para lidar com processos e procedimentos, como a tomada de decisões comerciais e a execução das ordens. É por isso que sempre recomendo que os *traders* pratiquem na plataforma do simulador de sua corretora e garantam que estejam bem familiarizados antes de abrir uma conta real com essa corretora. Na negociação de acesso direto, você está a apenas um clique de cometer um erro perigoso e pulverizar sua conta; mas, se estiver ao telefone com um agente em uma corretora de serviço completo, ele pode detectar seu erro ou aconselhá-lo antes de executar sua ordem.

Observe que muitas corretoras começaram a oferecer serviços de acesso direto e serviço completo (como assessoria e pesquisa); portanto, é melhor verificar seus sites e pesquisar sobre seus serviços.

Por exemplo, no Canadá, a BMO Bank of Montreal InvestorLine, a RBC Direct Investing e a CIBC Investor's Edge são exemplos de corretoras *full-service* que, em geral, não são adequadas para o *day trading*. Porém, a Interactive Brokers Canada Inc. e a Questrade oferecem serviços de corretagem de acesso direto e serviços completos.

Nos Estados Unidos, algumas das corretoras de acesso direto mais conhecidas são CenterPoint Securities, Lightspeed Trading, E*Trade e Interactive Brokers.

INTERACTIVE BROKERS

Hoje em dia, estou usando a Interactive Brokers (também conhecida como IBKR, www.interactivebrokers.com). Por quê? Ela é uma corretora barata e estabelecida que cobra taxas de corretagem com desconto. Em 2020, a Barron's classificou a IBKR como a melhor corretora *on-line*. Com base em diversos critérios diferentes, a IBKR mantém a maior plataforma de negociação eletrônica dos Estados Unidos e também é a maior corretora no mercado de câmbio estrangeiro. Além disso, agradeço sua presença global, pois mais da metade de seus clientes não mora nos Estados Unidos. Achei interessante saber que foi por causa de um trabalho de *lobby* da IBKR que, em 1983, os computadores foram permitidos, pela primeira vez, no pregão. Hoje em dia, é difícil imaginar uma transação, ou fazer qualquer coisa na vida, sem acesso a computadores!

Desde 2019, a IBKR oferece dois tipos de contas: a IBKR Lite (taxas grátis) com acesso a um aplicativo e plataformas baseadas na internet; e a IBKR Pro (taxas com desconto, mas não grátis) com acesso a um aplicativo e plataformas baseadas na web e de acesso direto. Os *day traders* devem escolher a IBKR Pro ou um serviço semelhante que ofereça execução rápida das transações.

A IBKR cobra dos *traders* ativos uma taxa tão baixa quanto 0,005 dólar por ação, o que é incrivelmente baixo para uma corretora. Eles também oferecem à maioria dos *traders* uma margem de 3,3:1 (3,3 para 1), cujo significado discutirei mais adiante.

Ao investigar qual corretora pode ser melhor para você, reserve um momento para ler alguns comentários a respeito em nosso site: www.BearBullTraders.com.

CAPITAL MARKETS ELITE GROUP LIMITED

A Capital Markets Elite Group Limited (CMEG), disponível em https://www.cmelitegroup.com — que não deve ser confundida com a famosa CME Group Inc., uma empresa do mercado financeiro americano que opera uma bolsa de opções e futuros —, é uma corretora *offshore* que oferece uma excelente margem de 6:1 (6 para 1) para *traders*, mais alta do que a maioria das corretoras. Como ela é sediada fora dos Estados Unidos, a regra PDT não se aplica a seus clientes. Isso faz com que a CMEG seja uma alternativa para aqueles com menos de 25 mil dólares disponíveis para o *day trading*. Se você mora nos Estados Unidos e tem menos de 25 mil dólares disponíveis para *day trading*, talvez seja possível usar a CMEG como corretora.

Lembre-se de que as corretoras lhe darão uma alavancagem de três a seis vezes. Se você colocar 30 mil dólares, terá 180 mil dólares em poder de compra (uma alavancagem de 6 para 1 nesse caso). Essa alavancagem é chamada de "margem". Você pode negociar com margem, mas precisa fazer isso de maneira responsável. É fácil comprar na margem — mas também é muito fácil perder na margem. Se isso acontecer, sua corretora retirará a perda de sua conta de corretagem principal. Portanto, a margem é uma faca de dois gumes. Ela oferece a oportunidade de comprar mais, mas também o expõe a mais riscos. Não há nada de errado em comprar na margem, mas seja responsável.

A margem é como a hipoteca da sua casa. Você pega emprestado uma quantia significativa de dinheiro e compra uma residência. Os bancos lhe darão uma hipoteca, mas não assumirão nenhuma responsabilidade ou risco na transação. Por exemplo, imagine que você deu uma entrada de 100 mil dólares e tomou emprestado 900 mil dólares em uma hipoteca (alavancagem de 10 para 1) de seu banco para comprar uma casa de 1 milhão de dólares. Se o preço de sua casa subir para 1,2 milhão de dólares, você ainda deverá ao banco os 900 mil dólares originais, mais os juros. Portanto, os 200 mil dólares adicionais são o seu próprio lucro que, na verdade, veio da alavancagem de margem. Você não poderia ter comprado aquela casa sem a alavancagem da hipoteca. Agora imagine que o preço da casa caia para 900 mil dólares. Você ainda deve ao banco 900 mil dólares mais os juros, então a queda atingiu 100 mil dólares de seu principal, e perdeu todo o seu pagamento inicial de 100 mil dólares. Esse é o outro lado da alavancagem. Portanto, seja responsável com relação a quando e quanto usará a margem da sua conta.

Quando uma corretora percebe que você está usando alavancagem e perdendo dinheiro, ela pode emitir uma "chamada de margem", um aviso sério que os *day traders* devem evitar receber. Isso significa que seu prejuízo agora é igual ao dinheiro original que você tinha em conta. É preciso adicionar mais dinheiro, ou sua corretora irá congelar sua conta. Se estiver interessado em aprender mais sobre margem, alavancagem ou chamadas de margem, verifique o site da corretora, faça algumas pesquisas na internet ou pergunte a outros *traders* em sua sala de bate-papo.

A maioria dos *day traders*, inclusive eu, usa um poder de compra de cerca de 20 mil a 200 mil dólares. Você se lembrará de que seu "poder de compra" consiste em seu capital mais a alavancagem oferecida por sua corretora. Minha corretora, a Interactive Brokers, me oferece uma margem de 1 para 3,3. Embora a alavancagem aumente os retornos, também aumenta as perdas. Mas, como não mantenho posições por muito tempo, quase sempre apenas durante o dia, faço o possível para minimizar as perdas. A CMEG é uma das poucas corretoras que lhe dará uma margem de 1 para 6. Seus 5 mil dólares na conta deles equivalem a 30 mil dólares em poder de compra para negociações ativas.

ROBINHOOD E AS CORRETORAS QUE NÃO COBRAM TAXAS

Em abril de 2013, a Robinhood Markets, Inc. foi fundada por Vladimir Tenev e Baiju Bhatt, que já haviam construído plataformas de negociação de alta frequência para instituições financeiras na cidade de Nova York (como escrevi no capítulo 2, esse é o tipo de negociação com que os programadores de computador em Wall Street trabalham, criando algoritmos e fórmulas secretas para tentar manipular o mercado). O nome da empresa, "Robinhood", vem de sua missão de "proporcionar acesso aos mercados financeiros a todos, não apenas aos ricos". Tenev observou, em uma entrevista, que "percebemos que as instituições estavam pagando frações de 1 centavo para fazer negociações e transações", mas que os investidores individuais normalmente pagavam taxas de 5 a 10 dólares por transação, além de serem obrigados a ter contas mínimas de 500 a 5 mil dólares. Eles estavam certos. As taxas de corretagem eram muito caras até aquela altura e havia uma demanda de pessoas "normais" (como você e eu) para ter acesso a ferramentas melhores e mais acessíveis do que as de Wall Street. A Robinhood está sediada no Vale do Silício e, seguindo a mesma filosofia de muitos outros gigantes da tecnologia, decidiu reduzir seus custos ao operar inteiramente *on-line*, sem comissões e sem escritórios. Essa é uma abordagem muito importante e disruptiva do Vale do Silício. A maior empresa de táxi do mundo, a Uber Technologies, Inc. (UBER), não possui carros. A empresa de mídia mais popular do mundo, a Facebook, Inc. (FB), não cria conteúdo. O varejista mais valioso do mundo, o Alibaba Group Holding Ltd. — ADR (BABA), com sede na China, não possui mercadorias. E o maior provedor de hospedagem do mundo, o Airbnb, Inc., não tem propriedades. De fato, isso é perturbador.

O aplicativo Robinhood foi lançado oficialmente em março de 2015 e, de acordo com um estudo, 80% dos clientes da empresa são *millennials* (grupo demográfico de pessoas nascidas desde a década de 1980 até meados da década de 1990) — seu cliente médio tem cerca de 25 anos. Em março de 2020, a Robinhood tinha mais de 10 milhões de contas de usuário. Para colocar essa situação em contexto, as empresas de corretagem gigantes TD Ameritrade e

The Charles Schwab Corporation (que planejam se fundir) têm 24 milhões de usuários combinados.

A Robinhood ganha a maior parte de seu dinheiro com os juros auferidos sobre os saldos de caixa dos clientes, a capacidade de fazer empréstimos que surge com as ações que seus usuários mantêm em suas contas, bem como com a venda de seu fluxo de ordens de compra e venda para *traders* de alta frequência.

As corretoras que não cobram comissão, como a Robinhood e a TradeZero (a qual não permite a abertura de contas a residentes nos Estados Unidos), são adequadas para negociações e investimentos de *swing*, mas não para o *day trading*. Às vezes, quando algo é gratuito, há um motivo! Embora a Robinhood venha melhorando continuamente suas plataformas de aplicativos e sites desde o seu lançamento, até o presente momento (abril de 2020), ela ainda não é um serviço de corretagem confiável para fins de *day trading*. O custo de oportunidade ou de perda, porque sua corretora não consegue executar seu pedido rápido o suficiente ou sua plataforma deixou de funcionar, pode ser muito mais elevado do que as comissões que você precisa pagar a uma corretora boa e confiável. Na verdade, isso foi sentido, várias vezes, pelos clientes da Robinhood. Em março de 2020, durante a volatilidade inédita do mercado de ações devido à pandemia de Covid-19, o aplicativo Robinhood travou várias vezes, impedindo os usuários de acessar suas contas, causando-lhes grandes prejuízos e custos de oportunidade. Imediatamente, um usuário frustrado entrou com uma ação coletiva em potencial no tribunal federal de Tampa, na Flórida, acusando a empresa de não cumprir as obrigações contratuais, de violar sua garantia e de negligência.

No entanto, é muito importante notar que, embora eu não recomende a Robinhood para o *day trading*, congratulo a empresa pela revolução implementada no setor tradicional das negociações em bolsa. A Robinhood forçou *players* a abolir ou reduzir drasticamente suas comissões e até mesmo desencadeou a potencial megafusão da The Charles Schwab Corporation com a TD Ameritrade.

Embora muitas outras corretoras tenham introduzido programas isentos de comissão para atrair novos clientes, minha pesquisa mostrou que a maioria desses programas não é adequada para os *day traders* ativos, pois, ao contrário dos investidores e dos *traders* de *swing*, os *day traders* exigem uma execução rápida de transações.

PLATAFORMA DE NEGOCIAÇÃO EM BOLSA

Uma plataforma de negociação eletrônica *on-line* é um programa de computador usado para colocar ordens de *day trading*. As plataformas de negociação são diferentes das corretoras de acesso direto. No entanto, vejo, muitas vezes, que os *traders* acham que são a mesma coisa. A plataforma de negociação envia e coloca seu pedido na bolsa para que as corretoras de acesso direto possam autorizar a execução de sua ordem. Normalmente, essas corretoras oferecem sua própria plataforma de *proprietary trading* a seus clientes. A qualidade, capacidade de gerar gráficos, velocidade e muitos outros recursos relacionados ao software variam significativamente, o que também afeta seu preço. Muitas corretoras oferecem sua própria plataforma por uma taxa mensal, mas podem dispensar o recolhimento dessa taxa se você gerar comissões suficientes para a corretora. Por exemplo, a Interactive Brokers oferece uma plataforma de negociação chamada *Trader Workstation* (TWS), mas também permite que você use a plataforma *DAS Trader*. A Lightspeed Trading também oferece sua própria plataforma, chamada *Lightspeed Trader*. O software da própria TD Ameritrade é denominado *thinkorswim* (TOS).

A tabela a seguir resume algumas das corretoras de acesso direto mais conhecidas para *day trading*. Observe que existem muitas outras empresas que não estão listadas.

CORRETORA	PLATAFORMA DE NEGOCIAÇÃO	RESTRIÇÃO PDT	SEDE
Interactive Brokers	TWS ou DAS Pro	Sim	Estados Unidos
Lightspeed	*Lightspeed Trader*	Sim	Estados Unidos
TD Ameritrade	TOS	Sim	Estados Unidos
Alliance Trader	DAS Pro	Não	Jamaica
CMEG	DAS Pro	Não	Trinidad e Tobago

Das corretoras listadas na tabela, prefiro a Interactive Brokers (IBRK) como minha corretora e a *DAS Trader* (www.dastrader.com) como minha plataforma de negociação. Minha corretora, a IBRK, oferece sua própria plataforma, chamada TWS, que eu não recomendo para o *day trading*. A *DAS Trader* é uma das nove plataformas de entrada de ordens do programa Nasdaq Platinum Partner, o qual oferece o nível mais alto de execução eficiente e de funcionalidade de mercado para os *traders on-line*. Conforme mencionado anteriormente, a *DAS Trader* não é uma corretora, é apenas uma plataforma de negociação em bolsa, por isso vinculei minha conta de corretagem IBRK a ela. Quando insiro minha ordem na plataforma, a DAS a envia aos centros de dados da Nasdaq, e a Interactive Brokers, na condição de minha firma de compensação, executará minha ordem. Pago minhas comissões de negociação à IBRK e uma taxa mensal à *DAS Trader* pelo uso de sua plataforma e por me fornecer dados em tempo real e acesso ao Nível 2 (o que explicarei adiante).

A execução rápida de transações é a chave para o sucesso de um *day trader*. Você precisa conseguir entrar e sair das transações rapidamente. Se a sua corretora não usa uma plataforma ou software com teclas de atalho, você não entrará e sairá das negociações com rapidez suficiente. Não sei dizer quantas vezes ganhei mil dólares porque, de repente, a ação disparou. Quando as ações disparam, você pode querer colocar dinheiro no bolso e tirar proveito disso com rapidez — definitivamente, não vai querer que suas ordens sejam atrapalhadas. Você deve executar com rapidez, por isso recomendo fortemente uma boa corretora e também uma plataforma de execução de ordens rápida.

DADOS DE MERCADO EM TEMPO REAL

Os *traders* de *swing* entram e saem das transações em dias ou semanas. Portanto, os dados de fechamento de mercado no final do dia, disponibilizados gratuitamente na internet, são suficientes para eles. No entanto, os *day traders* precisam de dados intradiários em tempo real porque entram e saem das transações em algumas horas e, muitas vezes, em alguns minutos. Infelizmente, os dados de mercado em tempo real não são gratuitos; você precisa pagar uma taxa mensal à sua corretora ou ao provedor de sua plataforma, como a *DAS Trader*. Os dados de mercado que você deve comprar dependem do mercado em que está negociando. Se você está planejando operar no mercado canadense, precisa de dados em tempo real da bolsa de valores de Toronto (Toronto Stock Exchange [TSX]). Limito minhas negociações, em grande parte, aos mercados dos Estados Unidos por causa de seu alto volume (liquidez) e volatilidade, e por isso preciso receber o fluxo de dados Nasdaq TotalView Nível 2 em tempo real. Sem dados de mercado em tempo real, não é possível fazer *day trading* corretamente.

NASDAQ NÍVEL 2 E COMPRA-VENDA

Ter acesso ao Nasdaq Nível 2 é quase obrigatório para fazer o *day trading* nos mercados dos Estados Unidos. O Nível 2 fornece informações importantes sobre o movimento do preço de uma ação, incluindo que tipo de *trader* está comprando ou vendendo uma ação e para onde a ação provavelmente irá a curto prazo. O Nível 2 é conhecido por ser um "indicador antecedente" (*leading indicator*), o que significa que mostra a atividade antes de uma transação ocorrer. Médias móveis, gráficos e a maioria dos outros indicadores são conhecidos como "indicadores atrasados" (*lagging indicators*), o que significa que fornecem informações após a realização das transações.

O Nível 2 é essencialmente a carteira de ordens de compra e venda de ações da Nasdaq. Quando colocados, os pedidos são feitos por meio de diversos formadores de mercado e outros participantes. O Nível 2 mostrará uma lista que classifica os melhores preços de compra e venda de cada um desses participantes, dando uma visão detalhada dos movimento dos preços. Saber exatamente quem tem interesse em uma ação pode ser muito útil, sobretudo se você estiver fazendo *day trading*.

A Figura 5.1 é a aparência de uma cotação de Nível 2:

FORMADORES DE MERCADO	OFERTA DE COMPRA	TAMANHO	FORMADORES DE MERCADO	OFERTA DE COMPRA	TAMANHO
NYSE	157,38	2	NYSE	157,43	2
NASD	157,38	2	ACB	157,45	1
BATS	157,38	2	ARCA	157,45	1
NSDQ	157,38	2	BYX	157,46	1
ACB	157,38	1	NSDQ	157,47	1
EDGX	157,38	1	NASD	157,47	1
ARCA	157,38	1	EDGX	157,48	2
IEX	157,37	1	NSDQ	157,48	0
NSDQ	157,36	2	ACB	157,49	1
NSDQ	157,35	1	NSDQ	157,49	0
ACB	157,35	1	ACB	157,50	1
ACB	157,34	2	NSDQ	157,51	1
NSDQ	157,34	1	NSDQ	157,52	2
ACB	157,33	1	ACB	157,53	1
NSDQ	157,32	1	BATS	157,53	1

Figura 5.1 — Exemplo de um Nasdaq Nível 2 para UNH no meio do pregão. Observe que o número de ações (o "tamanho") está expresso em centenas (× 100).

Quando o mercado está aberto, há sempre dois preços para qualquer ação comercial — uma oferta de compra e uma de venda. Uma *oferta de compra* é o que as pessoas estão oferecendo para pagar por aquela ação naquele momento; uma *oferta de venda* é o que os vendedores estão exigindo para vendê-la. A oferta de compra é sempre mais baixa, a oferta de venda é sempre mais alta, e a diferença é chamada de *spread* compra-venda. Os *spreads* compra-venda variam para cada ação e até mesmo para a mesma ação em diferentes momentos do dia.

A imagem na Figura 5.1 nos mostra (primeira linha, lado direito) que alguém está oferecendo 200 ações (2 [o "tamanho", o número de lotes de ações] x 100 ações/lote) de UNH por 157,43 dólares no lado da venda por meio da Bolsa de Valores de Nova York (New York Stock Exchange [NYSE]) (um formador de mercado). Do lado da compra, existem vários participantes de mercado dispostos a comprar ações da UNH ao preço de 157,38 dólares. Os *traders* que desejam comprar UNH a vários preços estão enviando suas ofertas por meio de formadores de mercado para o lado da oferta do Nível 2 (NYSE, NASD, BATS, NSDQ, ACB, EDGX e ARCA são todos formadores de mercado ativos nessa ação).

A informação mais importante que você deve tirar do Nível 2 são os *spreads* de compra e venda. Os *spreads* são maiores em ações com menor volume negociado, uma vez que os formadores de mercado que dominam essas ações exigem preços mais altos do que aqueles que desejam ingressar em sua farra.

Os *spreads* de compra-venda tendem a ser pequenos, talvez apenas 1 centavo em um dia tranquilo em uma ação ativamente negociada. Eles sobem à medida que os preços aceleram no caminho para cima ou para baixo e podem se tornar enormes — já vi até 2 dólares — após uma queda forte ou um repique muito acentuado.

INDICADORES EM MEUS GRÁFICOS

Mantenho meus gráficos relativamente limpos, com um número mínimo de indicadores exibidos. No *day trading*, é preciso processar informações com celeridade e tomar decisões muito, muito rapidamente. Portanto, não posso controlar muitos indicadores. A seguir, listo o que tenho em meus gráficos.

1. Movimentação do preço na forma de velas
2. Volume de ações sendo negociado

3. Média móvel exponencial de 9 (MME 9)
4. Média móvel exponencial de 20 (MME 20)
5. Média móvel simples 50 (MMS 50)
6. Média móvel simples 200 (MMS 200)
7. Preço médio ponderado por volume (*volume weighted average price* [VWAP])
8. Preço de fechamento do pregão anterior
9. Níveis diários de suporte ou resistência

(Todos os indicadores estão sendo automaticamente calculados e apresentados em gráficos por minha plataforma *DAS Trader Pro*. Não os encontro — eu calculo ou preparo gráficos manualmente. Explicarei esses termos posteriormente neste livro.)

No caso dos níveis diários de suporte ou resistência, minha plataforma não os encontra e os apresenta automaticamente. Esses níveis precisam ser identificados, manualmente, pelos *traders*. Em geral, encontro e marco esses níveis durante minha triagem pré-mercado das ações em jogo na minha lista de observação ou durante o dia, quando uma nova ação chega aos meus *scanners*. Não realizo transações sem saber os níveis intradiários significativos próximos de suporte ou resistência.

Mantenho a cor de todos os meus indicadores de média móvel em cinza, exceto o VWAP, que é azul. O VWAP é o indicador de *day trading* mais importante e precisa ser fácil e rapidamente distinguido de outras médias móveis. Não quero ter muitas cores em meus gráficos, por isso mantenho um fundo branco com cores, principalmente vermelho e preto. Gráficos coloridos demais são confusos e, a longo prazo, irritam seus olhos e limitam sua visão. Evito cores escuras no fundo de meus gráficos porque processar cores escuras por determinado período de tempo faz meus olhos doerem e ficarem cansados. A Figura 5.2 é uma captura de tela do tipo de gráfico que uso com meus indicadores marcados nele.

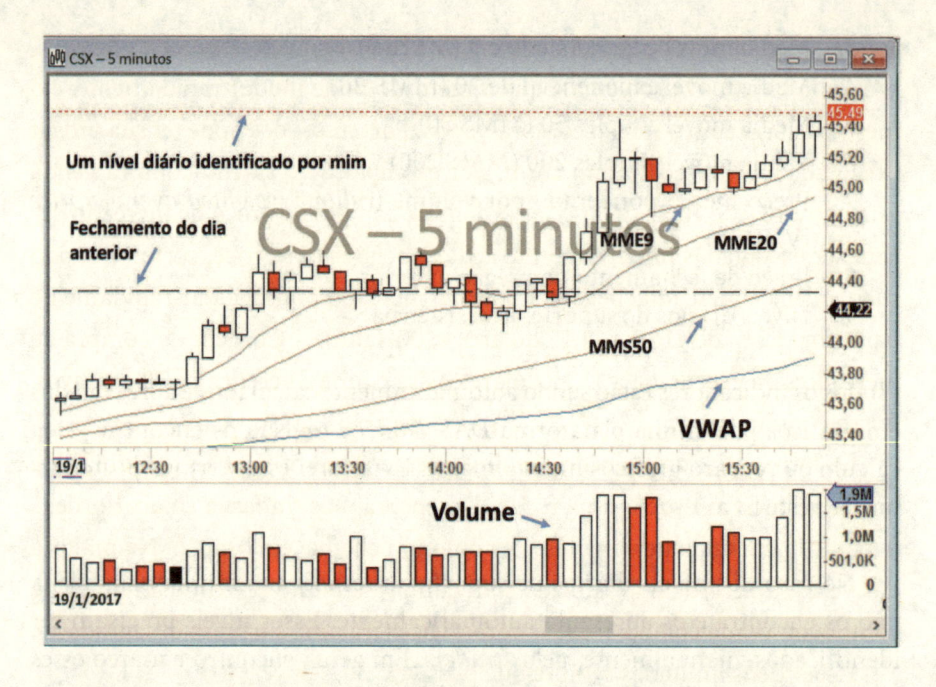

Figura 5.2 — Captura de tela do tipo de gráfico que uso com meus indicadores marcados. Apenas o MMS 200 não aparece porque estava se movimentando fora do escopo de preço ampliado.

ORDENS DE COMPRA E VENDA

Existem três tipos importantes de pedidos que você pode usar no *day trading*:
1. ordens a mercado;
2. ordens limitadas; e
3. ordens com limites de comercialização.

Ordens a mercado

"Compre-me a qualquer preço! Agora!"; "Venda-me a qualquer preço! Agora!"

Quando você usa *ordens a mercado*, está instruindo sua corretora a comprar ou vender imediatamente as ações para você a qualquer preço. Deixe-me repetir isto: a QUALQUER preço. Se você colocar uma ordem a mercado, ela será executada ao preço atual, seja qual for. Uma ordem limitada, no entanto, permite que você especifique o preço máximo ou mínimo que aceitará.

Nas ordens a mercado, essencialmente, sua ordem está sendo executada pelo lado negativo dos *spreads* compra-venda. Uma ordem a mercado compra ao preço das ofertas de venda (lado alto) e vende ao preço das ofertas de compra (lado baixo). O problema é que o mercado pode mudar rapidamente, e o mesmo ocorre com o *spread* compra-venda. Portanto, você pode ter sua ordem executada a um preço muito ruim. Por exemplo, se o *spread* compra-venda está entre 10,95 e 10,97 dólares, as ordens de compra ao preço de mercado devem ser executadas imediatamente a 10,97 dólares para você, certo? Quando suas ordens a mercado chegam à bolsa, o mercado pode mudar rapidamente para uma faixa de 11,10 a 11,15 dólares e, portanto, sua ordem de compra de mercado será executada a 11,15 dólares. Essa é uma diferença de 18 centavos. E isso é muito ruim.

Os formadores de mercado e muitos operadores profissionais têm uma vida boa atendendo às ordens a mercado. Desencorajo os *traders* a colocar ordens a mercado em qualquer hipótese. É como um cheque em branco. Na maioria das vezes, uma ordem a mercado será cumprida muito próximo ao preço de compra ou venda cotado, mas, às vezes, você terá uma surpresa desagradável.

Use ordens limitadas sempre que possível.

Ordens limitadas

"Compre-me a este preço apenas! Não compre mais alto!"

"Venda-me a este preço apenas! Não venda mais baixo!"

Uma *ordem limitada*, em contraste com uma ordem a mercado, limita o preço que está disposto a pagar pela ação. Você especifica o número de ações que deseja comprar e o preço que está disposto a pagar. Por exemplo, na captura de tela do Nível 2 (Figura 5.3), tenho duas ordens limitadas. Pedi à minha corretora que me comprasse cem ações da Teva Pharmaceutical Industries Limited (TEVA) a 34,75 dólares e cem ações adicionais a 34,74 dólares. Você deve se lembrar que "tamanho" é o número de lotes de ações, sendo que um lote-padrão é igual a cem ações. Como pode ver, minhas ordens agora estão no Nível 2, esperando para serem executadas. Não há garantia de que conseguirei comprar a esses preços. Se o preço subir, minha ordem nunca será executada e meu pedido permanecerá no Nível 2 até que o preço volte a cair. Às vezes, a ordem será parcialmente atendida porque o preço das ações subiu muito rapidamente.

Apenas como um aparte, os *traders* de *swing* costumam usar ordens limitadas.

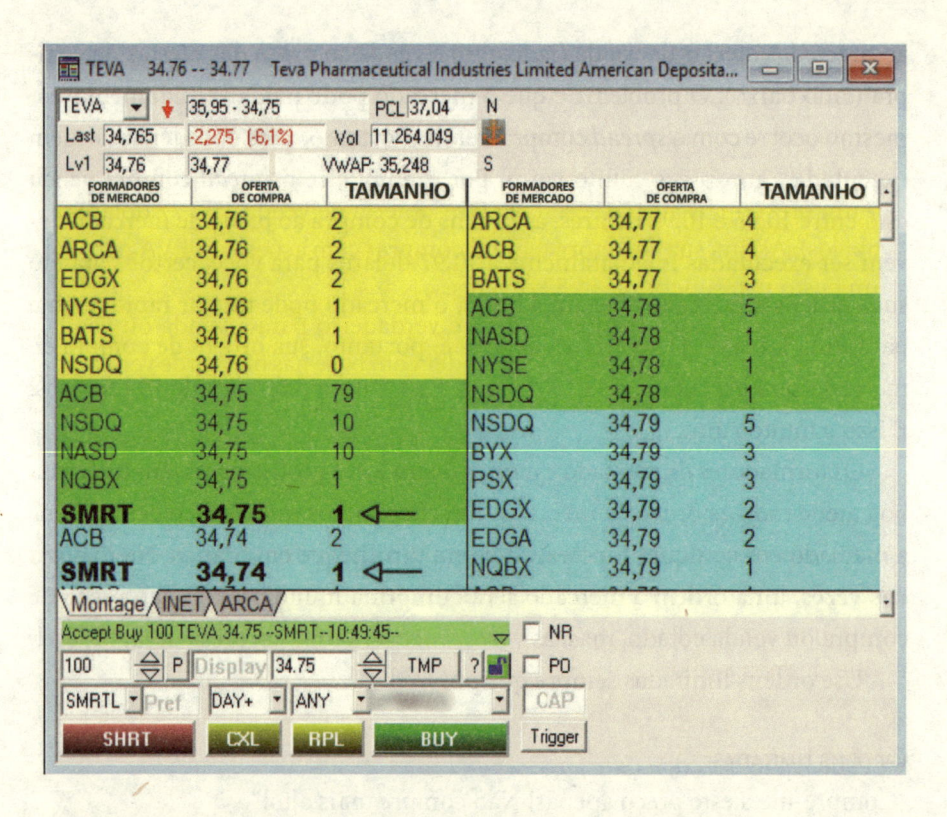

Figura 5.3 — Exemplo de um Nasdaq Nível 2 para TEVA no meio do pregão. Tenho duas ordens limitadas para comprar um total de duzentas ações de acordo com a oferta. Observe que o número de ações está em centenas (x 100). A SMRT é o mecanismo de compensação padrão para minha corretora, a IB.

ORDENS COM LIMITES DE COMERCIALIZAÇÃO

"Compre-me agora, mas até este preço! Não mais alto!"; "Venda-me agora, mas até esse preço! Não abaixo!"

O tipo de ordem mais importante para os *day traders* é uma *ordem com limite de comercialização*. Uma vez enviadas, darão imediatamente o maior número de ações possível dentro da faixa de preços que você definiu. Nas ordens com limite de comercialização, você pede à sua corretora para comprar ou vender ações imediatamente, mas especifica o preço mais alto que está disposto a pagar. Por exemplo, na Figura 5.3 você pode pedir à sua corretora para comprar cem ações ao "preço das ofertas de venda + 5 centavos". Sua corretora irá até as ofertas de venda e tentará atender ao seu pedido. Como você pode ver nas três primeiras linhas destacadas, no lado direito da Figura 5.3, existem atualmente 1.100 ações oferecidas ao preço da oferta de venda ([4 + 4 + 3 = 11] × 100). Portanto, sua ordem deve ser executada imediatamente (como se fosse uma ordem a mercado). Contudo, se o preço de venda subir rapidamente antes de sua ordem ser executada, você já autorizou sua corretora a comprar TEVA por um preço mais alto, até 34,82 dólares (oferta de venda a 34,77 dólares + 5 centavos). Assim, sua corretora tentará comprar cem ações da TEVA para você a um custo não superior a 34,82 dólares.

Um exemplo semelhante também é verdadeiro para a venda ou venda a descoberto nas ofertas de venda. Ao vender com base nas ofertas de venda, você especifica o intervalo em que está disposto a vender. Por exemplo, se pedir à sua corretora para vender ao "preço das ofertas de compra −5 centavos", isso significa que você não está disposto a vender por um preço inferior às ofertas de compra menos 5 centavos.

Eu uso ordens com limite de comercialização para todas as minhas *day trades*. Normalmente compro a "oferta de venda + 5 centavos" e vendo a "oferta de compra −5 centavos". Na próxima seção, mostrarei detalhes das teclas de atalho do meu pedido.

TECLAS DE ATALHO

São comandos que podem ser programados para enviar pedidos automaticamente com o toque de uma combinação de teclas no teclado. Os *traders* profissionais usam as teclas de atalho para entrar e sair de transações, colocar ordens de *stop loss* e cancelar ordens. Eles não usam um mouse ou qualquer tipo de sistema de entrada de ordens manual. O uso de teclas de atalho elimina os atrasos associados à digitação manual. A volatilidade do mercado, sobretudo na abertura, pode possibilitar lucros enormes se você negociar corretamente, mas também pode resultar em perdas significativas se deixar de agir com rapidez. Com frequência, o uso adequado das teclas de atalho é o que distingue os perdedores dos vencedores.

A maioria das estratégias de *day trading* que utilizo exige negociação em alta velocidade. No *day trading*, o mercado pode se mover muito rápido, sobretudo na abertura do mercado. As ações podem atingir seu preço de entrada ou saída muito rapidamente, muitas vezes em questão de segundos. Para fazer *day trading* com eficácia, é importante usar uma plataforma de negociação que ofereça teclas de atalho. Para negociar em alta velocidade, você precisa ter todas as combinações de transações possíveis em suas teclas de atalho. É quase impossível fazer o *day trading* lucrativamente sem usar atalhos.

A Figura 5.4 apresenta a lista de minhas teclas de atalho na plataforma DAS. Outras plataformas podem usar roteiros diferentes. É melhor verificar com sua corretora e com a equipe de suporte de sua plataforma de negociação para certificar-se de que você é capaz de escrever roteiros adequados para suas teclas de atalho.

VISÃO DE TABELA	TECLA DE ATALHO
GRÁFICO 1 MINUTOS	F1
GRÁFICO 5 MINUTOS	F2
GRÁFICO DIÁRIO	F4
GRÁFICO SEMANAL	F5
GRÁFICO MENSAL	F6
Compras	
Compre 400 ações ao limite oferta de venda + 0,05	Alt+1
Compre 200 ações ao limite oferta de venda + 0,05	Alt+Q
Compre 100 ações ao limite oferta de venda + 0,05	Alt+A
Venda 1/2 posição ao limite oferta de compra - 0,05	Alt+2
Venda posição inteira ao limite oferta de compra - 0,05	Alt+3
Vendas a descoberto	
Venda 400 ações ao limite oferta de compra - 0,05	Alt+4
Venda SSR 400 ações ao limite oferta de compra	Alt+5
Venda 200 ações ao limite oferta de compra - 0,05	Alt+R
Venda SSR 200 ações ao limite oferta de compra	Alt+T
Venda 100 ações ao limite oferta de compra - 0,05	Alt+F
Venda SSR 100 ações ao limite oferta de compra	Alt+G
Compre para cobrir 1/2 posição ao limite oferta de venda + 0,05	Alt+6
Compre para cobrir posição inteira ao limite oferta de venda + 0,05	Alt+7

Figura 5.4 — Gráfico que mostra algumas de minhas teclas de atalho para minha plataforma *DAS Trader*. Um *script* de teclas de atalho completo e detalhado da minha plataforma pode ser encontrado no website da www.BearBullTraders.com. SSR = (*short selling restriction*) restrição às vendas em descoberto.

Para uma posição comprada (você deve se lembrar de que "estar comprado" significa comprar ações a um preço e esperar vendê-las por um preço mais alto), minhas ordens de compra são em blocos de quatrocentas, duzentas e cem ações. Eu uso uma ordem com limite de comercialização para comprar ao preço das ofertas de venda -5 centavos. Minhas teclas de atalho de "venda" são ordens com limite de comercialização para vender metade ou toda a posição ao preço das ofertas de compra –5 centavos. Ao vender, aceitarei o preço da oferta e um preço não mais do que 5 centavos mais baixo, para assegurar que meu pedido seja atendido imediatamente. A plataforma DAS calculará automaticamente o que metade da minha posição equivale em número de ações. O computador também calculará os preços das ofertas de compra e venda atuais e negociará meu pedido ao preço por mim especificado.

Da mesma forma, no caso das posições vendidas a descoberto (você deve se lembrar de que uma posição "vendida" é quando você pega emprestado ações de sua corretora, vende-as e espera recomprar as mesmas ações posteriormente a um preço mais baixo para devolvê-las à sua corretora), faço uma venda a descoberto ao preço das ofertas de compra ou a um preço até 5 centavos mais baixo. Minhas teclas de atalho "compre para cobrir posições vendidas" representam ordens com limite de comercialização para comprar metade ou todas as minhas posições ao preço das ofertas de venda + 5 centavos. Estou disposto a pagar preços mais altos (até 5 centavos) aos potenciais vendedores, para assegurar que minhas ordens sejam executadas imediatamente.

Você deve ter notado, na Figura 5.4, que tenho teclas de atalho diferentes para quando uma ação está no modo SSR. Uma restrição desse tipo é acionada quando uma ação está 10% ou mais abaixo do preço de fechamento do dia anterior. Nesse caso, os reguladores e as bolsas restringem a venda a descoberto àquelas ações cujos preços estão caindo. Você só pode vender a descoberto pelo preço das ordens de venda e não pode vender a descoberto diretamente aos compradores (pelo preço das ofertas de compra). Isso significa que a prioridade nas vendas é para os vendedores que atualmente detêm posições, não para os vendedores a descoberto que desejam lucrar com o movimento de queda. Se você quer fazer uma venda a descoberto, precisa entrar na fila do lado da venda e esperar que os compradores venham até você. Os vendedores reais, contudo, podem aceitar ofertas de compra e se livrar de suas posições.

A SSR é projetada para dar aos vendedores reais, que possuem ações, uma prioridade de venda sobre os vendedores a descoberto no mercado. Portanto, quando uma ação está no modo SSR, coloco minhas ordens como ofertas de venda e depois preciso esperar até que meus pedidos sejam executados. Não posso usar uma ordem com limite de comercialização para venda a descoberto quando uma ação está sujeita a restrições SSR. Se você estiver interessado em ler mais sobre SSR, uma pesquisa *on-line* o levará a um bom número de recursos.

A vantagem mais importante dessas teclas de atalho é que, quando uma ação se move repentinamente, basta pressionar sua tecla de atalho para vender sua posição total ou parcial ao preço das ofertas de compra, sem precisar digitar o novo preço de oferta ou o número de ações. É impossível auferir lucros consistentes com o *day trading* sem dominar as teclas de atalho. Parte de sua aprendizagem inclui a negociação em simuladores por alguns meses, durante os quais você deve dominar suas teclas de atalho. Cometi muitos erros ao usar as teclas de atalho e, sem dúvida, você também os cometerá. Isso faz parte do processo de aprendizagem no *day trading*. Assim, é extremamente importante praticar em simuladores em tempo real e com as teclas de atalho enquanto você aprende uma estratégia de negociação. As teclas de atalho são uma ferramenta incrível, mas devem ser usadas com cautela e após obter prática suficiente para evitar erros. O *day trading* já é bastante difícil; não deixe que suas teclas de atalho tornem tudo ainda mais difícil.

É muito comum cometer alguns erros no início. Quando estava aprendendo a usar as teclas de atalho, eu colocava adesivos no teclado para me ajudar a me lembrar das diferentes combinações. Quando introduzo novas teclas de atalho, uso-as primeiro na minha conta de simulador. Demanda certo tempo, mas no final você se lembrará de suas teclas de atalho e as usará com eficiência. Outro lembrete importante é sempre usar um teclado com fio conectado ao computador. Os teclados sem fio podem enviar pressionamentos de tecla repetidos, pressionamentos de tecla incorretos ou falhar no envio de ordens, sobretudo quando a bateria está fraca. Isso impacta e prejudica suas transações. Tenho visto *traders* em situações difíceis e onerosas porque seu mouse ou teclado sem fio estava com a bateria fraca e não funcionava corretamente. Eu até mantenho um teclado extra em meu escritório, pronto para uso, caso aconteça algo com o teclado que estou usando. Uma vez, derramei água no teclado durante o horário do pregão. Meu teclado parou de funcionar. Felizmente, não tinha nenhuma posição em aberto naquele momento. Imediatamente comprei dois novos conjuntos de teclados e mouses e mantenho um conjunto sobressalente ao lado de minha mesa de operações.

LISTA DE OBSERVAÇÃO E *SCANNERS*

Falo com *traders* iniciantes quase todos os dias. Falo com centenas de *traders* todos os meses. Um dos desafios comuns que os *traders* iniciantes mencionam é não saber o que negociar. Milhares de ações estão se movimentando no mercado todos os dias, mas encontrar uma configuração que seja consistente e, ao mesmo tempo, adequada para você é bastante difícil. (Expliquei sobre meus *scanners* e a elaboração de lista de observação no capítulo 4 e explicarei em detalhes, posteriormente, neste livro, o que procuro com meu *scanner*, bem como com minhas estratégias de negociação. Você também verá algumas imagens do meu *scanner* nas seções a seguir.)

COMUNIDADE DE *TRADERS*

Negociar em bolsa sozinho é muito difícil e pode ser emocionalmente opressor. A quem você dirigirá suas perguntas? É benéfico ingressar em uma comunidade de *traders* e fazer perguntas, conversar com eles se necessário, aprender novos métodos e estratégias, obter algumas dicas e alertas sobre o mercado de ações e também apresentar suas próprias contribuições. As salas de negociação *on-line* são locais excelentes para encontrar *traders* com ideias semelhantes e podem ser ferramentas de aprendizagem poderosas.

Duas comunidades instrucionais de longa data são a sala de negociação de Don Kaufman, TheoTrade (www.theotrade.com), que enfatiza a negociação técnica em vários mercados, como os de futuros e de opções, e a sala de negociação administrada pelo autor John Carter e seus colegas (www.simplertrading.com). Você também deveria dar uma olhada nos programas instrucionais oferecidos pelo doutor Alexander Elder e por Kerry Lovvorn (www.spiketrade.com) como um possível lugar para se conectar com *traders* que pensam de maneira semelhante.

Outros dois fóruns de negociação bem conhecidos são a Investors Underground (www.investorsunderground.com), fundada por Nathan Michaud, e a Warrior Trading (www.warriortrading.com), administrada por Ross Cameron. Existem vários bons fóruns *on-line* também disponíveis para os *traders* aprenderem e melhorarem coletivamente seu desempenho comercial. Isso inclui a Elite Trader (www.elitetrader.com) e a Trade2Win (www.trade2win.com).

Na verdade, se você tem uma plataforma ou um aplicativo de negociação preferido, conectar-se com *traders* que usam as mesmas ferramentas pode ser muito valioso. A Trade Ideas (www.trade-ideas.com) administra programas instrucionais e salas de bate-papo *on-line* para seus usuários, o que me ajudou no passado.

Negocio pessoalmente em nossa sala de bate-papo na Bear Bull Traders com alguns de meus amigos e familiares, e também com um grupo de *traders* sérios. Podemos falar uns com os outros e todos podem ver minha tela, plataforma e como estou negociando ao vivo. É um ambiente divertido e interativo, e todos nós aprendemos uns com os outros. Muitas vezes, respondo a perguntas de *traders* e, se houver alguma questão sobre a qual não tenha certeza, faço perguntas a outros *traders*. Existem alguns *traders* experientes em nossa sala de bate-papo com quem aprendo muito, e informamos uns aos outros sobre boas negociações e configurações em potencial. Gostaríamos de aumentar um pouco nossa sala de bate-papo e, portanto, todos os que estão lendo este livro estão convidados a se juntar a nós. Você se beneficiará tanto em me ver negociando quanto em ouvir minhas respostas às perguntas que as pessoas fazem, incluindo as suas. Não tenha vergonha de fazer perguntas!

Traders iniciantes e em formação absorverão como uma esponja os conhecimentos de mentores e *traders* experientes; isso os ajudará a estabelecer os comportamentos certos de negociação de forma mais rápida e eficaz. Quando compartilha os resultados de suas negociações e seus altos e baixos com outros profissionais, você transforma a interação social em aprendizado social. Encontre *traders* experientes que não hesitarão em lhe dizer quando estiver cometendo um erro. É por meio da interação com outros *traders* que você aprenderá a "se ensinar".

Se entrar em uma sala de bate-papo, verá que, muitas vezes, até mesmo os operadores mais experientes perdem dinheiro. É sempre bom ver que você não é o único que perde dinheiro; até mesmo o mais experiente dos *traders* precisa sofrer algumas perdas. Faz parte do processo.

É extremamente importante lembrar, entretanto, que você não deve seguir a multidão. Você precisa ser um pensador independente. Não siga cegamente a multidão, mas participe dos benefícios inerentes de fazer parte de uma comunidade comercial que seja compatível com sua personalidade. Muitas vezes as pessoas mudam quando se juntam a multidões. Elas se tornam menos céticas e mais impulsivas à medida que seguem o rebanho. *Traders* estressados em comunidades *on-line* procuram, nervosos, um líder em cujas negociações possam se espelhar — e depois, quando essas negociações não dão certo, alguém a quem possam culpar por suas perdas. Eles reagem impulsivamente com a multidão em vez de usar bom senso e capacidade de raciocínio. Os membros da sala de bate-papo podem captar algumas tendências juntos, mas também ser exterminados juntos quando as tendências se invertem. Nunca se esqueça: *traders* de sucesso são pensadores independentes. Simplesmente use seu bom senso para decidir quando negociar e quando não negociar.

6
INTRODUÇÃO ÀS VELAS

Para entender minhas estratégias no próximo capítulo, precisamos revisar rapidamente o conceito de *movimentação de preço* e os fundamentos dos gráficos de velas (*candle charts* ou *candlestick charts*). Os japoneses começaram a usar a análise técnica e algumas versões antigas desses gráficos no comércio do arroz no século XVII. Grande parte do crédito pelo desenvolvimento e pela apresentação dos gráficos de velas é atribuída a um lendário comerciante de arroz chamado Homma, da vila de Sakata, Japão. Embora essas primeiras versões de análise técnica e de gráficos de velas fossem diferentes da versão de hoje, muitos de seus princípios orientadores ainda são muito semelhantes. Os gráficos de velas, como os conhecemos hoje, apareceram, pela primeira vez, em algum momento após 1850. É provável que as ideias originais de Homma tenham sido modificadas e refinadas ao longo de muitos anos de negociação, resultando no sistema de gráficos de velas que usamos hoje em dia.

Para criar um gráfico de velas, é preciso ter um conjunto de dados que contenha: 1) preço de abertura; 2) preço mais alto no prazo escolhido; 3) preço mais baixo naquele prazo; e 4) valores de preço de fechamento para cada intervalo de tempo que você deseja exibir. O intervalo de tempo pode ser diário, uma hora, cinco minutos, um minuto ou qualquer outro período de sua preferência. A parte oca (branca) ou preenchida (vermelha) da vela é chamada de "corpo" (*the body*). As linhas longas e finas acima e abaixo do corpo representam a faixa máximo/mínimo e são chamadas de "sombras" (*shadows*, também conhecidas como "pavios", *wicks*, e "caudas", *tails*). O ponto máximo é marcado pelo topo da sombra superior, e o ponto mínimo, pelo fundo da sombra inferior. Há dois exemplos na Figura 6.1. Se a ação fecha acima de seu preço de abertura, uma vela oca é desenhada, com o fundo do corpo representando o preço de abertura e o topo do corpo representando o preço de fechamento. Se a ação fecha abaixo de seu preço de abertura, uma vela preenchida (geralmente, vermelha) é desenhada com o topo do corpo representando o preço de abertura e o fundo do corpo representando o preço de fechamento.

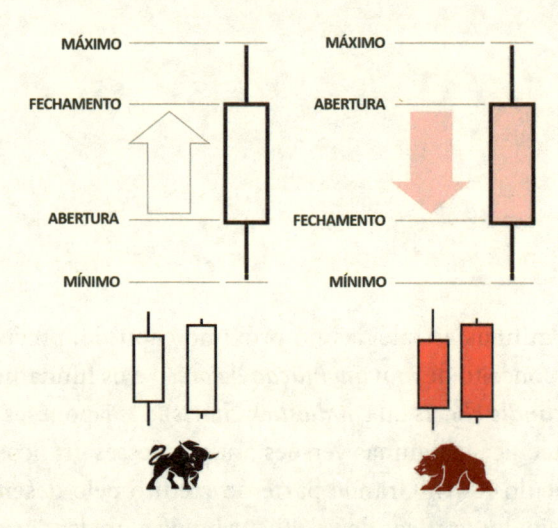

Figura 6.1 — Exemplos de velas.

Além dos gráficos de velas, existem outros estilos para representar os movimentos de preço, como barras, linhas e ponto e figura. No entanto, considero os gráficos de velas mais atraentes visualmente e mais fáceis de interpretar. Cada vela fornece uma imagem, fácil de decifrar, da movimentação dos preços. Um *trader* pode comparar imediatamente a relação entre a abertura e o fechamento, bem como a alta e a baixa. A relação entre a abertura e o fechamento é considerada uma informação vital e forma a essência das velas.

Aqui está minha nona regra do *day trading*:

> **Regra 9** — As velas vazadas, em que o fechamento é superior à abertura, indicam pressão de compra. As velas preenchidas, em que o fechamento é inferior à abertura, indicam pressão de venda.

MOVIMENTAÇÃO DE PREÇO E PSICOLOGIA DE MASSA

Em cada momento do mercado, existem basicamente três categorias de *traders*: os compradores, os vendedores e os indecisos. Os preços reais das transações são o resultado dos atos de todos esses *traders* em determinado momento: compradores, vendedores e indecisos.

Os compradores estão em busca de pechinchas e querem gastar o mínimo possível para entrar em uma transação. Os vendedores, por sua vez, querem vender suas ações pelo preço mais alto possível. É uma condição básica da natureza humana. Em alguns países e culturas, barganhar e negociar um preço é muito comum quando se está fazendo compras em uma loja. Quem vende o produto deseja ganhar o máximo de dinheiro possível, e quem compra o produto deseja gastar o mínimo possível. No *day trading*, a diferença entre os dois é chamada de *spread* compra-venda (explicado no capítulo 5). A "oferta de venda" é o preço pedido pelo vendedor e, claro, a "oferta de compra" é o preço oferecido pelo comprador. Tanto no mercado quanto no *day trading*, existe um terceiro fator que também pode afetar os preços: o consumidor indeciso e o *trader* indeciso. Os *traders* indecisos são as pessoas que olham pacientemente — e, às vezes, com pouca paciência — para os monitores de seus computadores para ver qual lado prevalecerá.

Os *traders* indecisos são a chave para empurrar o preço para cima ou para baixo. Eles são temidos por todos os outros *traders*. Voltemos ao exemplo da loja. Você entra, vê um produto que deseja e oferece um preço baixo por ele. Você é o comprador. O vendedor não está muito interessado no preço que você sugeriu. Ele se dispõe a vender o produto por um preço mais alto do que o sugerido por você. No momento em que você está decidindo o que apresentar como contraoferta, um ônibus de turismo chega e uma multidão de turistas invade a loja. Você quer muito o produto. Você compra pelo preço mais alto ou arrisca que algum desses turistas (os indecisos) não vá comprar? O tempo está passando e você está sob pressão.

Da mesma forma, vamos fingir que você é o vendedor. Você sabe que várias outras lojas estão vendendo exatamente o mesmo produto oferecido pela sua loja imaginária. Você é um comerciante experiente e abre sua loja ao público trinta minutos antes dos outros comerciantes. Você aposta que esse comprador que chegar de manhã cedo (o comprador) comprará seu produto pelo seu preço ou que ele decidirá esperar até que todas as outras lojas (os outros vendedores indecisos) abram e tentem negociar com ele um preço melhor pelos mesmos produtos? O tempo está passando e você está sob pressão.

Em cada um desses cenários, o medo do desconhecido, o medo dos indecisos, "estimula", digamos assim, a compra e a venda.

Os compradores compram porque esperam que os preços subam. As compras dos altistas empurram o mercado para cima ou, como gosto de dizer, "os compradores estão no controle". O resultado é que determinados compradores estão dispostos a pagar preços cada vez mais altos e oferecem preços mais altos do que os outros. Eles têm medo de acabar pagando preços ainda mais altos se não comprarem agora. Os *traders* indecisos aceleram os aumentos dos preços, criando um sentimento de urgência entre os compradores, que então compram rapidamente e fazem com que os preços subam.

Os vendedores estão vendendo porque acham que os preços vão cair. As vendas dos baixistas empurram o mercado para baixo ou, como gosto de dizer, "os vendedores estão no controle". O resultado é que os vendedores estão dispostos a aceitar preços cada vez mais baixos. Estão apreensivos com a possibilidade de não conseguir vender mais caro e acabar vendendo a preços ainda mais baixos se deixarem de vender agora. *Traders* indecisos fazem os preços caírem mais rápido, criando uma sensação de urgência entre os vendedores. Eles correm para vender e jogam os preços para baixo.

O objetivo de um *day trader* de sucesso é descobrir quem terminará no controle, os vendedores ou os compradores, e depois fazer uma jogada calculada, no momento apropriado, de forma rápida e furtiva. Lembra o que eu disse sobre a batalha de guerrilha e a negociação de guerrilha, tanto no capítulo 2 quanto em minha Regra 8? Essa é a aplicação prática disso. Seu trabalho é analisar o equilíbrio de poder entre compradores e vendedores e apostar no grupo vencedor. Felizmente, os gráficos de velas refletem essa luta e a psicologia de massa em ação. Um *day trader* de sucesso é um psicólogo social com um computador e programas de gráficos. O *day trading* é o estudo da psicologia de massa.

Os movimentos das velas nos dizem muito sobre a tendência geral de uma ação e o poder dos compradores ou vendedores no mercado. As velas sempre nascem neutras. Após o nascimento, elas podem amadurecer para se tornarem baixistas, altistas ou, em raras ocasiões, nenhum dos dois. Quando uma vela nasce, os *traders* não sabem o que ela se tornará. Eles podem especular, mas não sabem verdadeiramente o que é uma vela até que ela "morra" (feche). Depois que uma vela nasce, a batalha começa. Altistas e baixistas brigam, e a vela mostra quem está ganhando. Se os compradores estiverem no controle, você verá a vela subir e uma vela de alta se formar. Se os vendedores controlarem o preço, você verá a vela se mover para baixo e se tornar uma vela de baixa. Você pode estar pensando que tudo isso é muito óbvio, mas muitos *traders* não veem as velas como uma briga entre compradores e vendedores. Essa pequena vela é um excelente indicador para dizer quem está ganhando a batalha no momento, os altistas (compradores) ou os baixistas (vendedores).

A seguir, fornecerei uma breve visão geral das três velas mais importantes para o *day trading* e, no próximo capítulo, explicarei como você pode operar usando esses padrões em cada uma de suas estratégias de negociação.

VELAS DE ALTA

Velas com corpos grandes voltados para cima, como você verá nas Figuras 6.2 e 6.3 a seguir, são muito altistas. Isso significa que os compradores estão no controle dos movimentos de preço e é provável que continuem pressionando o preço para cima. A vela não apenas informa o preço, mas também que os altistas estão ganhando e que detêm o poder.

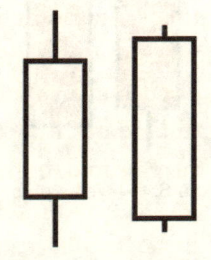

Figura 6.2 — Velas de alta.

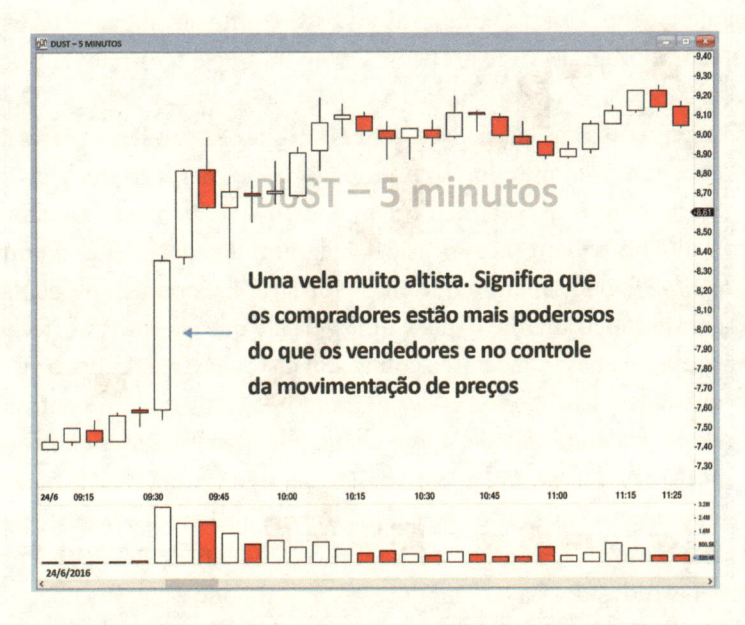

Figura 6.3 — Uma série de velas de alta mostra que os altistas (compradores) controlam o preço.

VELAS DE BAIXA

Por sua vez, as velas de baixa são quaisquer velas que apresentem um corpo baixista. Então, o que a vela de baixa diz a você? Ela lhe diz que os vendedores estão no controle da movimentação de preços no mercado e que comprar ou assumir uma posição "comprada" não seria uma boa ideia.

As velas preenchidas com um grande corpo (Figuras 6.4 e 6.5) significam que a abertura aconteceu perto do topo do pregão e o fechamento foi perto do fundo. Esse é um bom indicador de uma disposição baixista do mercado.

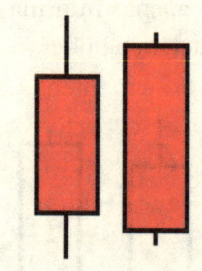

Figura 6.4 — Velas de baixa.

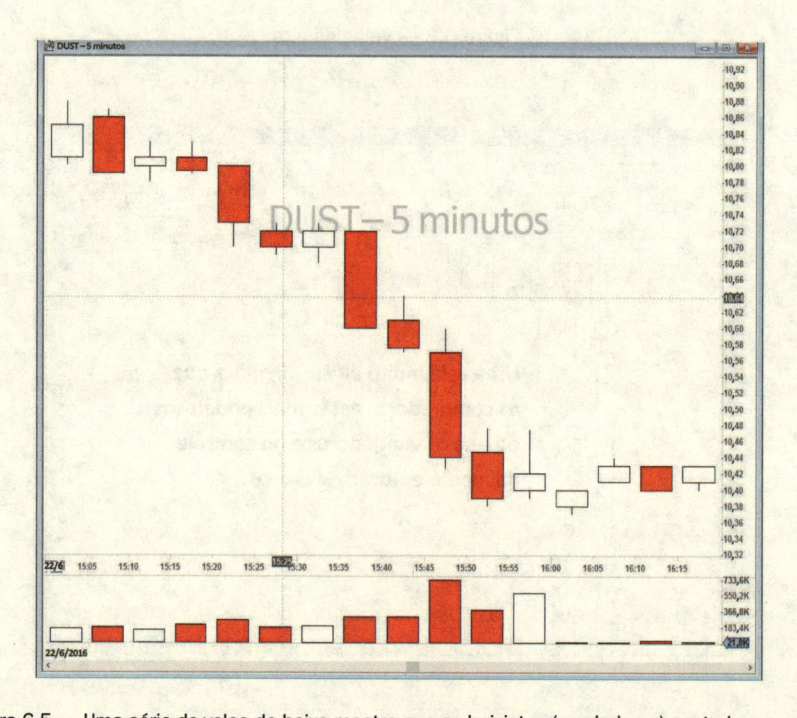

Figura 6.5 — Uma série de velas de baixa mostra que os baixistas (vendedores) controlam o preço.

Ao aprender a ler as velas, você começará a formar uma opinião sobre a avaliação geral do mercado sobre aquela ação. Novamente, isso é chamado de *movimentação de preços*. Entender quem está controlando o preço é uma habilidade extremamente importante no *day trading*. Como mencionei, um *trader* de mercado bem-sucedido é, na verdade, um psicólogo social armado com um computador e programas de negociação em bolsa. No fundo, o *day trading* é o estudo da psicologia de massa.

Para resumir esta seção: seu trabalho como *day trader* de sucesso é descobrir se os vendedores terminarão no controle ou se os compradores terminarão no controle. No capítulo 2, usei o exemplo do pátio da escola. Você não quer ficar num canto sozinho. Se você estiver lá, está no lugar errado. Se os compradores forem fortes, compre e mantenha sua posição. Se os vendedores forem fortes, venda, ou venda a descoberto. Você definitivamente não quer estar num canto sozinho. Você quer estar onde está toda a movimentação — no pátio. E se você não consegue decidir o que é essa ação, se parece que é uma mera aposta, não faça nada. Espere o seu momento ou siga em frente para procurar outra transação com potencial. Nunca se esqueça de que o *day trader* de sucesso é como um guerrilheiro: ele faz movimentos calculados, no momento apropriado, de forma rápida e furtiva. Fique de fora quando não conseguir reconhecer quem está ganhando a batalha. Deixe os altistas e os baixistas brigarem uns com os outros e depois comece a negociar apenas quando tiver uma ideia razoável de qual lado provavelmente prevalecerá. Nunca esteja do lado errado das transações. Portanto, é importante aprender a ler as velas e a interpretar constantemente a movimentação de preços enquanto negocia.

VELAS DE INDECISÃO

Agora vamos revisar as duas velas de indecisão mais importantes para o *day trading*.

Pião

Os piões, como veremos (Figuras 6.6 e 6.7), são velas que têm sombras altas e baixas, de tamanhos semelhantes, as quais costumam ser maiores que o corpo e um pouco mais indecisas. Vamos chamá-las de *velas de indecisão*.

Nessas velas, o poder dos compradores e dos vendedores é quase igual. Embora ninguém esteja no controle do preço, a luta continua. O volume costuma ser menor nessas velas, pois os *traders* estão esperando para ver quem prevalece na luta entre vendedores e compradores. As tendências de preço podem mudar imediatamente após as velas de indecisão e, portanto, é importante reconhecê-las na movimentação de preços.

Os altistas tentaram empurrar o preço para cima, mas não conseguiram segurar uma alta significativa.

Os baixistas tentaram empurrar o preço para baixo, mas não conseguiram segurar uma baixa significativa.

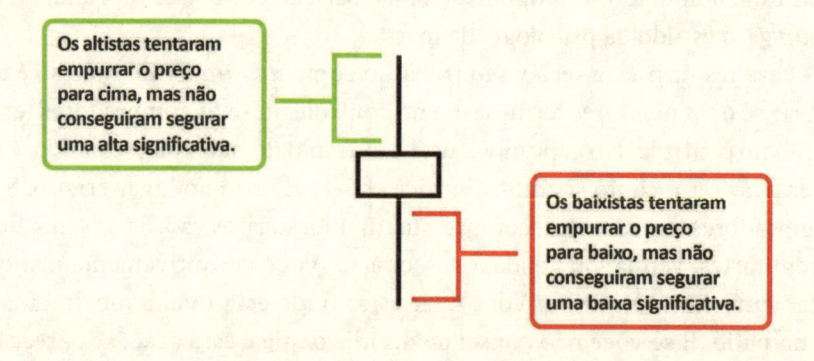

Figura 6.6 — Definição da pressão compradora e vendedora na vela de pião.

Pião de alta   Pião de baixa

Reversão de baixa   Reversão de alta

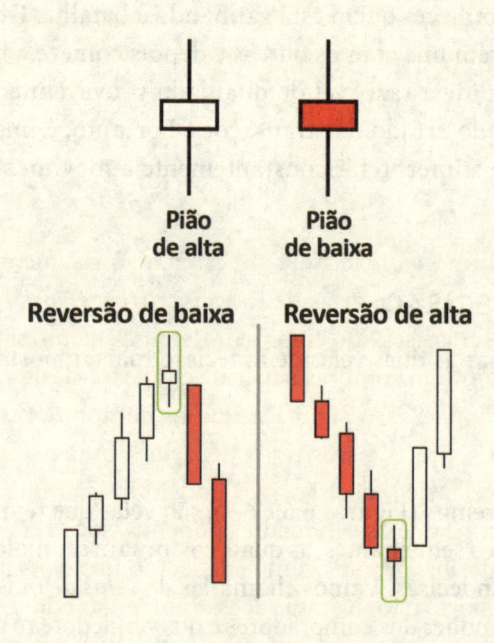

Figura 6.7 — Formação de velas de pião para tendências de reversão.

DOJIS: SIMPLES, ESTRELA CADENTE, MARTELO

Os *dojis* são outro tipo de vela importante e podem ser encontrados em diferentes formas e modos, mas são caracterizados por não terem corpo ou por terem um corpo muito pequeno. Um *doji* também é uma vela de indecisão, semelhante a um pião. Quando você vê um *doji* em seu gráfico, isso significa que há uma luta sanguinária ocorrendo entre os altistas e os baixistas. Ninguém ganhou a luta ainda.

Doji indecisão

Compradores tentaram empurrar o preço para cima, mas não conseguiram mantê-lo.

Doji estrela cadente
Indecisão, vendedores podem assumir o controle.

Vendedores tentaram empurrar o preço para baixo, mas não conseguiram mantê-lo.

Doji martelo
Indecisão, compradores podem assumir o controle.

Figura 6.8 — Exemplos de velas *doji*.

Na Figura 6.8, um *doji* nos conta a mesma história que um pião. Na verdade, a maioria dos tipos de velas de indecisão (reversão) diz basicamente a mesma coisa. Isso será discutido com mais detalhes na próxima seção.

Às vezes, os *dojis* têm sombras superior e inferior desiguais. Se a sombra superior for mais longa, isso significa que os compradores tentaram, sem sucesso, aumentar o preço. Esses tipos de *dojis*, como as estrelas cadentes, continuam sendo velas de indecisão, mas podem indicar que os compradores estão perdendo força e que os vendedores podem assumir o controle.

Se a sombra inferior for mais comprida, como nos *dojis* martelo, isso significa que os vendedores não tiveram sucesso em tentar empurrar o preço para baixo. Isso pode indicar que os altistas logo tomarão o controle da movimentação de preços.

Baixistas no controle!
Vendedores empurram o preço para baixo.

Altistas no controle!
Compradores empurram o preço para cima.

Doji martelo
Batalha indecisa

Figura 6.9 — Estratégia de reversão de baixa com uma vela martelo de indecisão formada como sinal de entrada.

Todos os *dojis* indicam *indecisão* e possíveis reversões quando se formam em meio a uma tendência. Se um *doji* se formar em meio a uma tendência de alta, isso sugere que os altistas estão exaustos e que os baixistas estão lutando para assumir o controle dos preços. Da mesma forma, se um *doji* se forma em meio a uma tendência de baixa, isso sugere que os baixistas estão exaustos e que os altistas (compradores) estão lutando para assumir o controle dos preços. Você verá exemplos disso nas Figuras 6.9 e 6.10.

Doji estrela cadente
Batalha indecisa

Altistas no controle!
Compradores empurram o preço para cima.

Baixistas no controle!
Vendedores empurram o preço para baixo.

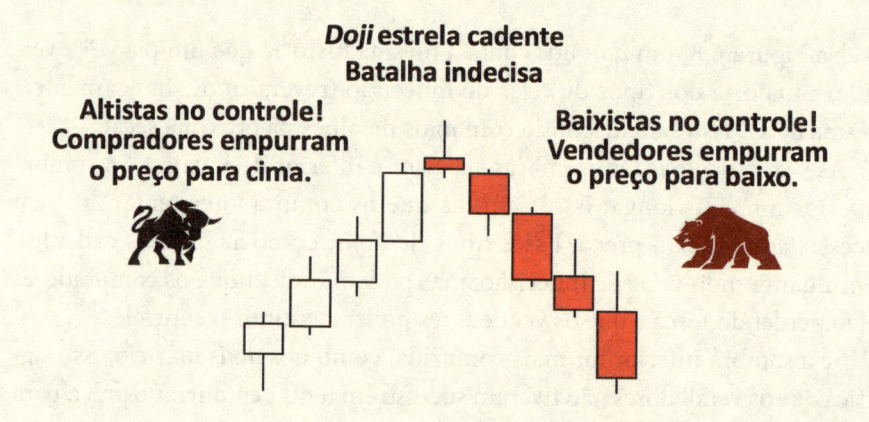

Figura 6.10 — Estratégia de reversão de fundo com uma vela de indecisão do tipo estrela cadente formada como um sinal de entrada.

Depois de aprender a reconhecer essas velas, é importante que você não se empolgue muito rapidamente. As velas não são perfeitas. Se você fizer uma transação toda vez que observar um *doji* formado em meio a uma tendência, terá perdas significativas. Lembre-se sempre de que essas velas indicam apenas indecisão, não uma reversão definitiva. Para usar velas de indecisão com eficácia, é preciso procurar velas de confirmação e, idealmente, usá-las com outras formas de análise, tais como níveis de suporte ou resistência, ambos explicados no próximo capítulo.

PADRÕES DE VELAS

Muitos *traders* adoram identificar padrões gráficos complicados e negociar com base neles. Existem centenas de padrões de velas com nomes criativos que você encontrará em uma pesquisa *on-line*, incluindo Abandoned Baby [Bebê abandonado], Dark Cloud Cover [Cobertura de nuvem escura], Downside Tasuki Gap [Intervalo de baixa Tasuki], Dragonfly [Libélula], Morning Star [Estrela da manhã], Evening Star [Estrela vespertina], Falling Three Methods [Três métodos cadentes], Harami, Stick Sandwich [Sanduíche no espeto], Three Black Crows [Três corvos negros], Three White Soldiers [Três soldados brancos] e muitos mais. Acredite, eu não inventei nenhum desses nomes. Esses padrões de velas estão realmente por aí. Por mais intrigantes que seus nomes possam ser, muitos deles são inúteis e nos confundem. São excepcionalmente arbitrários e fantasiosos. O maior problema com os padrões gráficos extravagantes é, como o doutor Alexander Elder descreve, o "desejo". Você pode identificar padrões de alta ou de baixa, dependendo de sua disposição para comprar ou vender. Se estiver com vontade de comprar, encontrará um padrão de alta, por fim, em algum lugar. Se quiser vender a descoberto, "reconhecerá", em algum lugar do gráfico, um padrão de baixa. Sou cético até mesmo quanto ao mais famoso desses padrões. Consequentemente, não discutirei esses tipos de padrão neste livro. Em vez disso, no próximo capítulo, apresentarei uma estratégia de *day trading* baseada em uma formação simples: o padrão ABCD.

7
ESTRATÉGIAS IMPORTANTES DO *DAY TRADING*

Neste capítulo, apresentarei algumas de minhas estratégias, com base em três elementos: 1) movimentação de preços; 2) indicadores técnicos; e 3) velas e padrões gráficos. É importante aprender e treinar todos os três elementos ao mesmo tempo. Embora algumas estratégias (como a média móvel e o VWAP) exijam apenas indicadores técnicos, é útil também ter uma compreensão da movimentação de preços e dos padrões gráficos para se tornar um *day trader* de sucesso. Esse entendimento, principalmente em relação à movimentação de preços, só vem com a prática e a experiência.

Como *day trader*, você não deve se preocupar com as empresas e seus lucros. Os *day traders* não estão preocupados com o que as empresas fazem ou produzem. Sua atenção deve estar apenas na movimentação de preços, nos indicadores técnicos e nos padrões gráficos. Conheço mais símbolos de ações do que nomes de empresas reais. Não misturo análise fundamentalista com análise técnica ao fazer uma transação — foco exclusivamente os indicadores técnicos. Não me importo com os aspectos fundamentais das empresas porque não sou um investidor de longo prazo — sou um *day trader*. Negociamos muito rapidamente — comércio de guerrilha! Às vezes, negociamos em intervalos de tempo tão curtos quanto dez a trinta segundos.

Existem milhões de *traders* por aí e centenas de estratégias diferentes. Cada *trader*, no entanto, precisa de sua própria estratégia, uma que funcione para ele — um "diferencial". Você precisa encontrar um lugar no mercado em que se sinta confortável. Eu me concentro nessas estratégias porque funcionam para mim.

Reconheci, ao longo de minha carreira de *trader*, que algumas das melhores configurações são as nove estratégias que explicarei neste capítulo. São bem simples, em teoria, mas exigem muito treino, por serem difíceis de dominar, já que emitem sinais com pouca frequência.

Outro ponto a ser lembrado é que, no mercado atual, a maior parte do volume de negociação, que alguns dizem chegar a 60%, é composta por negociações algorítmicas de alta frequência. Isso significa que você está negociando com computadores e máquinas. Se já jogou xadrez contra um computador, sabe que acabará perdendo. Você pode ter sorte uma ou duas vezes, mas, se jogar várias vezes, com certeza perderá. A mesma regra se aplica à negociação algorítmica. Você está negociando ações com sistemas computadorizados. Por um lado, isso representa um problema. Significa que a maior parte das mudanças nas ações que você está vendo é simplesmente o resultado da movimentação dos preços das ações por computadores. Por outro lado, também significa que há uma pequena quantidade de ações, a cada dia, que será negociada em um volume de varejo (em contraste com a negociação algorítmica institucional) tão grande que você superará a negociação algorítmica — e você e eu, os *traders* de varejo, controlaremos essa ação. Você precisa se concentrar na negociação dessas ações específicas diariamente. Elas são aquilo que chamo de ações em jogo no capítulo 4: ações que normalmente sobem ou descem por causa de relatórios de lucros. Procure as ações que atraem interesse significativo por parte dos *traders* de varejo e são negociadas no varejo em volume significativo. São essas as ações que você negociará, e, juntos, nós, o povo, os *traders* de varejo, dominaremos os computadores, assim como em um enredo para o próximo filme da franquia *O exterminador do futuro*.

Pessoalmente, uso os gráficos de velas explicados no capítulo 6. Cada vela representa um período de tempo (como um minuto, cinco minutos etc.). Conforme mencionei antes, você pode escolher qualquer período de tempo intradiário, dependendo de sua personalidade e de seu estilo de negociação: gráficos de hora em hora, gráficos de cinco minutos ou mesmo gráficos de um minuto. Embora dependa um pouco de seu estilo de negociação, a maioria dos *day traders* bem-sucedidos monitora, pelo menos, dois períodos de tempo simultaneamente. O período de tempo mais amplo é o estratégico, o qual mostra a tendência geral e o quadro geral da movimentação dos preços das ações. O período de tempo menor é o período de tempo tático, o qual permite que você encontre bons pontos de entrada e saída. Minha preferência é pelos gráficos de um minuto, mas também monitoro, simultaneamente, os gráficos de cinco minutos.

E, por favor, lembre-se de que minha filosofia de negociação em bolsa é que você deve aprender apenas algumas configurações adequadas para ser consistentemente lucrativo. Na verdade, ter um método de negociação simples ajudará a reduzir a confusão e o estresse e permitirá que você se concentre mais no aspecto psicológico das transações, que é o que separa os vencedores dos perdedores.

GESTÃO DE TRANSAÇÕES E DIMENSIONAMENTO DE POSIÇÃO

Antes de explicar minhas estratégias, é importante entender como entro, saio e dimensiono as posições e administro as transações.

Dois *traders* entram em uma negociação com base em uma estratégia. As posições evoluem a seu favor e depois recuam um pouco. O primeiro *trader* teme perder seus ganhos e realiza um lucro rápido e pequeno. O segundo *trader* aumenta sua posição no recuo e registra um lucro grande. Mesma ideia, resultados diferentes, advindos de duas mentalidades e estilos de administração de transação diferentes.

Conforme descrevi anteriormente, o *day trading* é um negócio. Da mesma forma que qualquer outro negócio, o sucesso não se resume apenas a produtos e serviços, mas muito será consequência de uma excelente gestão. Por exemplo, se você não contratar as pessoas certas para o seu negócio, se não as supervisionar adequadamente, se não controlar seu estoque, não ganhará dinheiro nem com os melhores produtos e serviços.

Isso também se aplica ao negócio do *day trading*. Administrar transações é a chave para o sucesso. Por administração de transações quero dizer algo diferente de encontrar as ações em jogo e, em seguida, implementar uma estratégia. Em vez disso, a administração de transações se refere ao que você faz com a posição depois de estar nela e antes de sair.

A administração de transações é tão importante quanto a qualidade de seu plano de negociação inicial. A administração adequada das transações faz toda a diferença entre os *traders* consistentemente lucrativos e aqueles que acabam fracassando.

Os *traders* iniciantes acreditam que, quando entram em uma negociação, não devem fazer mais nada, a não ser esperar pacientemente que o preço atinja sua meta de lucro ou o nível de *stop loss*. Isso é o oposto do que os *traders* profissionais fazem — eles sabem que isso não é suficiente. Quando você planeja a operação e entra em uma posição, tem um mínimo de informações sobre o mercado e sobre a validade de sua ideia. Dependendo de como o mercado se comporta após sua entrada, você receberá novas movimentações de preço e dados a respeito de sua ideia inicial de negociação. A movimentação dos preços da ação apoiará ou não suas razões para participar nessa transação. Portanto, administre sua posição aberta.

Por exemplo, se você está esperando o rompimento de um forte nível de suporte para o lado negativo e deseja lucrar com a movimentação para o lado negativo com uma posição vendida, talvez queira começar vendendo cem ações. Os *scalpers* de tendência,[18] em geral, começam a praticar seu ofício quando o preço cai abaixo de certo nível. Quando esses *scalpers* realizam seus lucros, o preço muitas vezes recua para esse nível de suporte para testá-lo como um novo nível de resistência. Se o preço continuar abaixo do nível de suporte (agora atuando como um nível de resistência), comece a aumentar sua posição vendida durante a queda. Se esse nível não agir como um nível de resistência e o preço voltar a subir, sua posição será encerrada com um prejuízo pequeno porque você tinha apenas cem ações. Administrar transações significa que é preciso estar ativamente envolvido no processamento de informações enquanto a transação está em aberto, não apenas ficar observando sua posição ou se afastar do computador na esperança de que sua ordem de lucro seja atingida. (Discutirei o *scalping* e os *scalpers* mais adiante, na seção a seguir, sobre a estratégia tendência bandeira de alta.)

Infelizmente, a administração de transações é o elemento mais importante a ser aprendido para poder ser um *trader* consistentemente lucrativo e, ao mesmo tempo, é muito difícil ensiná-la aos *traders* iniciantes, sobretudo em um livro. A administração de transações requer experiência e tomada de decisões em tempo real. É por isso que recomendo fortemente que você participe de salas de bate-papo, observe por algumas semanas como *traders* experientes negociam e ouça seus processos de pensamento sobre como gerenciar suas posições em aberto.

Sempre fico intrigado, em nossa sala de bate-papo, quando dois *traders* experientes escolhem a mesma ação: um na ponta comprada e outro na ponta vendida. Com frequência, no final do dia, ambos auferem um lucro, provando que a experiência em negociação e gestão de risco e o dimensionamento adequado da posição são mais importantes do que as ações e a direção que os *traders* escolhem. Embora meu amigo Brian Pezim e eu, frequentemente, negociemos juntos, ao mesmo tempo, ao vivo, em nossa comunidade, às vezes

---

18. O *scalper trader* é aquele *trader* que opera na bolsa de valores por meio do *scalping*, uma estratégia em que se busca lucrar com movimentos rápidos e curtos do mercado (muitas vezes de segundos ou minutos, até várias vezes em um mesmo dia. A estratégia tendência identifica a presença de inércia ou de movimentos contínuos de preço (*upticks* ou *downticks*).

acabamos negociando um contra o outro, mas ambos saímos com lucro quando terminamos nosso dia. E como isso acontece? Tudo é baseado na prática, na disciplina e no controle de nossas emoções no calor da negociação, muito embora eu prefira achar que sou um *trader* melhor do que ele!

O dimensionamento da posição refere-se à dimensão da posição que você assume em cada transação. Algumas transações são tão óbvias que você pode assumir uma posição elevada ou, como alguns chamam, "encher o barco" (*load the boat*). É como se essas configurações gritassem "agarre-me pelo nariz" (*grab me by the face*). Algumas oportunidades de negociação são atraentes o suficiente para uma posição "grande". Já em outras, você só deve tirar um "gostinho" e talvez aumentar a posição mais adiante. Aprender quando ter o maior tamanho é uma habilidade que os *traders* iniciantes precisam adquirir. O dimensionamento deficiente da posição pode levar a resultados inconsistentes. Mas lembre-se da regra dos 2% no capítulo 3. Não importa o quanto uma oportunidade é boa, não arrisque mais do que 2% de sua conta em uma transação. Viva para negociar outro dia.

Os *traders* iniciantes acham que precisam negociar um volume enorme para obter lucros significativos. Embora eu assuma uma posição grande em momentos em que a relação risco/recompensa me é favorável, sei que preciso ser capaz de lidar com o risco. Há muito dinheiro a ser ganho negociando com volumes modestos, sobretudo nas ações em jogo ativamente negociadas. Você pode ganhar muito dinheiro comprando e vendendo uma posição pequena de uma ação ativa — e, da mesma forma, pode perder muito dinheiro vendendo e comprando uma posição grande demais em uma ação ativa. Por exemplo, no caso das empresas com baixo volume de ações em livre circulação, as quais podem se mover 10% ou 20% em questão de segundos, nunca assumo uma posição grande, embora seu preço seja normalmente baixo (na faixa de 1 a 10 dólares) e eu tenha poder de compra suficiente para assumir uma posição muito grande. Desenvolva suas habilidades de negociação, abasteça sua conta de corretagem e aumente aos poucos o tamanho de suas posições.

O tamanho das minhas transações depende do preço da ação, do tamanho da minha conta e da regra de gestão de risco (estabelecida no capítulo 3), mas duas mil ações é o meu tamanho habitual se eu estiver negociando na faixa de preço de 10 a 50 dólares.

1. Compro 1.000 ações.
2. Se a transação se desenrolar favoravelmente, acrescento mais 1.000 ações (observe que aumento minha posição vencedora, não a perdedora).

3. Vendo 400 ações no primeiro alvo, trazendo meu *stop loss* para o ponto de equilíbrio (meu ponto de entrada).
4. Vendo outras 600 ações no próximo ponto-alvo.
5. Costumo ficar com as últimas 1.000 ações até minha posição ser encerrada. Sempre fico com algumas ações caso o preço continue se movendo a meu favor.

Para uma faixa de preço mais cara (50 a 100 dólares), reduzo o volume total de ações para 400 ações. Raramente negocio ações com preço superior a 100 dólares. As ações mais caras são menos atraentes para os *traders* de varejo e, muitas vezes, são dominadas por computadores e *traders* institucionais.

Conforme explicado anteriormente, alguns *traders* experientes nunca entram em uma transação de uma só vez. Eles escalonam a transação, o que significa que compram em diversos momentos. O tamanho inicial de suas posições pode ser relativamente pequeno, mas os *traders* aumentam sua posição à medida que o preço valide suas ideias. Eles podem começar com cem ações e, em seguida, aumentar sua posição em várias etapas. Por exemplo, para uma negociação de mil ações, eles inserem 500/500 ou 100/200/700 ações. Se feito corretamente, é um excelente método de gestão de risco e de negociação. No entanto, gerenciar a posição, nesse sistema, é extremamente difícil e, claro, requer uma corretora de comissões baixas. Muitos *traders* iniciantes que tentarem fazer isso acabarão praticando *overtrading* e perderão seu dinheiro em comissões, com *slippage*[19] e com a baixa da média das transações perdedoras.

Raramente *reduzo de forma escalonada* uma transação perdedora. Sempre *amplio de forma escalonada*, isto é, adiciono à minha posição vencedora. Lembre-se de que entrar de forma escalonada em uma transação é uma faca de dois gumes, pois os iniciantes podem usá-la incorretamente para diminuir o preço médio de suas posições perdedoras, acabando por aumentar desnecessariamente seu prejuízo. Não recomendo o escalonamento como um método para iniciantes. Embora possam parecer semelhantes, existe uma enorme diferença entre entrar de maneira escalonada em uma transação e baixar o preço médio de uma posição perdedora. Baixar o preço médio de uma posição perdedora talvez seja o erro mais comum que um iniciante comete e isso quase sempre leva ao fim de sua curta carreira de *trader*.

O que significa baixar o preço médio?

---

19. O *slippage* é a diferença entre o preço no momento em que a ordem é dada e o preço no momento em que é executada.

Imagine que você compra mil ações de uma empresa em um importante nível de suporte intradiário de 10 dólares, na expectativa de vendê-las no próximo nível de cerca de 12 dólares. Em vez disso, a ação rompe o nível de suporte e cai para 8 dólares. Você perdeu a transação e sua posição deveria ter sido encerrada por uma ordem *stop loss*. Como sua ideia original de negociação era ir muito acima do nível de suporte, agora não há motivo algum para estar nessa negociação, pois esse nível foi rompido. Contudo, se, em vez de aceitar o prejuízo e seguir em frente, você compra mais mil ações a 8 dólares, agora terá duas mil ações com um custo médio de 9 dólares. É improvável que o preço alcance sua meta de 12 dólares, mas é provável que o preço volte a subir para 9 dólares. Por 9 dólares, você pode vender todas as suas duas mil ações no ponto de equilíbrio e livrar-se dessa negociação perdedora sem prejuízo. Melhor ainda, se o preço chegar a 9,50 dólares, você pode vender suas duas mil ações com um lucro de mil dólares. Parece muito tentador, mas é uma ilusão.

Para um iniciante, baixar o preço médio de uma transação perdedora é uma receita para esvaziar a conta de alguém. Lembre-se de que *baixar o preço médio não funciona para os* day traders. Já tentei fazer isso. E em 85% das vezes você terá lucro quando baixar o preço médio. Contudo, quando estiver errado, em 15% das vezes, sua conta "explodirá". As perdas durante esses 15% das transações superarão muito seus ganhos nos outros 85%. Como Mike Bellafiore, cofundador da SMB Capital (uma firma de *proprietary trading* com sede na cidade de Nova York), escreveu em seu livro *One Good Trade,* "esqueça isso. É um desperdício de sua energia mental". Lembre-se: basta apenas UMA negociação ruim para estourar sua conta e terminar sua carreira de *day trader* para sempre.

Durante 2015, ganhei um bom dinheiro com a alta nas ações de empresas de biotecnologia. Em outubro daquele ano, no entanto, as empresas de biotecnologia começaram uma queda incrivelmente grande. Quando algo está em queda, você não sabe, de fato, se será um mercado baixista gigantesco até olhar os gráficos. E, infelizmente, você não pode ver os gráficos até que seja tarde demais, não até depois de a queda haver terminado. Achei que a queda era uma retração normal. Durante esse tempo, a Direxion Daily S&P Biotech Bull 3x Shares (LABU) também começou a despencar e o preço de suas ações caiu de 148 dólares para menos de 60 dólares. Comprei cem ações por 120 dólares com a esperança de que voltassem aos 148 dólares. Não voltaram. Caíram para menos de 100 dólares. Adicionei mais cem ações. Minha média era agora de 110 dólares. Caíram ainda mais, para 80 dólares. Adicionei mais duzentas. Minha média passou para 95 dólares. Caíram ainda mais, para 60 dólares. Adicionei mais quatrocentas ações (e fiquei quase sem dinheiro). Minha média ficou em 77,50 dólares e eu tinha uma posição enorme de oitocentas ações na LABU. Caíram ainda mais, para 58 dólares. Eu estava comprado, e comprando muito errado. Recebi uma chamada de margem do meu corretor. Não pude adicionar mais dinheiro porque não tinha nenhum. Minha corretora congelou minha conta e vendeu minha posição. Foi a perda mais devastadora da minha carreira de *trader* até aquela data. Dois dias depois, a LABU se recuperou e passou dos 100 dólares.

Pensei comigo: "Se eu tivesse uma conta maior...".

Se você acha que meu prejuízo com a LABU foi devido ao tamanho da minha conta e não ao meu *overtrading* e a minha gestão de risco inapropriada, deixe-me compartilhar a história de um *trader* canadense cuja aposta no mercado futuro de gás natural deu errado.

Brian Hunter era um *trader superstar* com um histórico impressionante na Amaranth Advisors, um gigantesco fundo de *hedge*, com mais de 9 bilhões de dólares em ativos em 2006. Esse *trader* de 32 anos, original de Calgary, Alberta, Canadá, ganhou 2 bilhões de dólares com negócios no setor de gás natural no início de 2006. Naquele verão, porém, o gás natural caiu para menos de 4 dólares em uma derrocada terrível e muito acentuada. Com um montante de 1 bilhão de dólares, o senhor Hunter ignorou o mercado e, por várias vezes, baixou o preço médio de uma posição altista volátil e arriscada em gás natural. A JPMorgan, sua corretora, continuou exigindo mais garantias para sustentar suas enormes posições e, quando as garantias não chegaram, ele foi forçado a liquidar suas posições. A Amaranth Advisors passou de 10 bilhões de dólares em ativos gerenciados para 4,5 bilhões de dólares, contabilizando um prejuízo de 6,6 bilhões de dólares que levou à dissolução total da empresa.

Poucas semanas depois disso, os preços do gás natural se recuperaram e acabaram subindo. "Se ao menos Brian Hunter tivesse uma conta maior..." Aparentemente, uma conta recheada com 10 bilhões de dólares não era grande o suficiente.

O *trader*, em casa, com muito menos dólares, não tem como suportar tais quedas. Brian Hunter acreditava que o preço subiria e não baixaria. Ele estava errado. Não sei bem o motivo, mas *traders* como Brian Hunter, por teimosia, às vezes acham mais importante estar certo do que ganhar dinheiro. Esses são os tipos de *traders* que, convenientemente, esquecem que o mercado pode permanecer irracional por mais tempo do que eles conseguem sobreviver no jogo. Não deixe que seu orgulho o domine. Se tomou uma decisão errada, aceite o prejuízo e saia logo. As previsões e especulações têm seu lugar, mas a movimentação dos preços das ações é o indicador mais importante para *traders* como nós. Se você acredita em uma opinião de negociação irrefutável e a movimentação dos preços não confirma sua ideia, simplesmente não faça a transação. As previsões sem a validação da movimentação dos preços não são aconselháveis se você deseja desfrutar de uma longa carreira como *trader*. Seu trabalho não é prever e antecipar, mas *identificar* tendências e, em seguida, aproveitá-las.

Agora que o alertei sobre o *day trading*, vamos revisar algumas estratégias importantes dessa atividade.

ESTRATÉGIA 1: PADRÃO ABCD

Este é um dos padrões mais básicos e fáceis de negociar, além de uma excelente escolha para *traders* iniciantes e intermediários. Embora seja simples e conhecido há muito tempo, ainda funciona de forma eficaz porque muitos *traders* continuam negociando com ele. Faça o que todos os outros *traders* estão fazendo — a tendência é sua amiga. Uma tendência, aliás, pode muito bem ser sua única amiga no mercado.

Vamos dar uma olhada nesse padrão na Figura 7.1:

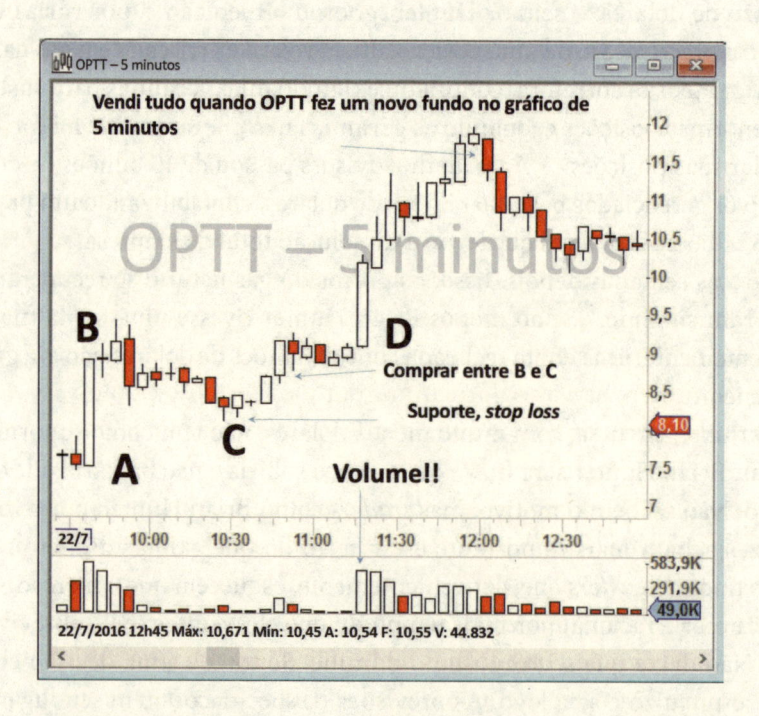

Figura 7.1 — Exemplo de um padrão ABCD.

Os padrões ABCD começam com um forte movimento ascendente. Os compradores estão comprando agressivamente uma ação do ponto A e constantemente causando novos topos do dia (ponto B). Entre na negociação, mas não corra atrás dela, pois no ponto B o mercado já está bastante estendido e atingiu um preço alto. Além disso, você não consegue dizer onde deveria estar seu *stop loss*. Nunca entre em uma operação sem saber onde está seu *stop loss*.

No ponto B, os *traders* que compraram as ações mais cedo começam a vendê-las lentamente para realizar seu lucro, e o preço cai. Ainda assim, você não deve começar a negociar porque não sabe onde estará o fundo desse recuo. No entanto, se você observar que o preço não desce abaixo de um determinado nível, como o ponto C, isso significa que a ação encontrou um suporte potencial. Portanto, você pode planejar sua transação e configurar *stops* e um ponto de realização de lucro.

A captura de tela marcada como Figura 7.1 é da Ocean Power Technologies, Inc. (OPTT) em 22 de julho de 2016, quando a empresa anunciou uma oferta pública de ações e *warrants* (ferramenta usada para comprar ações no futuro a um preço fixo) que deveria gerar uma receita bruta de cerca de 4 milhões de dólares. (Aí está um catalisador fundamental! Você lembra do capítulo 2?)

A ação subiu de 7,70 dólares (A) para 9,40 dólares (B) por volta das 9h40. Eu, junto com muitos outros *traders* que haviam perdido o primeiro impulso da alta, esperei pelo ponto B e, em seguida, uma confirmação de que a ação não iria baixar de determinado preço (ponto C). Quando vi que o ponto C estava agindo como um suporte e os compradores não deixariam o preço das ações cair abaixo de 8,10 dólares (C), comprei mil ações da OPTT perto de C, com meu *stop loss* sendo uma quebra abaixo do ponto C. Sabia que, quando o preço subisse, mais perto de B, os compradores entrariam em massa. Como mencionei antes, o padrão ABCD é uma estratégia clássica e muitos *traders* de varejo procuram por ele. Perto do ponto D, o volume disparou repentinamente, o que significava que ainda mais *traders* estavam entrando na negociação.

Minha meta de lucro era quando a ação atingisse um novo ponto mínimo em um gráfico de cinco minutos, o que era um sinal de fraqueza. Como pode ser visto na Figura 7.1, a OPTT teve uma subida boa até cerca de 12 dólares; depois mostrou fraqueza ao fazer um novo mínimo em um gráfico de cinco minutos em cerca de 11,60 dólares. Foi então que vendi toda a minha posição.

A Figura 7.2 é outro exemplo, desta vez para a SPU em 29 de agosto de 2016. Na verdade, existem dois padrões ABCD nesse exemplo. Marquei o segundo como *padrão abcd*. Normalmente, à medida que o pregão avança, os volumes tornam-se mais baixos e, portanto, o segundo padrão é menor em tamanho. Observe que você sempre terá volumes altos nos pontos B e D (e, neste caso, também nos pontos b e d).

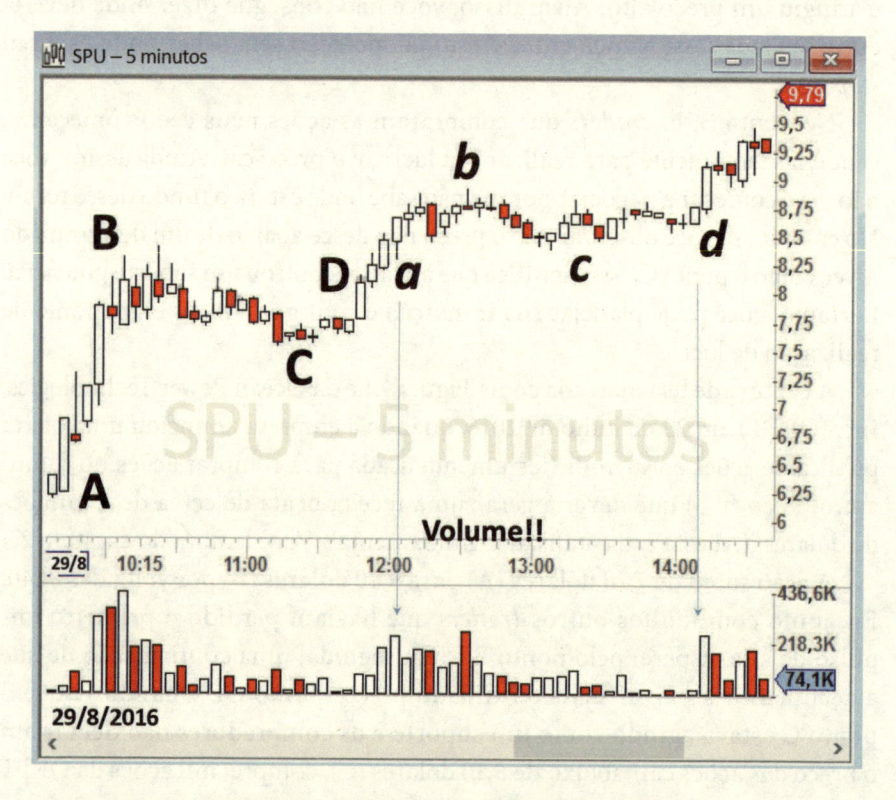

Figura 7.2 — Exemplo de padrões ABCD e abcd.

Para esta edição de meu livro, quis me assegurar de que o padrão ABCD ainda era uma estratégia válida. Como parte de minhas investigações, pedi a um dos *traders* mais experientes de nossa comunidade, Aiman, que me fornecesse gráficos de algumas de suas negociações recentes. Aiman é estudante de medicina na Rússia e negocia no mercado americano à noite, conhecido por ser um gênio na estratégia de padrões ABCD! Ele me forneceu dois exemplos, conforme mostrados nas Figuras 7.3 e 7.4.

A Figura 7.3 mostra Aiman negociando a PG&E Corporation (PCG) em 8 de abril de 2020, conforme marcado em seu gráfico de um minuto. Não marquei os pontos ABCD nesse gráfico, mas, se você quiser testar seus conhecimentos,

envie sua resposta para mim em andrew@bearbulltraders.com ou para o próprio Aiman em aiman@bearbulltraders.com. Inclua o seu:
- preço e tempo de entrada; e
- preço de *stop loss*.

Informaremos se a sua resposta está correta ou não!

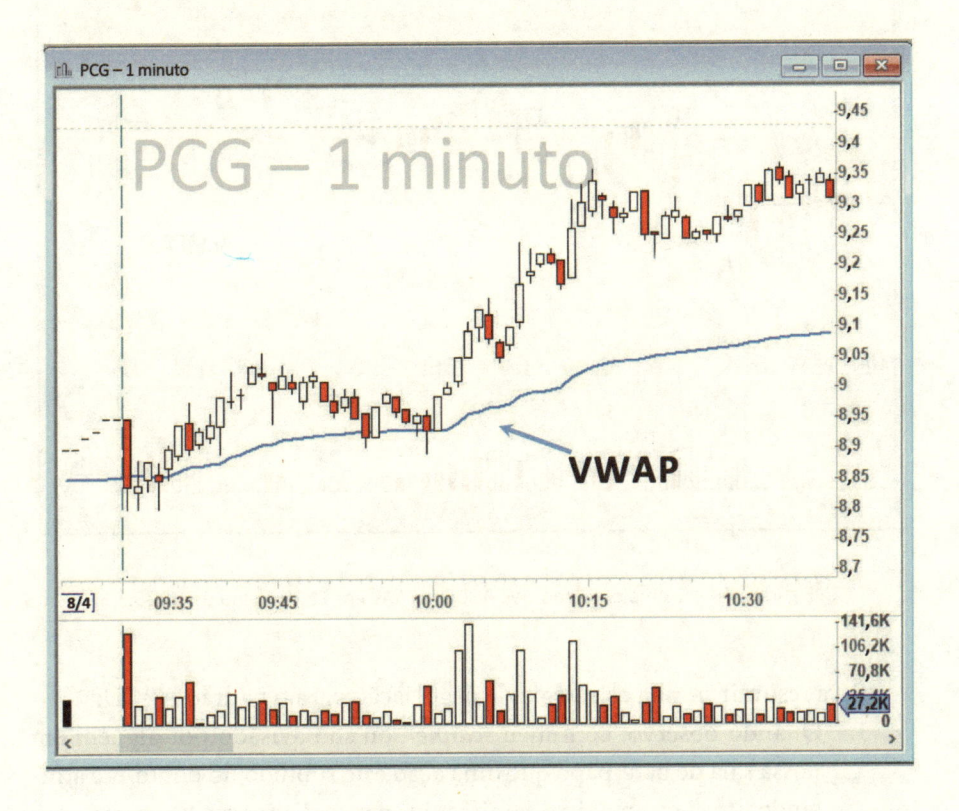

Figura 7.3 — Exemplo de uma transação padrão ABCD com a PCG em 8 de abril de 2020.

Outro exemplo é um negócio que Aiman fez com a American Airlines Group, Inc. (AAL) em 15 de junho de 2020. O setor de linhas aéreas e de cruzeiros andou muito volátil durante os primeiros meses da pandemia de Covid-19, pois o futuro do setor de viagens era bastante incerto. A AAL era uma de nossas ações favoritas para negociar. A Figura 7.4 é o gráfico de cinco minutos da AAL, e você verá que marquei três padrões ABCD nele para revisão. Curiosamente, o ponto C coincidiu com o VWAP, que atuou como um suporte forte durante as negociações de Aiman.

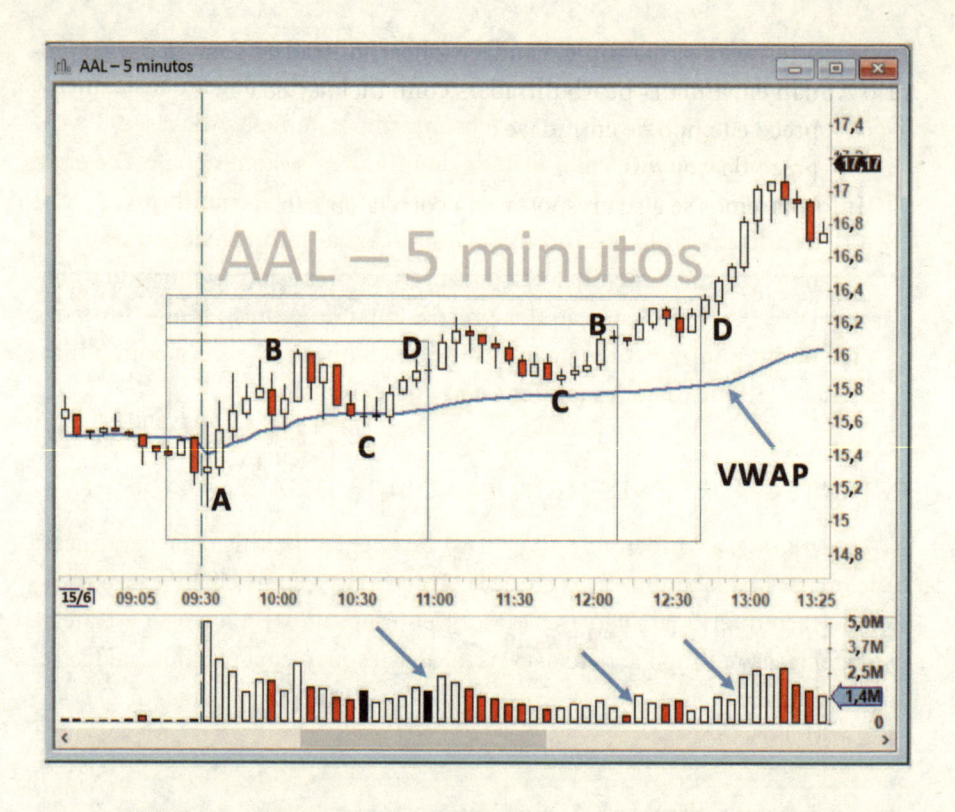

Figura 7.4 — Exemplo de padrões ABCD na AAL em 15 de junho de 2020.

Para resumir minha estratégia de negociação para o padrão ABCD:
1. Quando observo, com meu *scanner*, ou sou avisado por alguém em nossa sala de bate-papo que uma ação está subindo do ponto A e atingindo uma nova máxima significativa para o dia (ponto B), espero para ver se o preço atinge um suporte mais alto do que o ponto A. Chamo esse ponto de C. Não entro no mercado imediatamente.
2. Observo a ação durante seu período de consolidação (explicarei esse termo na próxima estratégia). Escolho o tamanho da minha posição e as estratégias de *stop loss* e de saída.
3. Quando vejo que o preço está mantendo o suporte no nível C, entro na negociação perto do preço do ponto C, na expectativa de avançar para o ponto D ou ainda mais alto.
4. Meu *stop loss* é a perda do ponto C. Se o preço cair abaixo do ponto C, vendo e aceito o prejuízo. Portanto, é importante comprar a ação próximo ao ponto C para minimizar qualquer prejuízo. Alguns *traders*

esperam e compram apenas no ponto D, para garantir que o padrão ABCD esteja realmente funcionando. Essa abordagem basicamente reduz sua recompensa e, ao mesmo tempo, aumenta seu risco.
5. Se o preço subir, vendo metade da minha posição no ponto D e elevo meu *stop loss* até meu ponto de entrada (ponto de equilíbrio).
6. Vendo a posição restante assim que alcançar minha meta ou sinto que o preço está perdendo força ou os vendedores estão adquirindo o controle da movimentação dos preços. Quando o preço atinge um novo ponto mínimo em meu gráfico de cinco minutos, eis um bom indicador de que os compradores estão quase exaustos.

ESTRATÉGIA 2: TENDÊNCIA BANDEIRA DE ALTA

No *day trading*, a bandeira de alta é uma estratégia dinâmica que geralmente funciona de forma muito eficaz em ações com baixo volume em livre circulação e com preço inferior a 10 dólares (descrito no capítulo 4). Com essa estratégia de negociação, é difícil gerenciar o risco, e ela requer uma plataforma de execução rápida.

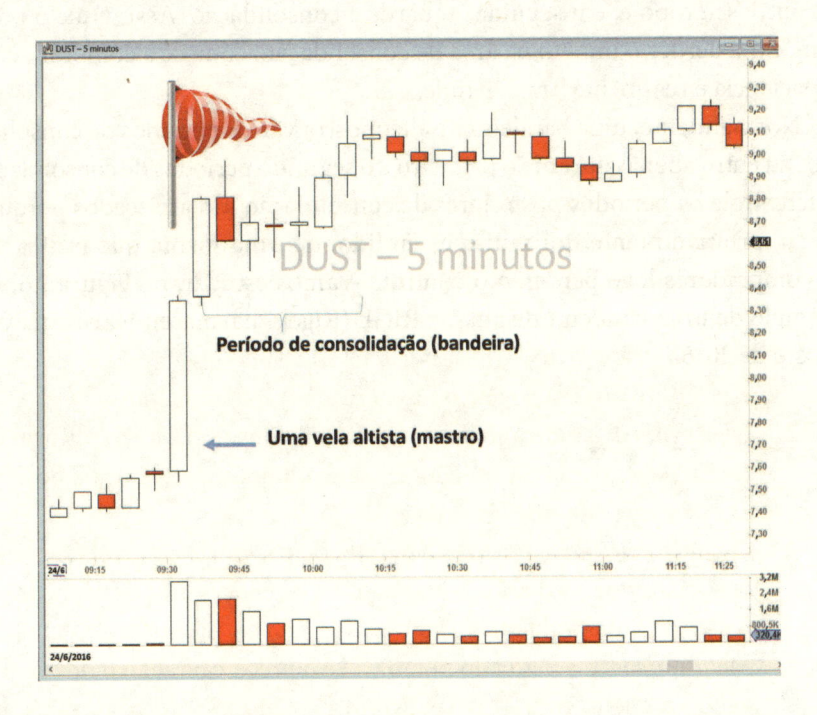

Figura 7.5 — Exemplo de formação de uma bandeira de alta com um período de consolidação.

Esse padrão é denominado "bandeira de alta" porque se assemelha a uma bandeira em um mastro. Na bandeira de alta, você tem várias velas grandes que sobem (como um mastro) e também uma série de velas pequenas que se movem para os lados (como uma bandeira) — ou, como os *day traders* costumam dizer, "se consolidam". A consolidação significa que os *traders* que compraram ações a um preço mais baixo agora estão vendendo e realizando seus lucros. Embora isso esteja acontecendo, o preço não diminui drasticamente porque os compradores ainda estão fazendo transações e os vendedores ainda não tomaram o controle do preço. Muitos *traders* que deixaram de comprar ações antes do início da bandeira de alta agora estarão em busca de uma oportunidade para operar. Os *traders* espertos sabem que é arriscado comprar uma ação quando seu preço está aumentando significativamente. Isso é chamado de "correr atrás da ação" (*chasing the stock*). Os *traders* profissionais visam entrar em transações durante os tempos mais tranquilos e realizar seus lucros durante os tempos mais voláteis. Isso é o oposto da maneira como os amadores negociam. Eles entram ou saem quando as ações começam a cair, mas ficam entediados e perdem o interesse quando os preços estão, digamos, "apáticos".

Correr atrás de ações pode ser fatal para os iniciantes. Espere até que a ação encontre seu topo e, em seguida, aguarde a consolidação. Assim que o preço começar a perder o ímpeto na área de consolidação, comece a comprar ações. A paciência é realmente uma virtude.

Normalmente, uma bandeira de alta mostra vários períodos de consolidação. Eu entro apenas durante o primeiro e o segundo períodos de consolidação. O terceiro e os períodos posteriores de consolidação são arriscados porque o preço, provavelmente, foi muito estendido, de uma forma que indica que os compradores logo perderão o controle. Vamos estudar, na Figura 7.6, um exemplo de uma bandeira de alta na RIGL (Rigel Pharmaceuticals) em 30 de agosto de 2016.

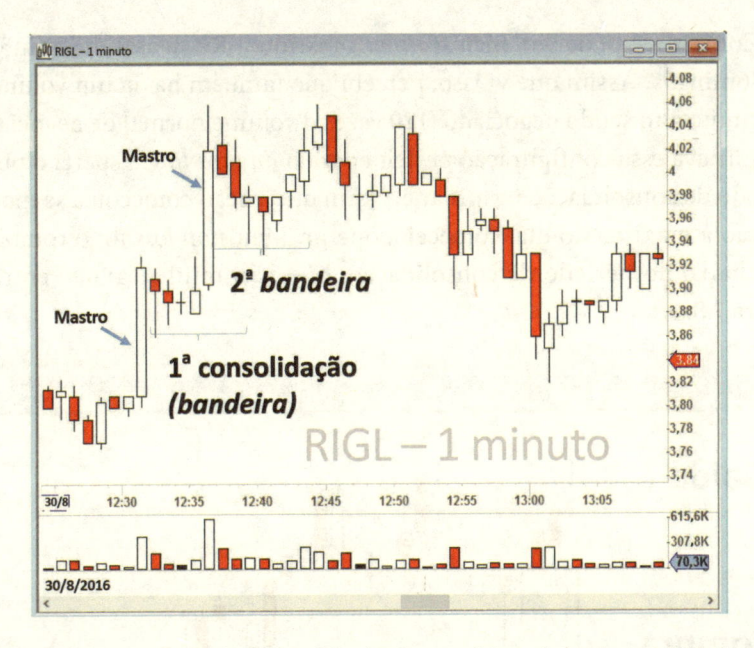

Figura 7.6 — Exemplo de formação de bandeira de alta com dois períodos de consolidação na RIGL.

Esse é um exemplo com dois padrões bandeira de alta. Em geral, é difícil tirar proveito da primeira bandeira de alta e, provavelmente, você vai deixá-la passar despercebida, mas seu *scanner* deve alertá-lo para que esteja pronto para a próxima bandeira de alta. A Figura 7.7 é um exemplo do meu *scanner* nesse período de tempo.

Figura 7.7 — Exemplo de meu *scanner* intradiário de estratégia tendência bandeira de alta.

Como você pode ver, meu *scanner* mostrou a RIGL às 12h31min52s e às 12h36min15s. Assim que vi isso, percebi que também havia um volume relativo muito alto sendo negociado (120 vezes o volume normal de negociação), o que tornava essa configuração perfeita para o *day trading*. Esperei o primeiro período de consolidação terminar e, assim que a ação começou a se mover em direção à máxima do dia, comecei a operar. Meu *stop loss* foi o rompimento para baixo do período de consolidação. Marquei minha saída e entrada na Figura 7.8.

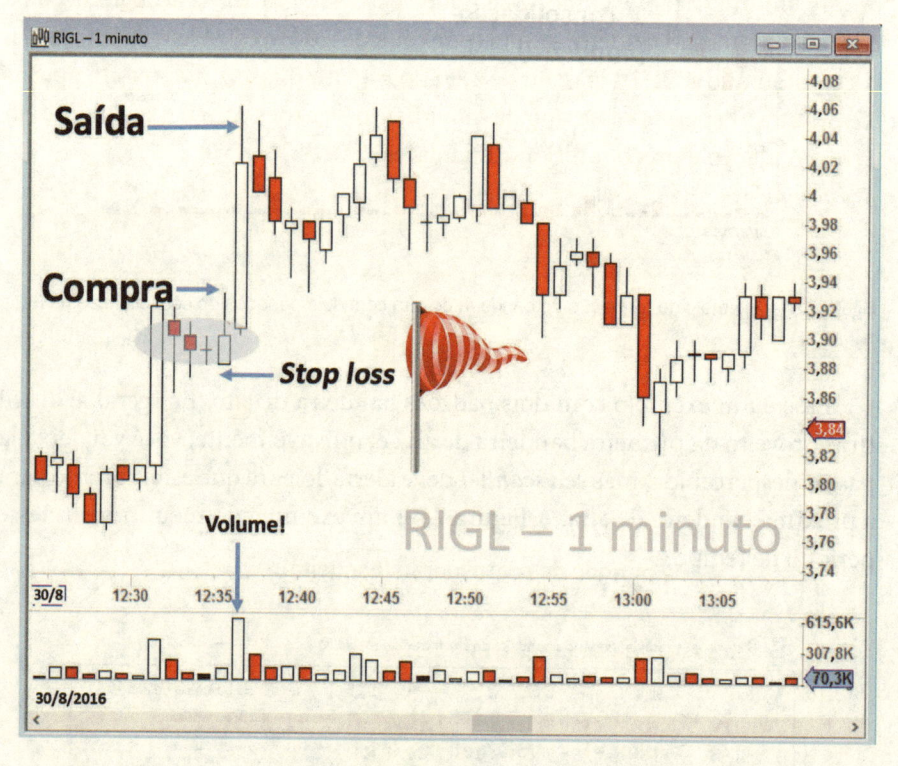

Figura 7.8 — Entrada, *stop loss* e saída de uma estratégia bandeira de alta na RIGL.

Observe o padrão bandeira de alta em qualquer período de tempo breve: gráficos de um minuto, dois minutos e cinco minutos. Agora vamos dar uma olhada na Figura 7.9, um gráfico de dois minutos para a OPTT em 1º de junho de 2016. Veja que a ação teve uma poderosa bandeira de alta logo na abertura, seguida por um período de consolidação. Assim que o primeiro período de consolidação foi concluído, outra pequena bandeira de alta foi formada. O volume de ações negociadas é significativamente maior após a consolidação, confirmando que esse é o momento apropriado para comprar.

Você também pode identificar outra bandeira de alta no gráfico de dois minutos da OPTT, seguida por outro período de consolidação. Conforme mostrado na Figura 7.9 a seguir, após o segundo período de consolidação, o volume de ações negociadas foi significativamente maior, confirmando que esse é outro momento apropriado para comprar. Não negocio mais do que duas bandeiras de alta em uma ação e, como você pode ver, nesse gráfico, a ação começou a cair após a terceira bandeira de alta (por volta de 7 dólares). Além da estratégia, você notou que a OPTT passou de 1,50 dólar para quase 7 dólares em apenas 35 minutos? Espera-se esse tipo de movimento de ações com baixo volume em livre circulação e preço inferior a 10 dólares.

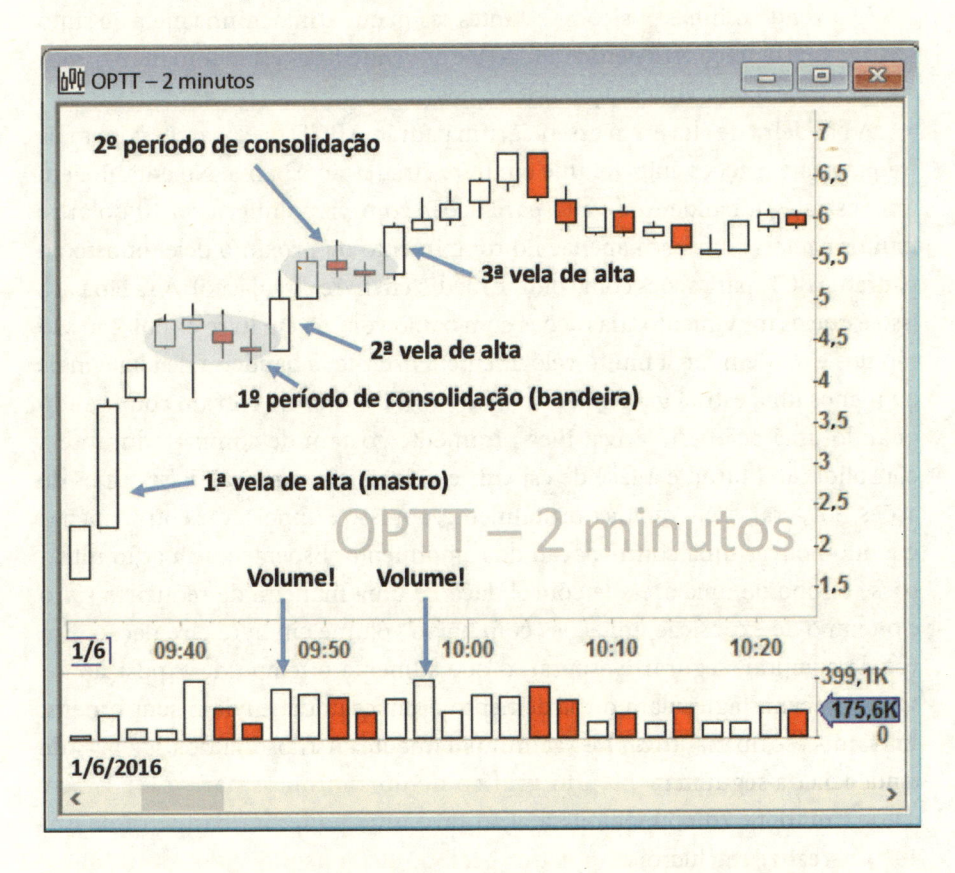

Figura 7.9 — Captura de tela mostrando três períodos de consolidação na OPTT. Observe que o volume aumenta após cada período de consolidação.

Eis um resumo da minha estratégia de negociação a seguir.
1. Quando vejo uma ação subindo (no meu *scanner* ou quando avisado por alguém em nossa sala de bate-papo), espero, com paciência, até o período de consolidação. Não começo a operar de imediato (você deve se lembrar que isso é o ato perigoso de "correr atrás da ação").
2. Observo a ação durante o período de consolidação. Escolho o tamanho da minha posição e as estratégias de *stop loss* e de saída.
3. Assim que os preços estiverem se movendo acima do topo das velas de consolidação, começo a operar. Meu *stop loss* é o ponto de rompimento abaixo dos períodos de consolidação.
4. Vendo metade da minha posição e realizo algum lucro durante a subida. Transfiro meu *stop loss* do fundo da consolidação para o meu preço de entrada (ponto de equilíbrio).
5. Vendo minhas posições restantes assim que atinjo minha meta ou sinto que o preço está perdendo força e os vendedores estão tomando o controle da movimentação dos preços.

A bandeira de alta é, em essência, um padrão ABCD que aparece com mais frequência em ações cujo volume em livre circulação é baixo. No entanto, em uma estratégia bandeira de alta para ações com preço inferior a 10 dólares, muitos *traders* compram apenas no rompimento ou próximo dele (oposto ao padrão ABCD para ações com volume médio em livre circulação). A razão para isso é que os movimentos das ações com baixo volume em livre circulação são rápidos e perdem força muito velozmente. Portanto, a bandeira de alta é mais ou menos uma estratégia tendência e *scalping*. Os *scalpers* entram comprando quando uma ação está ativa. Eles raramente gostam de comprar durante a consolidação (durante a fase de esperar e manter em carteira). Esses tipos de ações, em geral, caem rápida e brutalmente, por isso é importante entrar apenas quando houver uma confirmação de rompimento. Esperar que a ação ultrapasse o topo de uma área de consolidação é uma maneira de reduzir o risco e o tempo de exposição em ações com baixo volume em livre circulação. Em vez de comprar, segurar e esperar, o que aumenta o tempo de exposição, os *scalpers* apenas aguardam o rompimento e, em seguida, enviam suas ordens. Entram, "escalpam" (*scalp*) e saem rapidamente. A filosofia dos *scalpers* de tendência é a seguinte:
- entre no rompimento;
- realize seu lucro; e
- saia do caminho.

O padrão bandeira de alta é encontrado dentro da tendência altista de uma ação. A bandeira de alta é uma estratégia de comprador. Você não deve vender uma bandeira de alta a descoberto. Não negocio muito com base em estratégias de tendência. É uma estratégia arriscada, e os iniciantes devem ter muito cuidado ao usá-la. Se decidir fazer isso, negocie apenas lotes pequenos e somente após adquirir prática suficiente em simuladores. Você também precisará de um sistema de execução super-rápido para operar como *scalper*.

ESTRATÉGIAS 3 E 4: NEGOCIAÇÃO DE REVERSÃO

As reversões no topo e no fundo são duas outras estratégias de negociação que os *day traders* adoram usar porque têm pontos de entrada e saída muito bem definidos. Nesta seção, vou explicar como encontrar configurações de reversão usando *scanners*, como usar velas de indecisão ou *dojis* para entrar no mercado, como entender onde definir seus *stop losses* e suas metas de lucro e como estabelecer *stop losses* próximos ao mercado para proteger os ganhos de suas transações vencedoras.

Os membros do nosso chat já me ouviram dizer, repetidamente, que tudo que sobe acaba descendo. *Não corra atrás da transação se ela for muito demorada.* O inverso também é verdadeiro. O que cai definitivamente subirá, até certo ponto. Quando uma ação começa a cair significativamente, existem duas razões por trás disso.

1. Os *traders* institucionais e os fundos de *hedge* começaram a vender uma posição grande ao público, e o preço das ações está despencando.
2. Os *traders* começaram a vender uma ação a descoberto por causa de algumas más notícias fundamentais, mas terão que cobrir suas posições vendidas mais cedo ou mais tarde. É aí que você espera por um ponto de entrada. Quando os vendidos a descoberto estão tentando cobrir suas vendas, a ação reverterá rapidamente. Isso é chamado de *short squeeze*. Você deve participar disso.

Vou ilustrar essa estratégia com alguns exemplos para que você possa ver exatamente o que procurar. A Figura 7.10 é um exemplo de como se encontra uma ação que foi muito vendida após a abertura do mercado. Movimentos como esse são extremamente difíceis de aproveitar do lado do vendedor, porque, quando você encontra a ação, já é tarde demais para vender a descoberto. Mas, por favor, lembre-se do mantra: *tudo que sobe definitivamente desce*. Portanto, aguardar uma oportunidade de reversão não é uma alternativa.

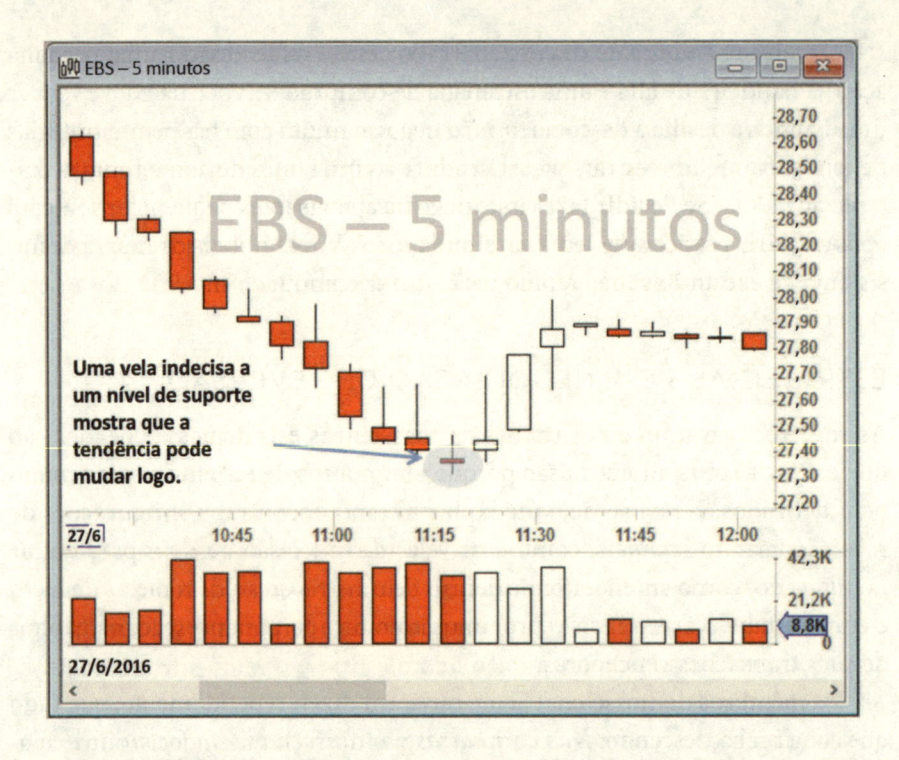

Figura 7.10 — Exemplo de estratégia de reversão na Emergent BioSolutions, Inc. (EBS).

Cada estratégia de reversão possui quatro elementos importantes, como veremos a seguir.
1. Pelo menos cinco velas em um gráfico de cinco minutos movendo-se para cima ou para baixo.
2. A ação terá um índice de força relativa (IFR) de cinco minutos extremo. Um IFR superior a 90 ou inferior a 10 despertará meu interesse. O IFR, desenvolvido inicialmente pelo famoso analista técnico Welles Wilder Jr., é um indicador que compara a magnitude dos ganhos e das perdas recentes no preço, ao longo de um período de tempo, para medir a velocidade e o grau de mudança da movimentação dos preços. Os valores do IFR variam de 0 a 100. Os *traders* que usam estratégias de reversão usam os valores do IFR para identificar condições sobrecompradas ou sobrevendidas e para encontrar sinais de compra ou venda. Por exemplo, as pontuações de IFR superiores a 90 indicam condições sobrecompradas e as inferiores a 10 indicam condições sobrevendidas. Sua plataforma de negociação ou programa de *scanner* calcula o IFR

automaticamente para você. Se você estiver interessado, uma pesquisa *on-line* lhe dará mais informações sobre o IFR.

Esses dois elementos demonstram que uma ação está realmente prestes a mudar de rumo, e você deve prestar muita atenção ao seu *scanner* para acompanhar todos esses dados. Eu configurei meu *scanner* para destacar IFRs inferiores a 20 e superiores a 80 para que eu possa reconhecê-los rapidamente. Você deve, simultaneamente, procurar um determinado nível de IFR e certo número de velas consecutivas.

1. A ação está sendo negociada em um importante nível de suporte ou resistência intradiário ou perto dele. Para obter detalhes sobre como identificar níveis de suporte ou resistência, leia meu comentário a seguir sobre a negociação de suporte ou resistência. Só entro em transações de reversão quando o preço está perto de um nível de suporte significativo (no caso de uma reversão de fundo) ou de um nível de resistência significativo (no caso de uma reversão de topo).
2. Quando a tendência está chegando ao fim, geralmente se formam velas de indecisão, como um pião ou *doji*. Esse é o momento em que você precisa estar pronto.

Nas transações de reversão, procure uma das velas de indecisão que analisamos no capítulo 6. São uma indicação de que a tendência pode mudar em breve. Um *doji* é uma vela que tem uma sombra mais longa que o corpo. Você pode ver uma imagem de um *doji* de baixa na Figura 7.11. Ele tem aquela longa sombra superior, que alguns chamam de "pavio superior" e outros chamam de "estrela cadente". Essa vela lhe diz quatro coisas: 1) o preço de abertura; 2) o preço de fechamento; 3) o preço máximo desse período; e 4) o preço mínimo desse período. Então, quando há uma vela com sombra superior, você sabe que, em algum momento, durante o período daquela vela, o preço subiu, não conseguiu se manter nesse nível e então cedeu. A vela retrata um pouco de uma batalha, em andamento, entre compradores e vendedores, na qual os compradores perderam o impulso ascendente. É uma boa indicação de que os vendedores podem, em breve, tomar o controle do preço e empurrá-lo para baixo.

Isso também vale para o caso de um *doji* de alta. Você pode ver uma imagem de um *doji* de alta na Figura 7.12. Ele tem aquela longa sombra inferior, que alguns chamam de "pavio inferior" e outros chamam de "martelo". Quando há uma vela de martelo com uma sombra inferior, você sabe que, em algum momento durante o período daquela vela, o preço caiu, não conseguiu se manter nesses níveis baixos e depois subiu. Isso indica uma batalha entre compradores e vendedores, na qual os vendedores não conseguiram empurrar o preço para baixo. É uma boa indicação de que os compradores podem agora tomar o controle do preço e empurrá-lo para cima.

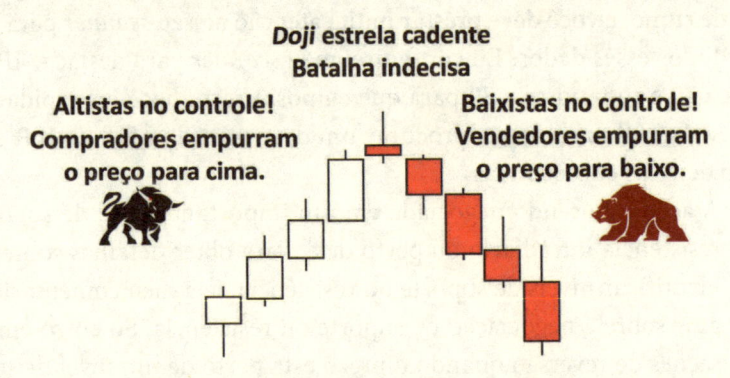

Figura 7.11 — Estratégia de reversão de topo com uma vela de indecisão estrela cadente formada como um sinal de entrada.

Nas transações de reversão, você procura por velas *doji* ou de indecisão. São uma indicação de que a tendência pode mudar em breve. Nas estratégias de reversão, você está procurando uma confirmação clara de que o padrão está começando a se reverter. O que você definitivamente não quer é ficar do lado errado de uma operação de reversão ou, como o chamamos, "segurar a faca que cai" (*catching a falling knife*). Isso significa que, quando uma ação está caindo depressa (a faca que cai — *the falling knife*), você não deve comprar com base na suposição de que ela deva dar um repique. Se as ações estão caindo, você deve aguardar a confirmação da reversão. Isso, em geral, será: 1) a formação de um *doji* ou vela de indecisão; e 2) a primeira vela, de um ou cinco minutos, a atingir um novo topo perto de um nível de suporte intradiário importante. Esse é o meu ponto de entrada. Eu defino meu *stop loss* no ponto mais baixo da vela anterior ou no rompimento do nível de suporte.

Nas transações de reversão, é melhor que o IFR esteja em um ponto extremo (superior a 90, inferior a 10). Depois de encontrar essas condições, você deve procurar um ponto de entrada real perto de um suporte intradiário forte (no caso de uma reversão de fundo) ou nível de resistência (no caso de uma reversão de topo). Conforme mencionado, para meus propósitos, um ponto de entrada será a primeira vela de um ou cinco minutos a atingir um novo topo (no caso de uma reversão de topo) ou a atingir um novo fundo (no caso de uma reversão de fundo), e somente quando o preço estiver sendo negociado perto de um importante nível de suporte ou de resistência intradiário.

Baixistas no controle!
Vendedores empurram o preço para baixo.

Altistas no controle!
Compradores empurram o preço para cima.

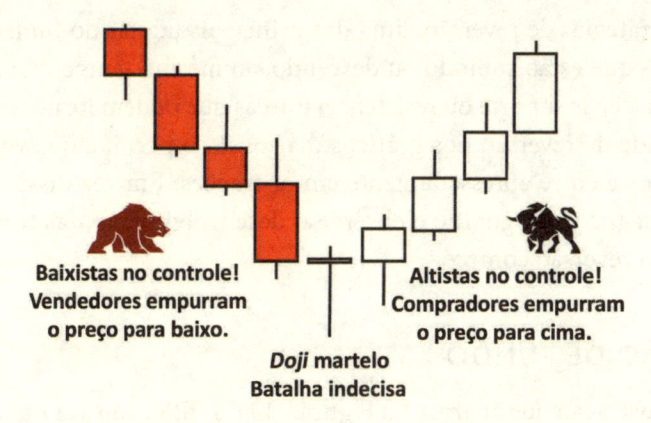

Doji martelo
Batalha indecisa

Figura 7.12 — Estratégia de reversão de fundo com uma vela de martelo de indecisão formada como um sinal de entrada.

Em uma reversão de fundo, após a ocorrência de uma longa série de velas consecutivas fazendo novos pontos mínimos (fundos), a primeira vela a estabelecer um novo ponto máximo (topo), perto de um nível de suporte importante, é muito significativa. Esse é o meu ponto de entrada. Algumas vezes, uso o gráfico de um minuto, mas normalmente espero pelo de cinco minutos porque é uma confirmação muito mais forte. O gráfico de cinco minutos é mais limpo. A primeira vela de cinco minutos a atingir um novo topo perto de um nível de suporte intradiário é o ponto em que entro na reversão, com um *stop loss* ao preço mínimo do dia.

Uma vez que você está envolvido em uma dessas transações, seus indicadores de saída são bastante simples. Eu realizo o lucro quando o preço atinge uma média móvel (seja MME 9, MME 20 ou VWAP) ou alcança algum outro nível intradiário importante.

Em uma reversão de fundo, se a ação dá uma subida e, em seguida, de repente cai, encerro a posição por meio do *stop loss*. Se eu entrar comprando ações na esperança de que o preço vai subir e, em vez disso, o preço acaba andando de lado, é um sinal de que, provavelmente, verei uma consolidação em preparação para outro movimento de queda, um indicativo de que é provável que o preço continue a cair. Se entro e seguro por alguns minutos, e o preço permanece estável, eu saio — não importa o que aconteça depois disso. Posso estar errado, mas não gosto de incertezas com meu dinheiro. Preciso estar na configuração certa e, se ainda não estiver pronta, caio fora. Se entrar na zona do lucro, posso começar a ajustar meu *stop loss*, primeiro para o ponto de equilíbrio e, em seguida, para o fundo da vela dos últimos cinco minutos. Continuarei ajustando meu *stop loss* à medida que o preço sobe.

Nas estratégias de reversão, uma das principais tarefas do *trader* é observar as ações que estão subindo ou descendo, ao mesmo tempo que identifica possíveis níveis de suporte ou resistência e áreas que podem fornecer uma boa oportunidade de reversão nos gráficos diários. Isso permite que você resista aos impulsos e entre apressadamente em operações. Em vez disso, espere as áreas de estagnação. Aguarde e observe o desenvolvimento das transações e espere que a reversão comece.

REVERSÃO DE FUNDO

Esta bela ilustração que aparece na Figura 7.13 é a EBS e mostra uma reversão perfeita que descobri usando meus *scanners* de ações. Uma vela de indecisão no fundo de uma tendência de baixa significa uma reversão potencial e, como você pode ver, logo depois disso vem um grande repique. Entrei nessa transação logo depois de ver um *doji* de indecisão e mantive meu *stop loss* no ponto mínimo daquela vela de indecisão. Quando a EBS atingiu meu *scanner*, mudei rapidamente meu gráfico para um diário e encontrei níveis importantes de suporte e resistência nas proximidades de 27,36 e 28 dólares. Conforme mencionado anteriormente, para aprender como encontrar níveis de suporte e resistência, leia sobre esse assunto mais adiante neste capítulo.

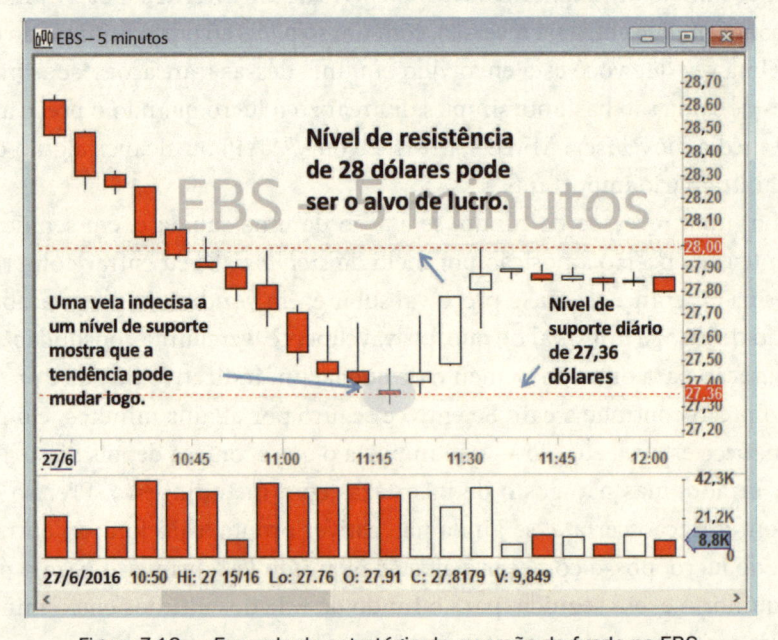

Figura 7.13 — Exemplo de estratégia de reversão de fundo na EBS.

A vantagem mais significativa das estratégias de reversão é que elas dão conta do desafio de prever quando as ações farão grandes movimentos. É provável que você perca o momento em que a ação começa a ser vendida e não tenha tempo de fazer uma venda a descoberto para auferir um lucro, mas sempre pode se preparar para a transação de reversão.

Outro exemplo de estratégia de reversão de fundo está na Figura 7.14, que se segue:

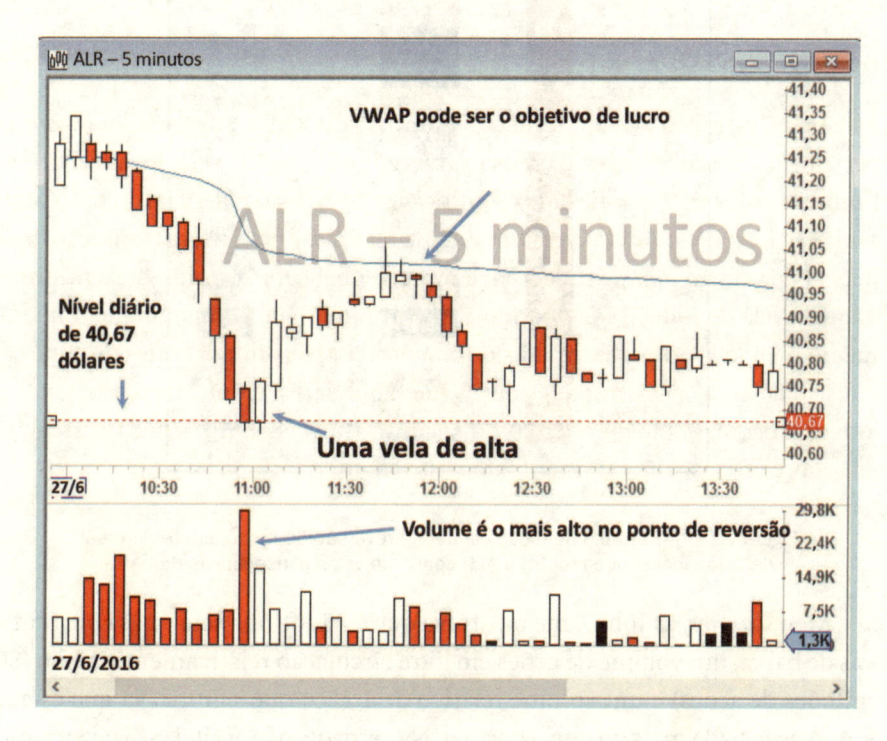

Figura 7.14 — Exemplo de estratégia de reversão de fundo na Alere, Inc. (ALR).

Encontrei a ALR em 27 de junho de 2016 às 10h57 usando meu *scanner* de reversão de fundo em tempo real da *Trade Ideas*. Veja a imagem na Figura 7.15.

Sigla	Hora	Velas consecutivas	Preço $	Volume em circulação (ação)	ATR	Volume 10 minutos	Volume relativo
GWRE	10:57	-6	57,49	72,45M	1,50	48,7	2,35
PHG	10:57	-8	23,04	912,49M	0,66	163,9	3,18
BXP	10:57	-10	125,53	152,55M	1,91	82,6	1,68
ALR	10:57	-7	40,70	82,21M	0,77	142,9	1,21
BOFI	10:57	-7	15,51	57,57M	0,65	105,6	1,63
IMAX	10:57	-6	27,62	58,75M	0,90	77,6	1,02
DIS	10:57	-6	94,19	1,49B	1,41	141,8	1,45
COP	10:57	-10	41,29	1,24B	1,47	84,4	1,65
YELP	10:57	-9	26,57	54,92M	1,09	138,0	1,61
P	10:57	-4	11,25	188,46M	0,48	245,0	1,23
UHS	10:57	-11	129,57	87,99M	2,75	99,0	1,29
AYI	10:57	-8	234,47	43,02M	5,03	172,2	1,73
RNG	10:57	-6	19,04	56,45M	0,60	60,7	1,98
YNDX	10:57	-10	19,78	264,00M	0,81	496,1	2,02
CAB	10:57	-6	46,42	45,13M	0,99	112,5	1,46
ETN	10:57	-8	54,36	456,47M	1,33	485,9	5,74
FSIC	10:57	-5	8,55		0,17	89,7	0,83
EZPW	10:56	-5	6,77	45,20M	0,34	106,3	1,50
ZOES	10:56	-6	34,60	17,22M	1,18	733,1	2,85

Figura 7.15 — Exemplo do meu *scanner* de reversão de fundo, em tempo real, da *Trade Ideas*, que mostra a ALR com sete velas consecutivas de baixa.

Meu *scanner*, às 10h57, me mostrava que a ALR tinha sete velas consecutivas de baixa, um volume de ações em livre circulação relativamente médio (80 milhões de ações) e um volume relativo de 1,21, o que significava que estava sendo negociada mais do que o normal. Na verdade, não aceitei essa negociação porque perdi meu ponto de entrada, mas queria mostrar como são as estratégias de negociação usuais para as reversões de fundo. Se você olhar novamente a Figura 7.14, a captura de tela do gráfico de cinco minutos da ALR, verá um nível significativo de suporte intradiário a 40,67 dólares. Nesse nível, o preço se inverteu com um volume de transações maior do que o normal. Observe que nenhuma vela de indecisão se formou durante essa reversão. Em vez disso, a reversão foi indicada por uma forte vela de alta (Figura 7.14). Às vezes, uma reversão acontece tão rápido que as velas de indecisão não conseguem se formar. Portanto, é importante observar a movimentação dos preços perto de níveis intradiários significativos e, claro, confirmar a reversão com uma indicação de volume de transações superior ao normal.

Ao analisar as reversões, você deve garantir que opera apenas nos pontos extremos. O exemplo que você acabou de ver foi de uma ação que fez um movimento extremo para o lado negativo antes que o movimento fosse revertido. Uma ação que caiu lentamente ao longo do dia, em geral, não é apropriada para uma reversão. Essa ação pode ser uma boa candidata para uma operação de tendência de média móvel (explicada nas páginas a seguir). Encontre ações que realmente caíram muito ou, para as vendas a descoberto, de fato, subiram muito, em um curto intervalo de tempo e com um volume alto no ponto de reversão. Procure essa grande faixa de variação, ou seja, um volume considerável no ponto de reversão (como a reversão de fundo da ALR, no exemplo do meu *scanner*, identificada na Figura 7.15). Depois de fazer essa descoberta, você deve procurar alguns indicadores-chave que irão sugerir que o preço pode estar prestes a mudar de direção, e é então que você assume a posição. Já disse muitas vezes: tudo que sobe acaba descendo. Muitas vezes, essas ações perdem os ganhos de preço de dias, semanas ou anos em uma questão de minutos. É muito importante ser capaz de agir no momento certo durante a reversão.

Repito, a chave para o seu sucesso com as reversões de fundo e de topo é negociar os pontos extremos em um nível de suporte ou resistência diário significativo, ou próximo a ele. Como faço para quantificar esses extremos?

1. Um IFR extremo, superior a 90 ou inferior a 10, despertará meu interesse.
2. Um volume muito alto de ações negociadas. O volume geralmente está aumentando com a direção da movimentação dos preços e atinge seu topo no ponto de reversão.
3. E, finalmente, mais de cinco velas consecutivas terminando com uma vela de indecisão ou um *doji* definitivamente chamarão minha atenção. Essas velas, em geral, demonstram que algum tipo de batalha ocorreu entre vendedores e compradores, e que aqueles que eram mais poderosos não o são mais. Como vimos no exemplo anterior da ALR (Figuras 7.14 e 7.15), às vezes as reversões acontecem sem uma vela de indecisão. Nesses casos, você deve procurar velas de reversão fortes — um corpo de alta no caso das reversões de fundo e um corpo de baixa no caso das reversões de topo.

Acrescentarei uma advertência a esse ponto final: haverá momentos em que você terá entre cinco e dez velas consecutivas sem muita movimentação dos preços. As cotações podem estar caindo lentamente, mas não tão rápido a ponto de você sentir que é uma boa reversão. Você precisa procurar a ocorrência de uma combinação desses indicadores. Nunca tente vender a descoberto apenas porque os preços estão muito altos. Nunca questione as decisões da multidão ou do mercado, mesmo que não façam sentido para você. Não corra com a multidão, mas também não corra contra ela.

A utilização de todos esses diversos fatores recriará a estratégia que funcionou bem para mim por causa da relação lucro-prejuízo atraente que proporciona. Essa relação resulta da comparação da média dos vencedores com a média dos perdedores. Muitos *traders* iniciantes acabam negociando com um índice lucro-prejuízo muito baixo porque vendem seus ativos vencedores cedo demais e mantêm os perdedores por tempo demais. Trata-se de um hábito extremamente comum entre os *traders* iniciantes. A estratégia de reversão, no entanto, se presta a ter um índice lucro-prejuízo maior para os *traders* iniciantes.

A seguir, um resumo da minha estratégia de negociação para a estratégia de reversão de fundo.

1. Configurei um *scanner* para identificar ações com quatro ou mais velas consecutivas caindo de maneira extrema. Quando vejo uma ação aparecer em meu *scanner*, analiso rapidamente o volume e os níveis diários de suporte ou resistência perto do preço da ação para ver se será ou não uma boa candidata para uma operação de reversão.
2. Aguardo a confirmação de uma estratégia de reversão de fundo: a) formação de um *doji* de alta ou de uma vela de indecisão ou, em vez disso, de uma vela de alta; b) a ação está sendo negociada em um nível de suporte intradiário significativo ou perto dele; e c) o IFR precisa ser inferior a 10.
3. Quando vejo a ação atingir um novo topo de um ou cinco minutos, compro a ação.
4. Meu *stop loss* é o fundo da vela vermelha anterior ou o preço mínimo do dia.
5. Minha meta de lucro é: a) o próximo nível de suporte; ou b) o VWAP ou as médias móveis MME 9 ou MME 20 (a que estiver mais próxima); ou c) a ação atingir um novo fundo de cinco minutos, o que significa que os compradores estão exaustos e os vendedores estão mais uma vez tomando o controle.

REVERSÃO DE TOPO

Conforme discutido antes, uma reversão de topo é semelhante a uma reversão de fundo, mas no lado da venda. Vamos dar uma olhada na Bed Bath & Beyond, Inc. (BBBY), na forma como foi negociada em 23 de junho de 2016. Meu *scanner*, exibido na Figura 7.16, mostrou a BBBY subindo, às 10h18, com seis velas consecutivas. Tinha um volume relativo de cerca de 21,60, o que significava que estava sendo negociada significativamente mais do que o normal. (Lembre-se: nós, *traders* de varejo, procuramos volumes de negociação pouco usuais.)

Sigla	Hora	Velas consecutivas	Preço $	Volume em circulação (ação)	ATR	Volume 15 minutos	Volume hoje	Volume relativo
KEX	10:18	4	68,52	52,5M	1,66	94,1	58.955	1,11
KEX	10:18	4	68,51	52,5M	1,66	93,6	58.855	1,11
BBBY	10:18	6	44,60	149M	1,18	1,1K	5,28M	21,60
BBBY	10:18	6	44,58	149M	1,18	1,1K	5,28M	21,59
BBBY	10:18	6	44,57	149M	1,18	1,1K	5,28M	21,59
BBBY	10:18	6	44,56	149M	1,18	1,1K	5,28M	21,59
BBBY	10:18	6	44,55	149M	1,18	1,1K	5,27M	21,59
BBBY	10:18	6	44,55	149M	1,18	1,1K	5,27M	21,59
BBBY	10:18	6	44,53	149M	1,18	1,1K	5,27M	21,58
BBBY	10:18	6	44,51	149M	1,18	1,1K	5,27M	21,58
BBBY	10:18	6	44,50	149M	1,18	1,1K	5,27M	21,57
BBBY	10:18	6	44,49	149M	1,18	1,1K	5,27M	21,57
THC	10:17	5	29,04	79,8M	0,95	139	174K	1,37
KSS	10:17	4	37,77	182M	1,09	70,6	330K	0,45
INCY	10:17	5	80,22	174M	3,03	108	188K	1,29
INCY	10:17	5	80,22	174M	3,03	108	188K	1,29
KSS	10:17	4	37,75	182M	1,09	69,8	329K	0,45
SSYS	10:17	4	22,85	51,2M	1,01	172	158K	0,87
THC	10:17	5	29,03	79,8M	0,95	138	174K	1,38
THC	10:17	5	29,03	79,8M	0,95	138	174K	1,38
SSYS	10:17	4	22,84	51,2M	1,01	171	158K	0,87
BBBY	10:17	6	44,48	149M	1,18	1,1K	5,23M	21,67
KSS	10:17	4	37,74	182M	1,09	68,1	327K	0,44
KSS	10:17	4	37,72	182M	1,09	67,7	327K	0,44
BBBY	10:17	6	44,47	149M	1,18	1,1K	5,22M	21,66

Figura 7.16 — Exemplo do meu *scanner* de reversão de topo em tempo real alertando-me para a BBBY.

Fiz essa transação e obtive um bom lucro. Revisei rapidamente o gráfico diário e encontrei um nível de resistência significativo a 44,40 dólares. Decidi ver se conseguia um bom ponto de entrada para vender a descoberto perto desse nível. Formou-se um bom *doji* em torno desse nível, então decidi fazer a transação. Vendi oitocentas ações a 44,10 dólares quando ocorreu uma nova vela de cinco minutos, com meu *stop loss* sendo o rompimento do topo da última vela de cinco minutos, que também foi uma nova máxima do dia, como marquei na Figura 7.17. Cobri minhas vendas a descoberto, perto de 43,10 dólares, assegurando um lucro de 800 dólares quando a ação atingiu o VWAP.

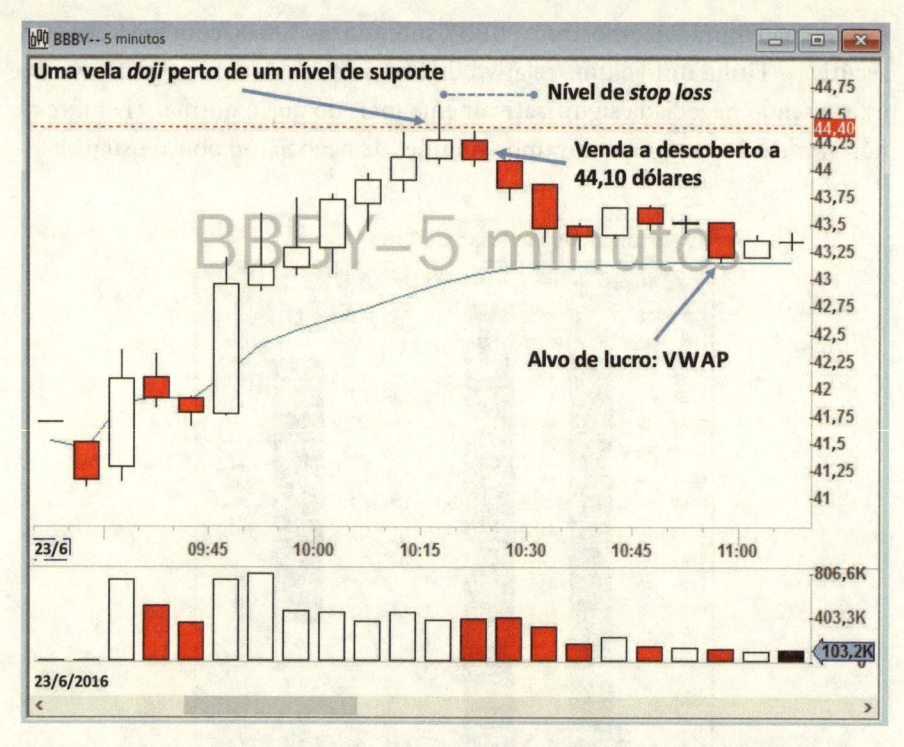

Figura 7.17 — Exemplo de uma estratégia de reversão de topo na BBBY.

A seguir, um resumo da minha estratégia de negociação para a estratégia de reversão de topo.
1. Configuro um *scanner* para destacar as ações com quatro ou mais velas ascendentes consecutivas. Quando vejo a ação aparecer no meu *scanner*, analiso rapidamente o volume e o nível diário de suporte ou resistência perto da ação para ver se será uma boa transação ou não.
2. Aguardo a confirmação de uma estratégia de reversão de topo: a) formação de um *doji* de baixa ou de uma vela de indecisão ou, em vez disso, de uma vela de baixa importante; b) a ação está sendo negociada a um nível de resistência significativo, ou perto dele, com volume alto; e c) o IFR deve ser superior a 90.
3. Quando vejo a ação atingir um novo fundo de cinco minutos, considero um sinal de fraqueza. Começo a vender ações a descoberto quando tenho ações disponíveis para venda.
4. Meu *stop loss* será o topo da vela anterior ou simplesmente o ponto máximo do dia.

5. Minha meta de lucro é: a) o próximo nível de suporte; ou b) o VWAP ou as médias móveis MME 9 ou MME 20 (a que estiver mais próxima); ou c) quando a ação atinge um novo topo de cinco minutos, o que significa que os compradores estão mais uma vez tomando o controle e que os vendedores estão exaustos.

Alguns *day traders* se concentram exclusivamente nas operações de reversão e, na verdade, baseiam toda a sua carreira nelas. As operações de reversão são certamente as mais clássicas das várias estratégias, com uma relação risco/recompensa muito boa e, curiosamente, você encontrará ações que são boas candidatas para operações de reversão em praticamente todos os pregões. Eu mesmo estou negociando mais e mais operações de reversão nos dias de hoje, sobretudo durante o final da manhã e à tarde. No entanto, as operações de reversão ainda não são a base de minhas estratégias de negociação. Até recentemente, eu operava mais com base no VWAP e em suportes ou resistências, mas os rompimentos de faixa de abertura de um minuto agora se tornaram uma das principais estratégias que uso (todas serão explicadas mais adiante neste capítulo).

ESTRATÉGIA 5: NEGOCIAÇÃO COM BASE EM TENDÊNCIAS DE MÉDIA MÓVEL

Alguns operadores usam médias móveis como pontos de entrada e saída potenciais para o *day trading*. Muitas ações começarão uma tendência de alta ou de baixa por volta das 11h, horário de Nova York, e você verá suas médias móveis, nos gráficos de um e cinco minutos, como um tipo de linha móvel de suporte ou resistência. Os *traders* podem se beneficiar desse comportamento e acompanhar a tendência ao longo da média móvel (acima da média móvel, no caso das posições compradas, ou abaixo da média móvel, no caso das vendas a descoberto).

Conforme expliquei no capítulo 5, meus indicadores são médias móveis exponenciais 9 e 20 (MME) e médias móveis simples (MMS) 50 e 200. Para não me alongar neste livro curto, não entrarei em detalhes sobre o que são médias móveis e as diferenças entre as simples e as exponenciais. Você pode, no entanto, fazer uma pesquisa *on-line* e encontrar informações muito mais detalhadas sobre essas médias móveis. Incluí também definições muito breves no glossário no final deste livro. Seu software de gráficos incluirá a maioria das médias móveis. Elas estão prontas para serem usadas e não há necessidade de alterar sua configuração.

Vamos dar uma olhada no gráfico a seguir, marcado como Figura 7.18, para a Direxion Daily Gold Miners Bull 3x Shares ETF (NUGT), e ver como você poderia negociar com base na MME 9 em um gráfico de um minuto.

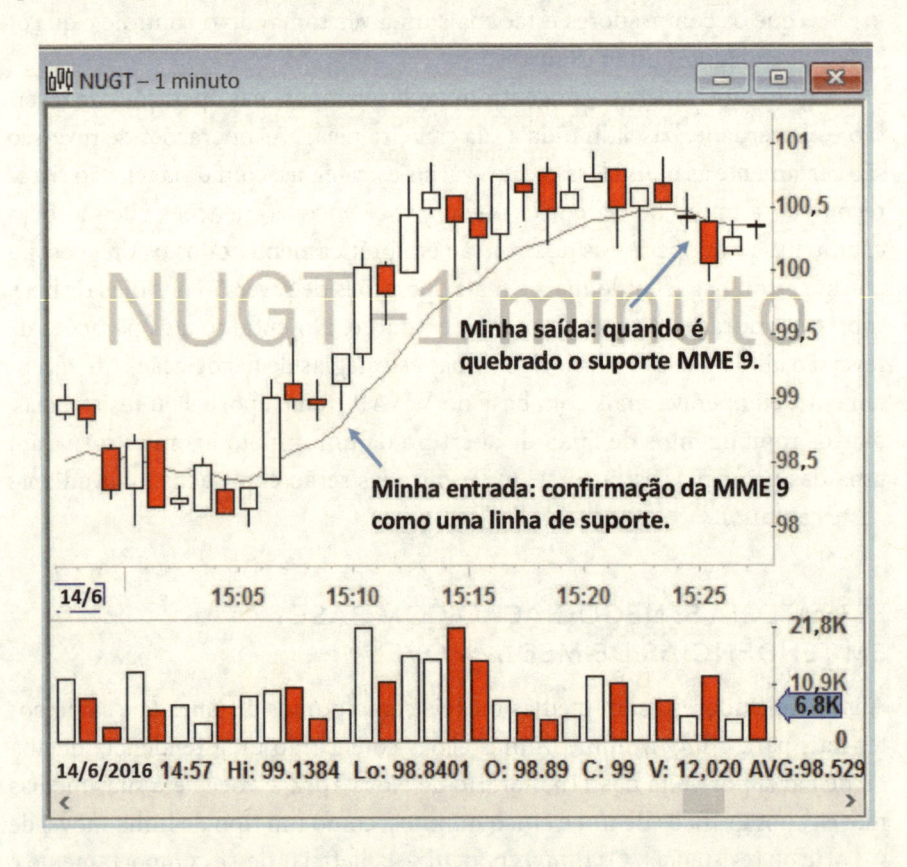

Figura 7.18 — Exemplo de uma estratégia tendência de média móvel comprada na NUGT em um gráfico de um minuto.

Como você pode ver, às 15h06, notei que a NUGT havia formado uma bandeira de alta. Vi que um período de consolidação estava acontecendo no topo da MME 9. Assim que percebi que a MME 9 estava funcionando como nível de suporte, comecei a operar e aproveitei a tendência até que o preço rompesse a média móvel, às 15h21. Marquei meus pontos de entrada e saída no gráfico.

As tendências de média móvel podem acontecer em qualquer período de tempo intradiário. Eu acompanho os preços por meio de gráficos de um e cinco minutos e faço minhas negociações com base apenas nesses dois intervalos de tempo.

Vamos dar uma olhada agora na Figura 7.19, que é outra tendência de média móvel da NUGT, desta vez em 16 de junho de 2016 e em um gráfico de cinco minutos.

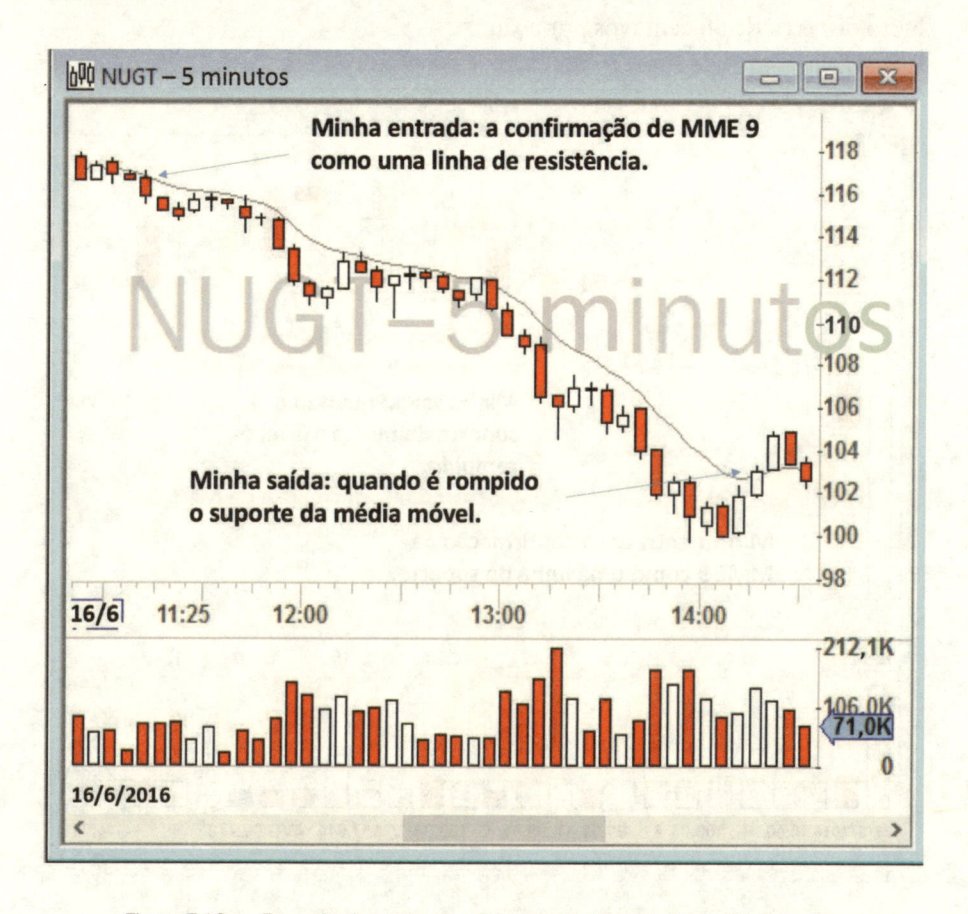

Figura 7.19 — Exemplo de uma estratégia tendência de média móvel vendida da NUGT em um gráfico de cinco minutos.

Como você pode ver, a NUGT sofreu uma queda muito acentuada, de 116 dólares para cerca de 100 dólares: uma baixa de cerca de 14% em apenas duas horas e meia. Vendi a descoberto pela manhã a cerca de 115 dólares com um *stop loss* no intervalo da MME 9 em um gráfico de cinco minutos. Minha posição foi encerrada por um *stop loss* por volta das 14h20, quando o preço rompeu a MME 9 e fechou acima dela, a 104 dólares.

Vamos dar uma olhada em outro exemplo, a Celgene Corporation (CELG), em 23 de junho de 2016. Na Figura 7.20, marquei meus pontos de entrada e saída no gráfico e você verá como é possível negociar com base em MME 9 em um gráfico de cinco minutos. Entrei na posição comprada quando a MME 9 se manteve como um suporte poderoso em torno de 99,90 dólares, e depois aproveitei o movimento de alta até a MME 9 romper a 100,40 dólares, com um lucro de cerca de 50 centavos por ação.

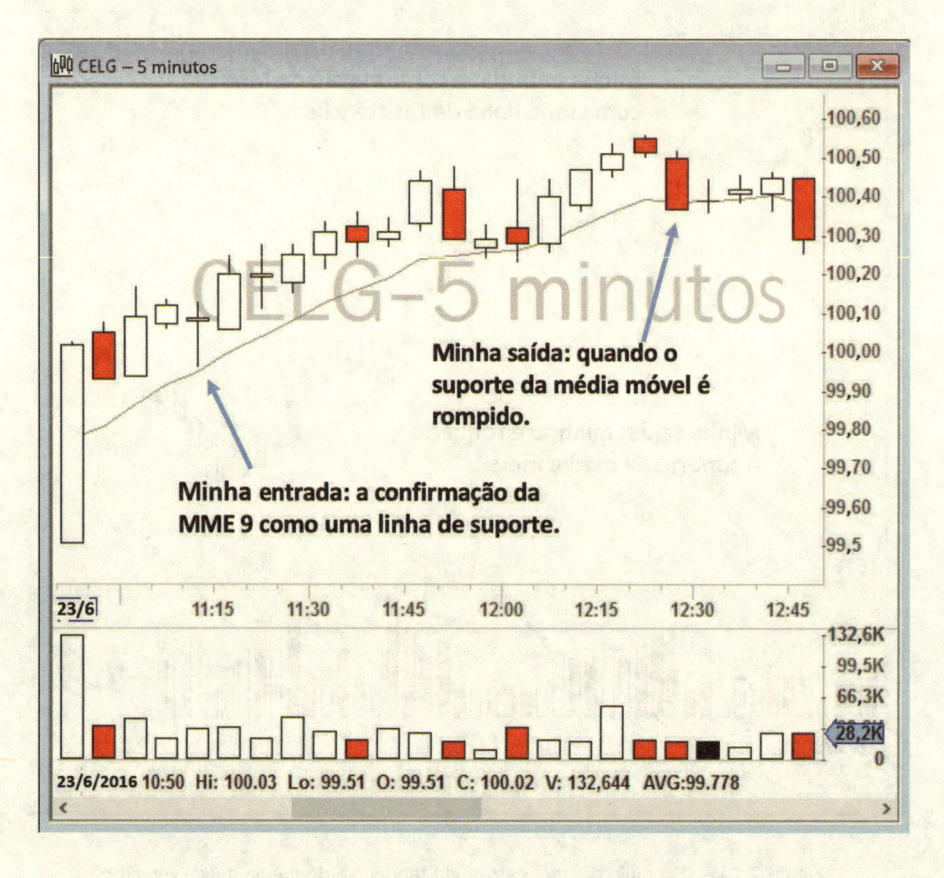

Figura 7.20 — Exemplo de estratégia tendência de média móvel na CELG.

Outro exemplo de uma estratégia tendência de média móvel MME 9 é a Figura 7.21, um gráfico de cinco minutos para a Exact Sciences Corp. (EXAS), em 28 de julho de 2016.

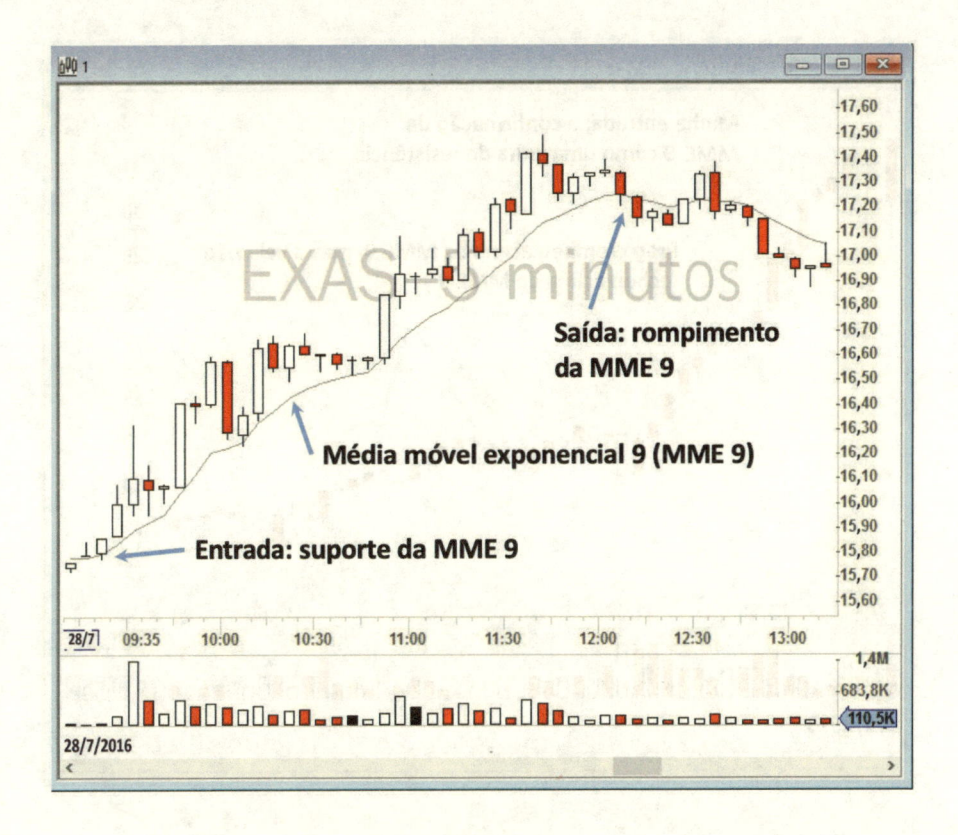

Figura 7.21 — Exemplo de estratégia tendência de média móvel na EXAS.

Outro exemplo fantástico de uma estratégia tendência de média móvel MME 9 é apresentado na Figura 7.22 para a AMAG Pharmaceuticals, Inc. (AMAG). Em 9 de janeiro de 2017, sua ação despencou de 31 para 23 dólares em poucas horas. A MME 9 mostrou-se uma forte resistência. Uma grande transação teria sido uma venda a descoberto da AMAG com um *stop loss* no rompimento da MME 9. Em três áreas marcadas no gráfico, o preço rompeu a MME 9 e subiu ligeiramente, mas nenhuma vela de cinco minutos fechou realmente acima. Em geral, esses rompimentos falsos são associados a um volume baixo. *Traders* experientes esperam uma vela de cinco minutos "fechar" acima da MME 9 antes de encerrar a posição. Um rompimento repentino da MME 9 com baixo volume pode não ser um bom indício de que a tendência esteja chegando ao fim.

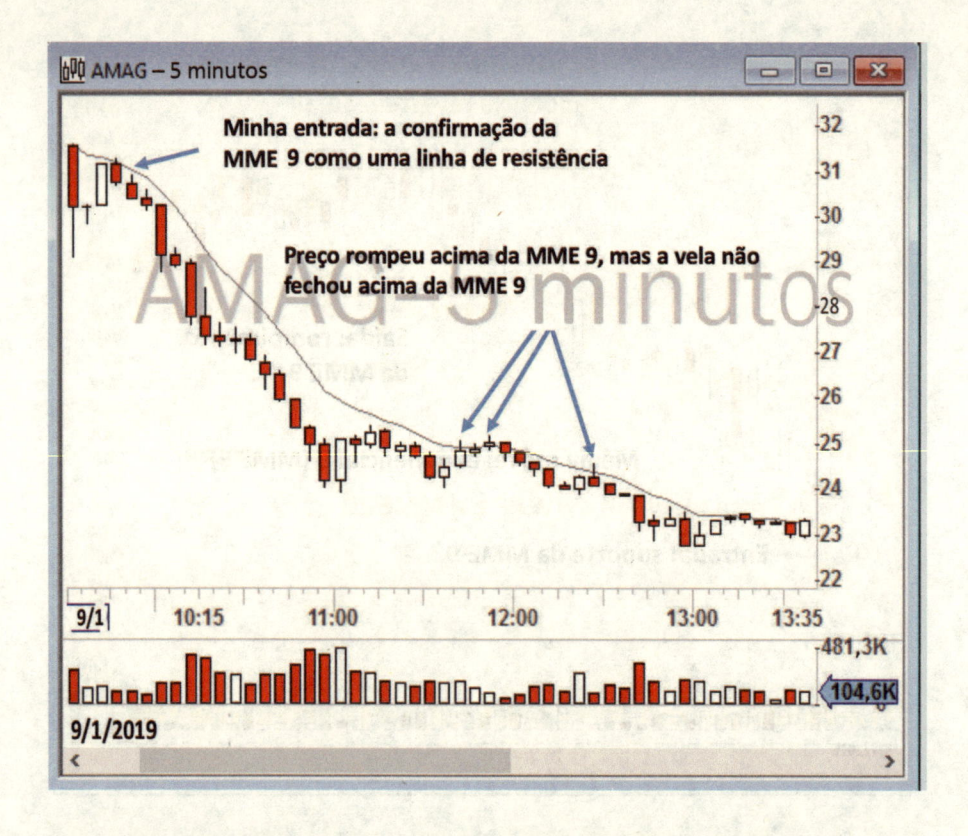

Figura 7.22 — Exemplo de uma estratégia tendência de média móvel na AMAG.

Um exemplo mais recente é o da Uber Technologies, Inc. (UBER), em 6 de abril de 2020. Assim que a UBER superou o VWAP e encontrou suporte a MME 20 no gráfico de um minuto (Figura 7.23), você podia comprar e acompanhar a tendência de 24,70 até 25,60 dólares e, em seguida, encerrar sua posição quando a linha de tendência da média móvel foi rompida por volta das 12h40.

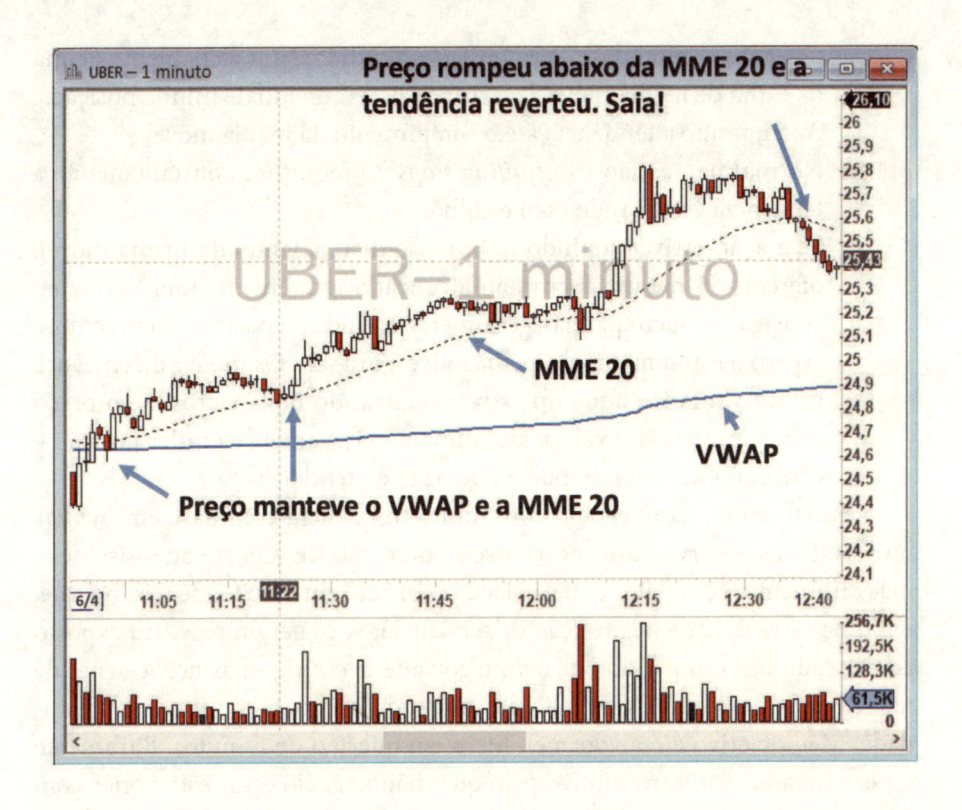

Figura 7.23 — Exemplo de estratégia tendência de média móvel na UBER em 6 de abril de 2020.

A seguir, um resumo da minha estratégia de negociação para tendência de média móvel.
1. Quando estou monitorando uma ação em jogo e observo que uma tendência está se estabelecendo em torno de uma média móvel (em geral, a MME 9), considero a negociação de tendência. Rapidamente, olho para os dados de negociação dos dias anteriores (em um gráfico de um ou cinco minutos) para ver se a ação está respondendo a essas médias móveis.
2. Depois de averiguar qual média móvel é mais adequada ao comportamento das negociações, compro a ação após a confirmação das médias móveis como suporte e compro o mais próximo possível da linha de média móvel (para ter um *stop loss* pequeno). Meu *stop loss* costuma ser de 5 a 10 centavos abaixo da linha da média móvel ou, se for uma vela, um fechamento abaixo da linha da média móvel (para

posições compradas). Para posições vendidas, um fechamento acima da linha de média móvel levaria ao encerramento de minha posição.
3. Acompanho a tendência até o rompimento da média móvel.
4. Normalmente, não uso *trailing stops*[20] e monitoro constantemente a tendência verificando com os olhos.
5. Se a ação estiver subindo muito e se distanciando da média móvel, oferecendo-me um lucro não alcançado igualmente bom, talvez eu consiga um lucro parcial, geralmente metade da posição. Nem sempre espero o rompimento da média móvel para sair. Os *traders* dizem: você nunca vai falir enquanto estiver realizando bons lucros. Se o preço voltar à média móvel, posso aumentar novamente minha posição e continuar acompanhando a operação de tendência.

Pessoalmente, não negocio com muita frequência com base em médias móveis. Eu as observo para ver os níveis potenciais de suporte ou resistência, mas raramente faço qualquer negociação com base em uma tendência, porque, em uma estratégia de negociação de tendência, você geralmente fica exposto ao mercado por um período de tempo considerável. Algumas negociações de tendência podem durar várias horas, tempo demais para a minha personalidade. Meu objetivo é realizar meu lucro em questão de minutos. Raramente espero uma hora. Outro motivo pelo qual não negocio essas estratégias com frequência é que, em geral, elas funcionam melhor no meio do dia e no fechamento. Na abertura (na sessão matinal), quando a volatilidade é alta, é difícil identificar uma jogada de tendência de média móvel. Essas tendências lentas são mais bem identificadas durante o final da manhã e no meio do dia, quando a volatilidade cai e, geralmente, elas acabam perto do fechamento (por volta das 15h, horário de Nova York), quando os operadores profissionais de Wall Street começam a dominar as negociações.

Logo, a estratégia tendência de média móvel é excelente porque não costuma exigir um processo de tomada de decisão e execução de transações muito rápido. Com frequência, também não requer o uso de teclas de atalho. Você pode efetuar as transações manualmente e ainda assim ter sucesso. Além disso, os pontos de entrada e seu *stop loss* podem ser claramente reconhecidos a partir das médias móveis nos gráficos. Isso é muito importante para aqueles *traders* que pagam comissões de varejo altas (às vezes, tão altas quanto 4,95 dólares/transação) e não podem aumentar e diminuir suas posições sem incorrer

---

20. *Trailing stops* são ordens dinâmicas de *stop loss* que podem ser configuradas para acompanhar o preço de mercado. (N.T.)

em taxas altas. A estratégia tendência de média móvel tem pontos de entrada e saída claros e, em geral, um bom lucro pode ser obtido por meio de apenas duas ordens, uma na entrada e outra na saída.

Como já observei, as estratégias dependem do tamanho da sua conta, da sua personalidade, da psicologia de negociação e da tolerância ao risco, bem como do seu software e das ferramentas de que dispõe, além das corretoras que contratou. No entanto, quero enfatizar que as estratégias de negociação não são algo que você possa emular apenas lendo um livro, conversando com um mentor ou participando de uma aula. Desenvolva lenta e metodicamente o seu método preferido e, então, persista nele. Não existe nada de errado com nenhuma estratégia, contanto que funcione para você. Não há bem nem mal em nenhuma dessas estratégias; realmente é uma questão de escolha pessoal.

ESTRATÉGIA 6: NEGOCIAÇÃO VWAP

O preço médio ponderado por volume (*volume weighted average price* — VWAP) é o indicador técnico mais importante para os *day traders*. As definições do VWAP podem ser encontradas em muitos recursos *on-line*. Para ser breve, não fornecerei uma explicação detalhada, mas o VWAP é, essencialmente, uma média móvel que leva em conta o volume de ações sendo negociado a qualquer preço. Outras médias móveis são calculadas com base apenas no preço da ação no gráfico, mas o VWAP também leva em consideração o número de ações dessa empresa que está sendo negociado a cada preço. Sua plataforma de negociação deve ter um VWAP integrado, e você pode usá-lo sem alterar nenhuma de suas configurações.

O VWAP é um indicador de quem está no controle da ação do preço — compradores ou vendedores. Quando as ações são negociadas acima do VWAP, isso significa que os compradores estão no controle geral do preço e existe uma demanda pela compra dessas ações. Quando o preço de uma ação cai abaixo do VWAP, é seguro presumir que os vendedores estão ganhando controle sobre a movimentação dos preços.

O VWAP é, com frequência, usado para medir a eficiência comercial de *traders* institucionais. Os *traders* profissionais que trabalham para bancos de investimento ou fundos de *hedge* precisam negociar grandes quantidades de ações todos os dias. Eles não podem entrar ou sair do mercado com uma única ordem, uma vez que o mercado não tem liquidez suficiente para receber uma ordem de compra de um milhão de ações. Portanto, precisam liquidar suas ordens lentamente ao longo do dia. Depois de comprar ou vender uma posição grande em uma ação durante o dia, os *traders* institucionais comparam seu preço aos valores do VWAP. Por um lado, uma ordem de compra executada abaixo do VWAP seria considerada, por eles, uma transação boa, uma vez que a ação foi comprada a um preço inferior à média (o que significa que o *trader* comprou sua grande posição a um preço relativamente reduzido em comparação com o mercado). Por outro lado, uma ordem de venda executada acima do VWAP seria considerada uma transação boa porque a ação foi vendida a um preço acima da média. Portanto, o VWAP é usado por *traders* institucionais para identificar bons pontos de entrada e saída. Os *traders* institucionais com volumes de ordens grandes tentam comprar ou vender posições grandes em torno do VWAP. O desempenho dos *traders* institucionais é avaliado, com frequência, com base no preço pelo qual eles conseguem executar suas ordens grandes. Os *traders* que compram significativamente acima do VWAP podem ser penalizados porque custam dinheiro à instituição ao assumir essa posição grande. Os *traders* institucionais, portanto, tentam comprar abaixo ou o mais próximo possível do VWAP. Contudo, quando um *trader* profissional precisa se livrar de uma posição grande, ele tenta vender ao VWAP ou acima dele. Os *day traders* que conhecem essas tendências podem se beneficiar dessa atividade de mercado.

Quando o mercado abre, a ação em jogo será muito negociada nos primeiros cinco minutos. Se a ação em jogo deu um salto para cima, alguns acionistas individuais, fundos de *hedge* ou bancos de investimento podem querer vender suas ações com lucro o mais rápido possível, antes que o preço caia. Ao mesmo tempo, alguns investidores que desejam tomar uma posição naquela ação vão querer comprar o mais rápido possível, antes que o preço suba ainda mais. Portanto, nos primeiros cinco minutos, uma negociação pesada e desconhecida está acontecendo entre os acionistas que mantiveram a posição do dia anterior e os novos investidores. Os *scalpers* costumam acompanhar a tendência logo na abertura. Após a queda da volatilidade, em torno de dez a quinze minutos depois do abertura, a ação se moverá para perto ou para longe do VWAP. Esse é um teste para ver se existe algum grande banco de investimento esperando para comprar ou vender. Se houver um *trader* institucional grande que pretende adquirir uma posição significativa, a ação romperá o VWAP e subirá ainda mais. É uma boa oportunidade para nós, *day traders*, operarmos do lado comprado.

No entanto, caso haja grandes acionistas querendo se desfazer de suas ações, esse é um bom ponto para liquidar suas posições. Eles começam a vender suas ações no VWAP. O preço rejeitará o VWAP e começará a cair, uma excelente oportunidade de venda a descoberto para os *day traders*. Se não houver interesse nas ações por parte de formadores de mercado ou instituições, o preço andará de lado, próximo ao VWAP. Os *traders* mais espertos, então, ficarão longe dessa ação.

Vamos dar uma olhada agora na Figura 7.24, que documenta uma negociação que eu fiz com a SolarCity Corporation (SCTY) em 24 de junho de 2016.

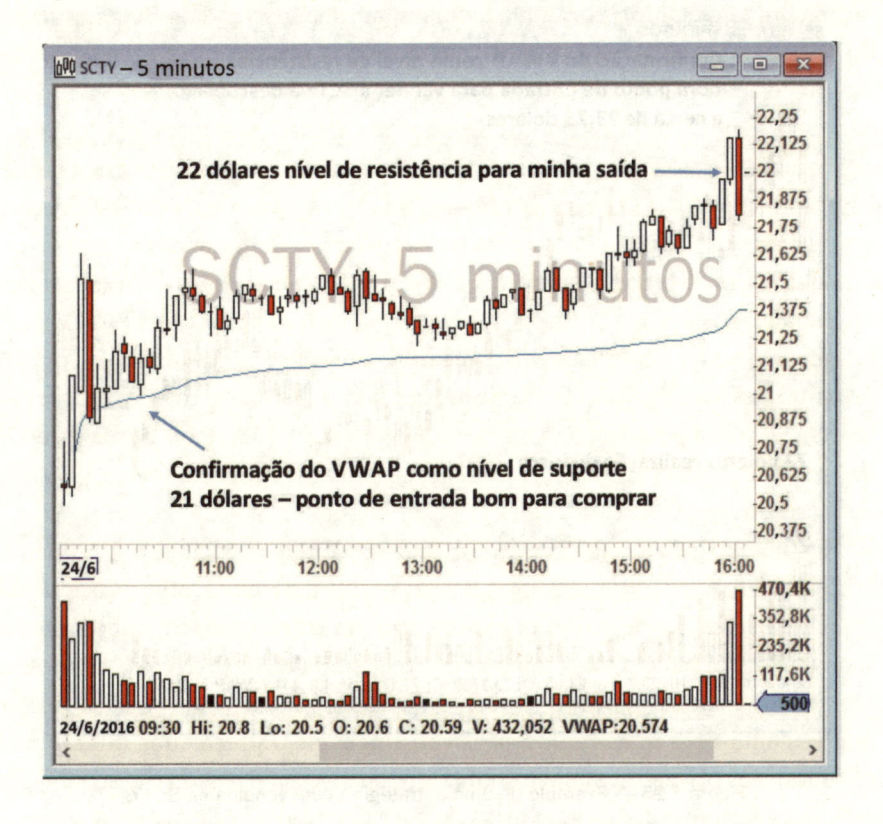

Figura 7.24 — Exemplo de uma estratégia VWAP comprada na SCTY.

Por volta das 10h30 do dia 24 de junho de 2016, percebi que a SCTY havia encontrado um suporte acima do VWAP por volta de 21 dólares. Comprei mil ações com a expectativa de que o preço subiria para 22 dólares com o VWAP como suporte. Meu *stop loss* foi um fechamento de vela de cinco minutos logo abaixo do VWAP. Primeiro, vendi metade da posição a 21,50 dólares e depois transferi meu *stop loss* para o ponto de equilíbrio. Vendi outra posição por 22 dólares porque sei que as cifras de meio dólar (como 1,50, 2,50, 3,50 dólares) e de dólares inteiros (1, 2, 3) geralmente atuam como um nível de suporte ou resistência.

O VWAP também funciona bem quando você deseja vender ações a descoberto. Vamos dar uma olhada na Figura 7.25, que documenta outra transação que fiz com a SCTY, agora em 22 de junho de 2016, e dessa vez na ponta vendedora.

Figura 7.25 — Exemplo de uma estratégia VWAP vendida na SCTY.

Por volta das 11h, percebi que o VWAP estava atuando como um nível de resistência. Vendi as ações a descoberto, com a expectativa de perder o VWAP, a cerca de 23,25 dólares. Por volta das 12h, os compradores desistiram e os vendedores assumiram o controle da movimentação dos preços. Acompanhei a descida até 22 dólares e cobri minhas posições vendidas a 22 dólares, gerando um lucro de mil dólares.

A seguir, um resumo da minha estratégia de negociação para transações VWAP.

1. Quando faço minha lista de observação diária, monitoro os movimentos de preço em torno do VWAP na abertura. Se uma ação mostra respeito

pelo VWAP, espero até uma confirmação de rompimento do VWAP (no caso das vendas a descoberto) ou de suporte de VWAP (no caso das posições compradas).
2. Em geral, compro o mais próximo possível do VWAP para minimizar meu risco. Meu *stop loss* será um rompimento e um fechamento de cinco minutos abaixo do VWAP. Para as vendas a descoberto, vendo perto do VWAP, com o *stop loss* de fechamento acima do VWAP.
3. Mantenho a transação até atingir minha meta de lucro ou até atingir um novo nível de suporte ou resistência.
4. Normalmente, vendo metade de minha posição perto da meta de lucro ou nível de suporte ou resistência, e transfiro meu *stop loss* para meu ponto de entrada ou de equilíbrio.

ESTRATÉGIA 7: TRANSAÇÕES DE SUPORTE OU DE RESISTÊNCIA

Muitos *traders* adoram desenhar linhas de tendência diagonais. Eu não sou um deles. Essas linhas são o exato oposto da objetividade. Há uma chance muito boa de que dois *traders* que olhem para o mesmo gráfico desenhem linhas de tendência com inclinações bastante diferentes. Por um lado, uma pessoa com vontade de comprar tenderá a traçar uma linha de tendência de uma forma que mostre um movimento ascendente acentuado. Por outro lado, se uma pessoa sente vontade de vender a descoberto, ela estará propensa a traçar uma linha de tendência de queda.

O mercado só se lembra dos níveis de preços, e é por isso que as linhas horizontais de suporte ou de resistência em níveis de preços anteriores fazem sentido, mas as linhas de tendência diagonais não. Consequentemente, a negociação de suportes ou resistências horizontais é meu estilo favorito de negociação.

Suporte é um nível de preço em que as compras são fortes o suficiente para interromper ou reverter uma tendência de baixa. Quando uma tendência de baixa atinge um nível de suporte, ela dá um salto para cima. O suporte é representado em um gráfico por uma linha horizontal que liga dois ou mais pontos mínimos (Figura 7.26).

Resistência é um nível de preço em que as vendas são fortes o suficiente para interromper ou reverter uma tendência de alta. A resistência é representada em um gráfico por uma linha horizontal que liga dois ou mais pontos máximos (como também mostrado na Figura 7.26).

Um suporte ou uma resistência de porte pequeno faz com que as tendências deem uma pausa, enquanto um suporte ou resistência de porte grande faz com que elas se revertam. Os *traders* compram no suporte e vendem na resistência, tornando sua eficácia uma profecia autorrealizável.

Usando esse método, todas as manhãs, faço uma lista das ações que eu gostaria de negociar com base nos critérios que estabeleci no capítulo 4. À medida que as ações potenciais chegam ao meu *scanner*, procuro notícias importantes que podem explicar suas oscilações de preço, tal como um relatório de lucros inesperado ou a aprovação de um novo medicamento. Você deve se lembrar de que esses fatores são chamados de "catalisadores fundamentais", e as ações da lista são o que chamamos de "ações em jogo". Elas são as únicas que monitorarei de perto e planejarei negociar.

Após identificar essas ações em jogo, e antes de o mercado abrir, volto aos gráficos diários e encontro os níveis de preços que se mostraram importantes no passado. Encontrar níveis de suporte ou resistência de preço é complicado e requer experiência de bolsa.

Por exemplo, vamos dar uma olhada na Figura 7.26, um gráfico diário da SCTY sem linhas de suporte ou resistência e em outro que inclui tais linhas.

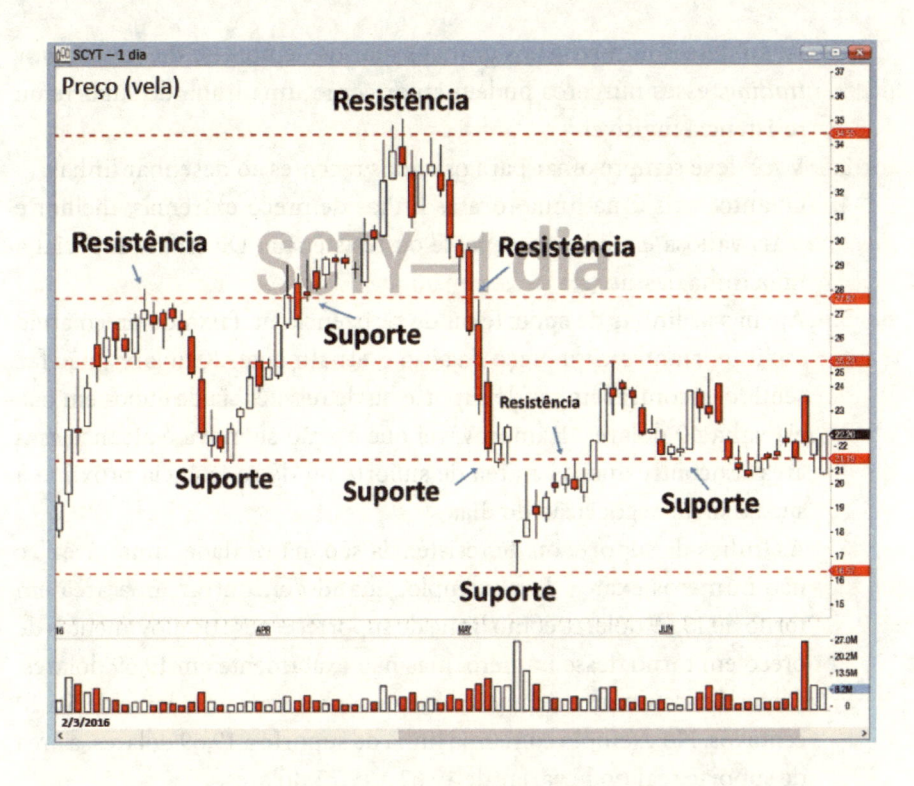

Figura 7.26 — Exemplo de uma estratégia de suporte ou de resistência no gráfico diário da SCTY.

Nem sempre é fácil encontrar linhas de suporte ou de resistência em gráficos diários e, às vezes, você não conseguirá traçar nada que fique nítido. Se não consigo enxergar nada nitidamente, não tenho de desenhar nada. Há uma boa chance de que outros *traders* que estão de olho na mesma ação também não enxerguem essas linhas claramente e, portanto, não faz sentido me forçar para traçar linhas de suporte ou resistência. Nesse caso, planejarei minhas transações com base no VWAP, ou em médias móveis, ou outros padrões de gráfico sobre os quais discuti anteriormente.

A seguir, algumas dicas para desenhar linhas de suporte ou resistência em gráficos diários.

1. Em geral, você verá velas de indecisão na área de suporte ou resistência, porque é lá que compradores e vendedores estão se digladiando.
2. Os níveis de 50 centavos e dólares inteiros, em geral, atuam como suporte ou resistência, sobretudo nas ações com preço inferior a 10 dólares. Se você não encontrar uma linha de suporte ou resistência em

torno desses números nos gráficos diários, lembre-se de que, no *day trading*, esses números podem atuar como uma linha de suporte ou resistência invisível.

3. Você deve sempre olhar para os dados recentes ao desenhar linhas.
4. Quanto mais uma linha toca as linhas de preço extremas, melhor e mais valiosa ela é como suporte ou resistência. Dê ênfase especial a uma linha dessas.
5. Apenas as linhas de suporte ou de resistência na faixa de preço atual são importantes. Se o preço da ação é, atualmente, 20 dólares, não faz sentido encontrar linhas de suporte ou de resistência da época em que ela valia 40 dólares. É improvável que a ação se mova e alcance essa área. Encontre apenas a área de suporte ou de resistência próxima à sua faixa de negociação do dia.
6. As linhas de suporte ou de resistência são, na verdade, uma "área", e não números exatos. Por exemplo, quando encontrar uma área em torno de 19,69 dólares como linha de suporte, espere os movimentos de preço em torno desse número, mas não exatamente em 19,69 dólares. Dependendo do preço da ação, é seguro presumir uma faixa de 5 a 10 centavos. No exemplo com uma linha de suporte a 19,69 dólares, a área de suporte real pode variar de 19,62 a 19,72 dólares.
7. O preço deve apresentar um salto claro a partir desse nível. Se você não tiver certeza se o preço deu um salto nesse nível, provavelmente não é um nível de suporte ou de resistência. Níveis importantes de suporte ou de resistência em gráficos diários se destacam — praticamente gritam para você: "agarre-me pelas orelhas" (*grab me by the face*).
8. Para os propósitos do *day trading*, é melhor traçar linhas de suporte ou de resistência nos preços extremos ou pavios nos níveis diários em vez de nas áreas onde a maior parte das barras parou. Esse é o completo oposto do *swing trading*. Para fazer *swing trading*, é preciso traçar linhas de suporte ou de resistência nas bordas das áreas congestionadas, onde a maior parte das barras parou, em vez de nos preços extremos. Isso ocorre porque o preço de fechamento é mais importante para o *swing trading* do que as oscilações extremas nas barras diárias. O preço de fechamento de uma ação em um gráfico diário é o preço com o qual os formadores de mercado e os *traders* profissionais concordaram. Os pavios anteriores com altas e baixas extremas foram feitos por *day traders*, e você deve olhar para eles.

Estabelecer linhas de suporte ou de resistência, embora seja difícil quando se está aprendendo a operar, é, na verdade, bastante simples quando se pega o jeito. Para manter este livro mais compreensível para o *trader* iniciante, limitei, deliberadamente, meus comentários sobre como localizar níveis importantes de suporte e de resistência. Você encontrará informações e critérios bastante mais detalhados em meu outro livro, *Advanced Techniques in Day Trading*.

Vamos analisar uma negociação que fiz com base nessas linhas (Figuras 7.27 a 7.29). Em 21 de junho de 2016, a CarMax, Inc. (KMX), maior varejista de carros usados dos Estados Unidos, teve um balanço extremo e sua ação caiu mais de 3%. Essa foi uma oportunidade perfeita para os *traders* de varejo, como nós, encontrarem um bom plano de negócio. Rapidamente, identifiquei os níveis das áreas de suporte ou de resistência em um gráfico diário e observei os movimentos de preço em torno desses níveis.

Sigla	Preço $	Diferença $	Diferença %	Volume de hoje (ação)	Volume em circulação (ação)	ATR	Empresa
UAL	45,00	1,60	3,7	63,191	336M	1,53	UNITED CONTINE
LEN	48,30	1,64	3,5	59,372	189M	0,94	LENNAR
TM	107,60	1,80	1,7	51,698	1,36B	1,62	TOYOTA MOTOR
BUD	128,53	2,08	1,6	99,945	784M	2,52	ANHEUSER-BUSC
BTI	124,60	1,39	1,1	120,962	894M	2,24	BRITISH AMERICA
KMX	49,05	-1,58	-3,1	265,779	193M	1,53	CARMAX
CSAL	26,85	-1,31	-4,7	1.984,509	136M	0,64	COMMUNICATI LEASING
WERN	22,12	-2,56	-10,4	315,191	44,6M	0,70	WERNER ENTER

Figura 7.27 — A lista de observação de meus movimentadores pré-mercado, em 21 de junho de 2016, às 9h20, mostra que a KMX poderia ser uma ação em jogo naquele dia.

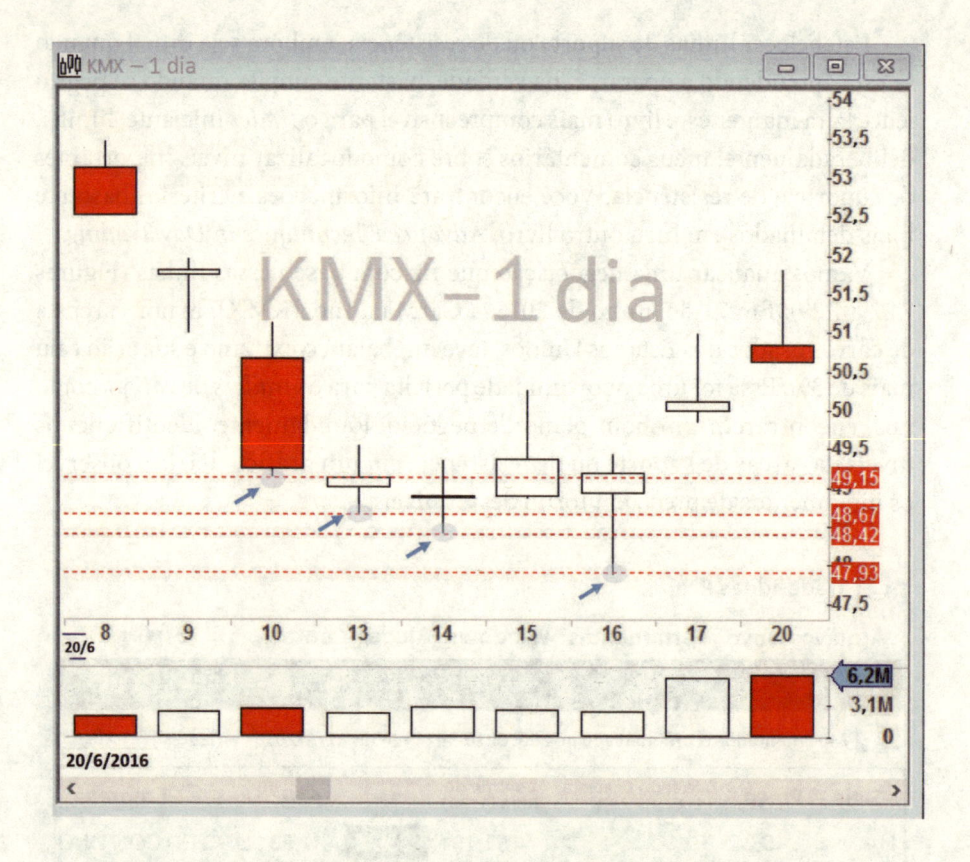

Figura 7.28 — Linhas de suporte ou de resistência da KMX em um gráfico diário até 20 de junho de 2016.

Depois de analisar os gráficos diários até 20 de junho de 2016, encontrei quatro níveis de 47,93, 48,42, 48,67 e 49,15 dólares. Como pode ser visto na Figura 7.28, todos esses níveis são de preços extremos para os dias anteriores e, como expliquei, presto mais atenção às sombras e aos preços extremos do que aos preços de abertura ou de fechamento.

Agora, vamos dar uma olhada na Figura 7.29, que é o gráfico intradiário do dia seguinte, 21 junho de 2016, e ver o que aconteceu com a movimentação dos preços nesses níveis. Marquei as áreas onde atuaram como suporte ou resistência. Certifique-se de dedicar atenção especial ao volume de ações negociadas nesses níveis ou próximos a eles. Percebe que o volume está consideravelmente mais alto? Um volume alto confirma que esses níveis são significativos e que os *day traders* devem, portanto, prestar atenção neles.

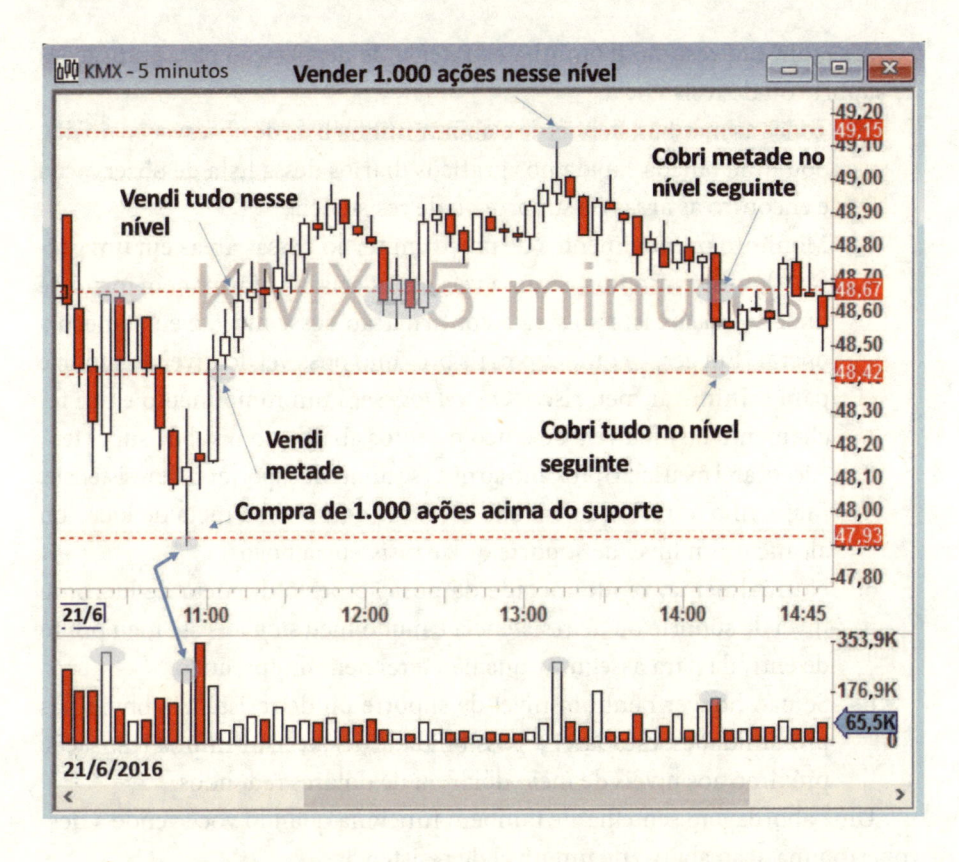

Figura 7.29 — Exemplo de uma estratégia de suporte ou de resistência na KMX em um gráfico de cinco minutos com minhas negociações para aquele dia marcadas.

Quando o mercado abriu, observei a ação e percebi que a área em torno de 48,67 dólares estava atuando como um nível de resistência. Posteriormente, um volume substancial dessa ação foi vendido a 47,93 dólares. Comprei mil ações a esse suporte, com um *stop loss* abaixo de 47,93 dólares. Se o preço fechasse abaixo disso, eu teria a posição encerrada com prejuízo, mas não foi o que aconteceu. Em vez disso, o preço repicou rapidamente. Vendi 500 ações a 48,42 dólares. Vendi as outras 500 ações no nível de resistência seguinte, de 48,67 dólares. Continuei monitorando os movimentos de preço e, à tarde, quando o preço rejeitou o nível de 49,15 dólares com alto volume, fiz uma venda com um *stop loss* de um novo topo do dia ou de um fechamento acima de 49,15 dólares. Cobri metade de minhas ações no nível de 48,67 dólares e a outra metade em 48,42 dólares, ambos por mais um bom lucro.

A seguir, um resumo da minha estratégia de negociação para transações de suporte ou de resistência.
1. Todas as manhãs, depois de elaborar minha lista de observação do dia, dou uma olhada rápida nos gráficos diários dessa lista de observação e encontro as áreas de suporte ou de resistência.
2. Monitoro os movimentos de preço em torno dessas áreas em um gráfico de cinco minutos. Se uma vela de indecisão se formar em torno de uma dessas áreas, isso será a confirmação desse nível, e eu começo a operar. Em geral, compro o mais próximo possível do nível de suporte para minimizar meu risco. O *stop loss* será um rompimento e um fechamento de uma vela de cinco minutos abaixo do nível de suporte.
3. Alcançarei meu lucro próximo ao nível seguinte de suporte ou de resistência.
4. Mantenho a transação em aberto até atingir minha meta de lucro ou alcançar um nível de suporte ou de resistência novo.
5. Normalmente, vendo metade da posição perto da meta de lucro ou nível de suporte ou de resistência e mudo meu *stop loss* até meu ponto de entrada para assegurar que não terei nenhum prejuízo.
6. Se não houver nenhum nível de suporte ou de resistência óbvio nas proximidades, estudarei a possibilidade de encerrar minha transação próximo aos níveis de meio dólar ou de dólares redondos.

Uma abordagem semelhante também funciona quando você vende a descoberto uma ação abaixo de um nível de resistência.

ESTRATÉGIA 8: TRANSAÇÕES VERMELHO-PARA-VERDE

A estratégia vermelho-para-verde (*red-to-green*) é outro dispositivo de negociação fácil de reconhecer. Como mencionei no capítulo 5, um dos indicadores que tenho em meu gráfico é o nível de *fechamento do dia anterior*, um nível poderoso de suporte ou de resistência, e os *traders* devem negociar em direção a ele quando o volume está crescendo.

Se o preço atual de uma ação for maior do que o do fechamento do dia anterior (para as ações em jogo que deram um salto para cima), o mercado está passando de um dia verde para um dia vermelho (o que significa que a porcentagem de alteração do preço agora será negativa, que aparecerá em vermelho na maioria das bolsas e plataformas). Isso é um "movimento verde-para-vermelho".

Se o preço for menor do que o do fechamento do dia anterior (para ações que despencaram), o mercado está se movendo de um dia vermelho para um dia verde (o que significa que a porcentagem de alteração do preço agora será positiva, que aparecerá como verde na maioria das bolsas e plataformas). Isso é um "movimento vermelho-para-verde".

A estratégia vermelho-para-verde é quase idêntica à verde-para-vermelho, com exceção da direção da negociação (vendida ou comprada). Portanto, para simplificar, usarei o termo "estratégia vermelho-para-verde" para ambas as direções, mas, dependendo da transação, posso estar me referindo a uma negociação verde-para-vermelho.

Por exemplo, dê uma olhada no gráfico de cinco minutos para a Mallinckrodt Public Limited Company (MNK), que era uma ação em jogo em 19 de janeiro de 2017 (Figura 7.30). Após uma abertura fraca, o preço manteve-se abaixo do VWAP. Vendi a descoberto, mas não havia nível de suporte ou de resistência próximo, exceto o fechamento do dia anterior, em 46,52 dólares (a linha tracejada no meu gráfico). Portanto, decidi vender a descoberto no VWAP a aproximadamente 47,80 dólares, para atingir uma meta de lucro no fechamento do dia anterior perto de 46,52 dólares — um lucro interessante de 1,20 dólar por ação.

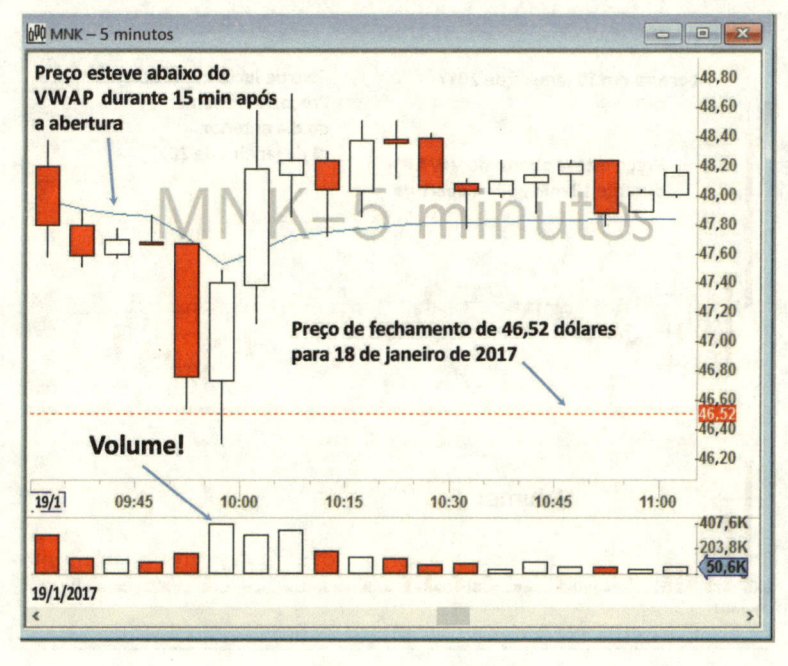

Figura 7.30 — Exemplo de estratégia de venda a descoberto vermelho-para-verde na MNK.

Para mostrarmos outro exemplo, vamos dar uma olhada na Figura 7.31, o gráfico de cinco minutos da Barracuda Networks, Inc. (CUDA), em 10 de janeiro de 2017. A mesma movimentação de preços pode ser vista na abertura.

A CUDA subiu no pré-mercado devido a um relatório de lucros positivo. Na abertura, foi vendida pesadamente, talvez porque aqueles que compraram ações no dia anterior e os investidores de longo prazo começaram a vender suas ações com lucro. A ação testou o VWAP por cerca de vinte minutos e, em seguida, caiu pesadamente, com alto volume, em direção ao fechamento do dia anterior, de 23,81 dólares. Seu preço se recuperou mais tarde, durante o meio do dia, em direção ao VWAP, depois de não conseguir romper o fechamento do dia anterior. Posteriormente, no início da tarde, o preço caiu mais uma vez em direção ao fechamento do dia anterior para outra transação vermelho-para-verde, antes de se recuperar mais uma vez.

Ainda nesse exemplo, o nível de fechamento do dia anterior, de 23,81 dólares, agiu como um nível de suporte forte. Nas negociações da manhã e da tarde, uma oportunidade de venda a descoberto foi possível a partir do VWAP entre 24,40 e 23,81 dólares. Não fiz essa transação porque estava negociando outra, na mesma hora, naquele dia.

Figura 7.31 — Exemplo de uma estratégia de venda vermelho-para-verde na CUDA.

A seguir, um resumo da minha estratégia de negociação nas transações vermelho-para-verde.

1. Ao elaborar minha lista de observação para o dia, monitoro os movimentos de preço perto do fechamento do dia anterior.
2. Se uma ação se move em direção ao fechamento do dia anterior com alto volume, estudo a possibilidade de operar comprado com a meta de lucro no fechamento do dia anterior.
3. Meu *stop loss* é o nível técnico mais próximo. Se eu comprar perto do VWAP, meu *stop loss* será o rompimento do VWAP. Se comprar perto de uma média móvel ou de um nível de suporte importante, meu *stop loss* será o rompimento da média móvel ou do nível de suporte.
4. Normalmente, vendo a posição inteira na meta de lucro. Se o preço se mover a meu favor, transfiro meu *stop loss* para o ponto de equilíbrio e não deixo o preço virar contra mim. Os movimentos de vermelho-para-verde devem funcionar imediatamente.

Uma abordagem semelhante funcionará igualmente bem quando você vender a descoberto uma ação para uma estratégia verde-para-vermelho (consulte os exemplos da MNK e da CUDA nas Figuras 7.30 e 7.31).

ESTRATÉGIA 9: ROMPIMENTOS DA FAIXA DE ABERTURA (*OPENING RANGE BREAKOUTS* [ORB])

Outra estratégia de negociação bem conhecida é o chamado rompimento da faixa de abertura (ORB). Essa estratégia sinaliza um ponto de entrada, mas não determina a meta de lucro. Você deve definir a melhor meta de lucro com base nos outros níveis técnicos que aprendeu neste livro. Mais tarde, você notará que listo outras metas de lucro possíveis. O ORB é apenas um sinal de entrada, mas lembre-se: uma estratégia de negociação completa deve definir a entrada, a saída e o *stop loss* adequados.

Logo na abertura do mercado (9h30, horário de Nova York), as ações em jogo costumam experimentar oscilações de preço violentas que surgem das grandes ordens de compra e venda que chegam ao mercado. Essa negociação pesada, nos primeiros cinco minutos, é o resultado da realização de lucros ou prejuízos por parte dos detentores de posições do dia anterior, bem como de novos investidores e *traders*. Se uma ação deu um salto para cima, alguns operadores que tinham comprado no dia anterior começam a vender suas posições com lucro. Ao mesmo tempo, alguns investidores novos podem começar a comprar as ações antes que o preço suba. Mas, se uma ação despenca, alguns investidores podem entrar em pânico e se desfazer de suas ações logo na abertura, antes que caiam ainda mais. No entanto, algumas instituições ainda podem achar que essa queda é uma oportunidade de compra interessante e começar a comprar grandes posições com desconto.

Assim, existe uma complicada psicologia de massa que ocorre na abertura para as ações em jogo. Os *traders* iniciantes aguardam a definição da faixa de abertura e permitem que os *traders* mais experientes lutem entre si até que um lado prevaleça.

Normalmente, um *trader* iniciante espera, pelo menos, cinco minutos (se não mais) pelo intervalo de abertura. Isso é chamado de ORB de cinco minutos. Alguns *traders* esperam ainda mais — trinta minutos ou até mesmo uma hora — para identificar o equilíbrio de poder entre compradores e vendedores. Em seguida, desenvolvem um plano de negociação na direção do rompimento de trinta ou sessenta minutos. Quanto mais longo for o prazo, menos volatilidade você deve esperar. Como acontece com a maioria das configurações, a estratégia ORB tende a funcionar melhor com ações de capitalização de média a grande, que não apresentam oscilações de preço violentas durante o dia. Não recomendo operar essa estratégia com ações com baixo volume em livre circulação ou *penny stocks* que deram um salto para cima ou para baixo. Idealmente, a ação deve ser negociada dentro de uma faixa menor do que a média de amplitude de variação (*average true range of the stock* — ATR). Os limites superior e inferior do intervalo podem ser identificados pelos pontos máximo e mínimo das velas de cinco, quinze, trinta ou sessenta minutos.

Para entender melhor essa estratégia, vamos dar uma olhada nas Figuras 7.32 e 7.33 para a e.l.f. Beauty, Inc. (ELF), em 9 de março de 2017. A ELF estava na minha lista de observação dos movimentadores pré-mercado naquele dia e dera um salto de mais de 19% por causa de seus bons resultados. Decidi acompanhar a ação de perto para ver se poderia negociá-la do lado vendido. Havia uma grande chance de que muitos investidores e *traders* com posições do dia anterior tentassem vender suas posições para realizar lucro. Um lucro da noite para o dia de 19% é muito tentador para muitos investidores. Por que não realizar o lucro?

Sigla	$	T	C $	C %	Float	I|,I| I	S Float	Setor
ELF	30,30	186,010	5,00	19,8	3.556.310	0,90	7,49	Comércio de varejo
HZN	14,00	59,961	-3,02	-17,7	18,08M	0,58	6,54	Indústria
TLRD	16,70	437,617	-6,67	-28,5	48,34M	0,91	26,12	Comércio de varejo

Figura 7.32 — Lista de observação dos meus movimentadores pré-mercado, em 9 de março de 2017, às 9h, mostrando que a ELF talvez fosse uma ação em jogo naquele dia.

Como você pode ver na Figura 7.33, a ação abriu a 31 dólares e caiu fortemente, a menos de 30 dólares, nos primeiros cinco minutos. Esse foi o sinal de que os investidores estavam vendendo para realizar lucros depois do salto superior a 19%. Esperei que o primeiro embate de cinco minutos entre compradores e vendedores se acalmasse. Assim que vi que o preço rompera a faixa de abertura de cinco minutos, vendi a descoberto abaixo do VWAP. Como mencionei antes, o ORB é um sinal de compra ou venda, e você precisa definir os pontos de saída e *stop loss* adequados. Para mim, o *stop loss* é sempre um fechamento acima do VWAP no caso das posições vendidas e um fechamento abaixo do VWAP no caso das posições compradas. O ponto-alvo de lucro é o próximo nível técnico importante.

Como você também pode ver na Figura 7.33, acompanhei a onda de baixa até o nível diário seguinte de 28,62 dólares e cobri minhas vendas em torno desse nível.

Figura 7.33 — Exemplo de estratégia ORB no gráfico de cinco minutos da ELF.

Outro exemplo poderia ser a Procter & Gamble Co. (PG), em 15 de fevereiro de 2017. A ação apareceu em meu *scanner* de movimentadores pré-mercado (Figura 7.34) e eu a tinha em minha lista de observação na abertura.

Sigla	$	T	C	$C	%	Float			SFloat	Setor
SODA	50,70	107.445	3,35		7,1	20,93M	1,04		5,78	Indústria
PG	89,44	449.389	1,58		1,8	2,56B	0,79		1,37	Indústria
AIG	63,10	552.300	-3,79		-5,7	1,03B	0,81		1,45	Finanças e seguros
FOSL	18,71	702.161	-4,16		-18,2	33,89M	1,11		35,88	Comércio de varejo

Figura 7.34 — Lista de observação de meus movimentadores pré-mercado, em 15 de fevereiro de 2017, às 9h, mostrando que a PG talvez fosse uma ação em jogo naquele dia.

Como você pode ver na Figura 7.35, apenas nos primeiros cinco minutos mais de 2,6 milhões de ações foram negociadas, mas o preço da PG mudou apenas de 89,89 dólares para 89,94 dólares. Essa foi uma faixa de apenas 5 centavos, enquanto a ATR da PG foi de 0,79 dólar. Como mencionei, você precisa que o intervalo de abertura seja menor do que a ATR diária. Se uma ação se move perto ou acima de sua ATR na abertura, ela não é uma boa candidata para a estratégia ORB. Isso significa que a ação é muito volátil e não tem movimentos aproveitáveis. Vale a pena mencionar novamente: as ações em jogo se movem, e esses movimentos são direcionados e aproveitáveis. Se uma ação sobe e desce 2 dólares, constantemente, com um volume alto, mas sem qualquer sinal de direção, você deve manter distância dela. Em geral, essas ações estão sendo muito negociadas por computadores.

No exemplo da PG, assim que vi que ela rompeu o topo da faixa de variação de abertura, optei por comprar e surfei a onda em direção ao próximo nível de resistência de 91,01 dólares. Se não houver um nível técnico óbvio para a saída e para a meta de lucro, você pode sair quando uma ação mostrar sinais de fraqueza. Por exemplo, se o preço atinge um novo fundo de cinco minutos, isso significa fraqueza, então considere a venda se estiver comprado. Se estiver vendido e a ação atingir um novo topo de cinco minutos, isso poderá ser um sinal de força e você talvez queira cobrir sua posição vendida. Nesse exemplo da PG, se você não identificou previamente o nível de 91,01 dólares, saia quando a PG atingir um novo ponto mínimo de cinco minutos logo abaixo de 91 dólares. Marquei para você na Figura 7.35.

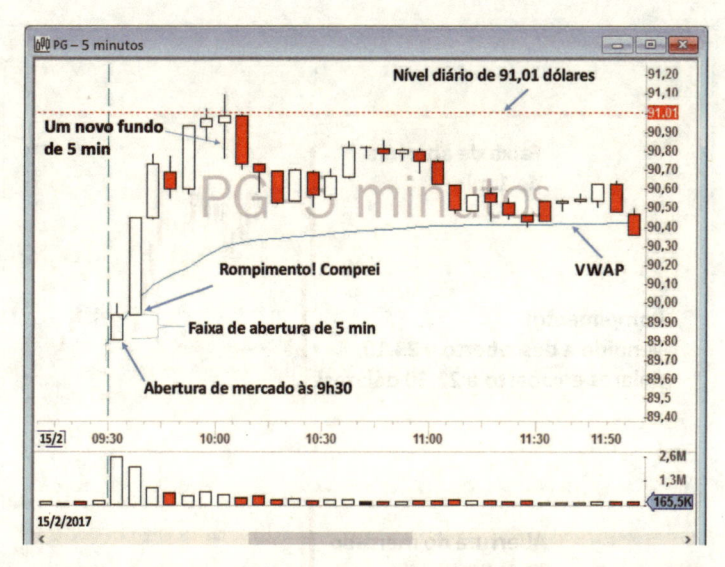

Figura 7.35 — Exemplo de estratégia ORB no gráfico de cinco minutos da PG.

Evitei negociar nos primeiros cinco minutos durante anos. Agora, no entanto, estou mais confiante em minha capacidade de negociação e gerenciamento de risco. Assim, muitas vezes, implemento rompimentos para cima da faixa de abertura de um minuto ou rompimentos para baixo da faixa de abertura de um minuto. Recomendo, se você for um *trader* iniciante, que evite os primeiros cinco minutos voláteis da abertura do mercado (9h30 às 9h35), mas depois, conforme ficar mais confiante em sua capacidade de negociação, implemente aos poucos as estratégias de negociação mais voláteis. Os ORBs de um minuto se tornaram uma das principais estratégias de negociação que uso quase todos os dias. Vamos revisar alguns exemplos recentes de negociações que fiz em junho de 2020.

A Figura 7.36 mostra um ORB de um minuto da Carnival Corp. (CCL). Conforme mencionado anteriormente, durante os primeiros meses da Covid-19, as ações das companhias aéreas e de cruzeiros marítimos foram extremamente voláteis. Em 9 de junho de 2020, a CCL havia caído mais de 10% e, no primeiro minuto, caiu muito abaixo do VWAP. Decidi aguardar o primeiro minuto de negociação para ver o resultado inicial da batalha entre compradores e vendedores. Os compradores estavam fracos e, portanto, optei por vender duas mil ações a 23,10 dólares e cobri minhas vendas a descoberto no rompimento da vela em direção a 22,50 dólares, com um lucro de 0,60 dólar por ação (ou 1.200 dólares) em questão de um minuto.

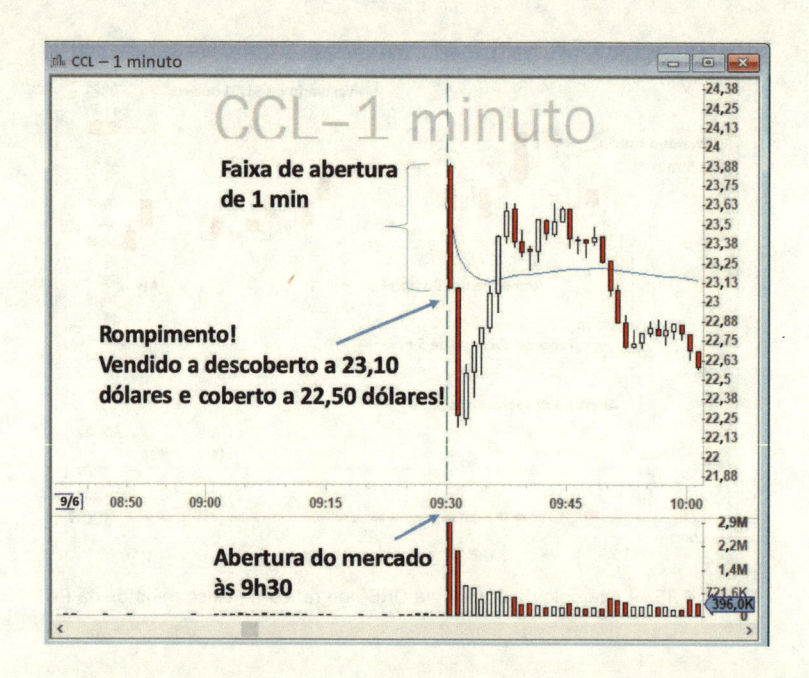

Figura 7.36 — Exemplo de estratégia ORB no gráfico de um minuto da CCL para 9 de junho de 2020.

Durante os primeiros meses da pandemia do novo coronavírus, algumas das ações de companhias aéreas e de cruzeiros foram nossas melhores amigas! A volatilidade dessas ações criou oportunidades incríveis para mim e para muitos de nossos *traders*. Meu amigo e colega da Bear Bull Traders Thor Young negociava ações da Norwegian Cruise Line Holdings Ltd. (NCLH) quase todos os dias. Ele estava apaixonado por aquele sigla!

A Figura 7.37 mostra um ORB de um minuto da Advanced Micro Devices, Inc. (AMD), famosa empresa de semicondutores, em 9 de junho de 2020. Como você pode ver, as ações abriram forte no primeiro minuto, e uma oportunidade para comprar apresentou-se logo após a primeira vela de um minuto fechar em cerca de 52,90 dólares. A ação subiu para cerca de 53,80 dólares em menos de dez minutos!

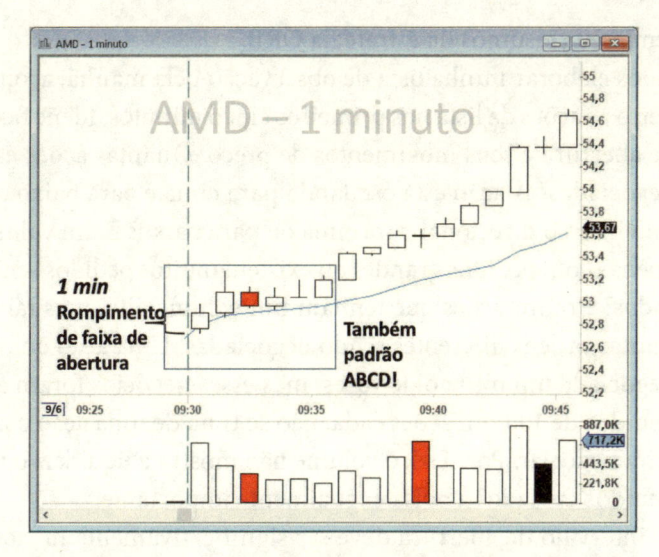

Figura 7.37 — Exemplo de estratégia ORB de um minuto no gráfico de um minuto da AMD para 9 de junho de 2020.

Se você observar atentamente a Figura 7.37, também poderá ver as velas de um minuto formarem um padrão ABCD. Se não aproveitar uma estratégia com uma ação, muitas vezes você poderá encontrar outro padrão para negociar! Mesmo que não tenha negociado um rompimento de faixa de abertura de um minuto na AMD, ainda é possível negociá-la em um ORB de cinco minutos, conforme mostrado na Figura 7.38.

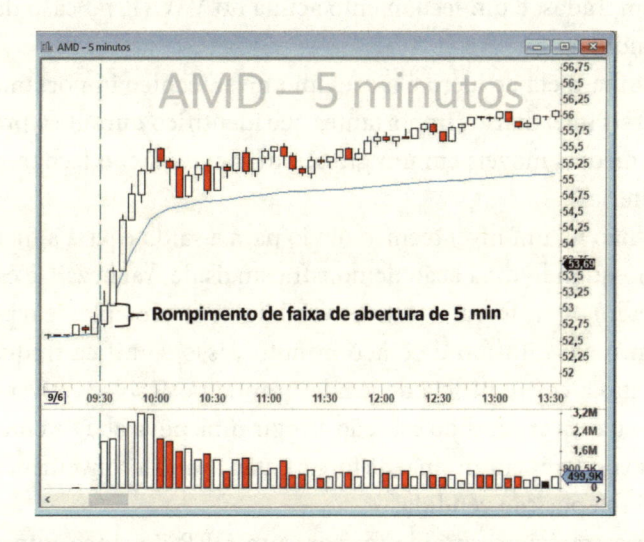

Figura 7.38 — Exemplo de estratégia ORB de cinco minutos no gráfico de cinco minutos da AMD para 9 de junho de 2020.

Seguem meus resumos da estratégia ORB.
1. Após elaborar minha lista de observação pela manhã, acompanho de perto as ações da lista nos primeiros cinco minutos. Identifico sua faixa de abertura e seus movimentos de preço. Quantas ações estão sendo negociadas? A ação está oscilando para cima e para baixo ou tem um movimento direcional para cima ou para baixo? É um volume grande apenas com pedidos grandes ou existem muitos pedidos sendo processados? Prefiro ações que tenham um volume alto, mas também com muitas ordens diferentes sendo negociadas. Uma ação que tenha sido negociada um milhão de vezes, mas esses negócios foram apenas dez pedidos de 100 mil ações cada, não se trata de uma ação com liquidez para negociar. Por si só, o volume não mostra a liquidez; o número de pedidos enviados à bolsa é igualmente importante.
2. O intervalo de abertura deve ser significativamente menor do que a ATR. Eu a coloquei como uma coluna em meu *scanner* da *Trade Ideas*.
3. Após o encerramento dos primeiros cinco minutos de negociação, as ações podem continuar a ser negociadas nessa faixa de abertura durante os próximos cinco minutos. Contudo, se noto que a ação está ultrapassando a faixa de abertura, entro na operação de acordo com a direção do rompimento: do lado comprado, no caso de um rompimento de alta; e do lado vendido, no caso de um movimento de baixa.
4. Meu *stop loss* é um fechamento abaixo do VWAP, no caso das posições compradas, e um fechamento acima do VWAP, no caso das posições vendidas.
5. Minha meta de lucro é o próximo nível técnico importante, como: a) níveis intradiários importantes que identifico durante o pré-mercado; b) médias móveis em um gráfico diário; e/ou c) o fechamento do dia anterior.
6. Se não há um nível técnico óbvio para a saída e para a meta de lucro, saio quando uma ação demonstra sinais de fraqueza (se estiver comprado) ou de força (se estiver vendido). Por exemplo, se o preço atinge um novo mínimo de cinco minutos, isso significa fraqueza, então, avalio a conveniência de vender minha posição se estiver comprado. Se eu estiver vendido e a ação atingir uma nova alta de cinco minutos, isso poderá ser um sinal de força; então avalio a conveniência de cobrir minha posição vendida.

Minha estratégia resumida foi para um ORB de cinco minutos, mas o mesmo processo também funcionará bem para ORBs de quinze ou trinta minutos. Recomendo que evite o ORB de um minuto no início de sua carreira de *trader*. Os movimentos de preços logo na abertura podem ser violentos e, se a ação se mover contra você, isso poderá resultar em um prejuízo repentino, o que acontecerá de maneira muito mais rápida do que você será capaz de cobrir sua posição. À medida que cresce como *trader*, você pode, aos poucos, implementar ORBs de ritmo mais rápido. Hoje em dia, negocio principalmente ORBs de um minuto (para cima ou para baixo).

OUTRAS ESTRATÉGIAS DE NEGOCIAÇÃO EM BOLSA

Você acabou de ler um resumo de algumas das minhas estratégias de negociação favoritas. Talvez, agora, esteja se perguntando o que os outros *traders* fazem. Como mencionei anteriormente, há um número ilimitado de estratégias de negociação que os indivíduos desenvolveram para si. Os *traders* costumam escolher e modificar suas estratégias com base em fatores pessoais, como: tamanho da conta; quantidade de tempo que pode ser dedicada à negociação em bolsa; experiência de negociação; personalidade; e tolerância ao risco.

O ideal é que você desenvolva sua própria estratégia de negociação. Ela precisa ser bem customizada para cada indivíduo. Minha personalidade e tolerância ao risco são, provavelmente, diferentes das suas e das de outros *traders*. Posso não me sentir confortável com uma perda de 500 dólares, mas alguém que tem uma conta grande pode, facilmente, absorver o prejuízo e, por fim, lucrar com uma operação que perdia dinheiro. Você não pode negociar da mesma forma que outra pessoa; desenvolva seu próprio método e sua própria estratégia de gerenciamento de risco.

Alguns *traders* se concentram fortemente em indicadores técnicos, como o IFR; a convergência e divergência de médias móveis (*moving average convergence divergence* —MACD); ou o cruzamento de médias móveis. Existem centenas, se não milhares, de indicadores técnicos sofisticados por aí. Alguns *traders* acreditam ter encontrado o Santo Graal dos indicadores técnicos, e isso pode ser uma combinação do IFR ou do cruzamento de médias móveis. Não acredito que ter um grande número de indicadores técnicos o tornará, automaticamente, um *day trader* bem-sucedido. O *day trading* não é mecânico e automatizado, é discricionário, e os *traders* precisam tomar decisões em tempo real. O sucesso de cada estratégia é baseado no julgamento e na sua execução adequada pelo *trader*.

Sou também cético com relação às estratégias que combinam muitos indicadores. Não creio que ter mais indicadores em seu gráfico o ajude no *day trading*, sobretudo porque você precisa ser capaz de processar informações muito rapidamente, às vezes em apenas uma questão de segundos. Descobri que, muitas vezes, os sinais dos indicadores também se contradizem, e isso leva à confusão.

É por isso que meus indicadores de *day trading* são limitados ao VWAP e a algumas outras médias móveis. Para minhas transações de *swing*, uso indicadores mais complicados, como a MACD, uma vez que não preciso tomar decisões rápidas. Em geral, analiso minhas transações de *swing* após o fechamento do mercado, com a diligência e a avaliação devidas. Você pode encontrar, com facilidade, mais informações sobre os indicadores que mencionei nesta seção, junto com muitos outros, por meio de uma simples pesquisa *on-line*.

Alguns dos meus colegas *day traders* podem discordar de mim, mas, como já mencionei, minha experiência pessoal é que não é possível entrar em uma operação com uma abordagem mecânica e sistemática e, em seguida, deixar os indicadores ditarem sua entrada e saída.

Os computadores estão operando no mercado o tempo inteiro. Quando você configura um sistema de negociação que não tem entrada ou não requer decisões do *trader*, então está entrando no mundo da negociação algorítmica e perderá negociações para bancos de investimento que têm algoritmos de milhões de dólares e também bilhões de dólares em dinheiro para negociar.

Claro, uso o IFR em meu *scanner* para algumas das minhas estratégias de negociação e, em particular, para as operações de reversão. É óbvio que tenho *scanners* que dependem de um IFR alto ou baixo, mas estes são mais condicionados para localizar ações em situações extremas. Eles não são, de forma alguma, um indicador de compra ou venda.

DESENVOLVA SUA PRÓPRIA ESTRATÉGIA

Você ainda precisa encontrar seu próprio lugar no mercado. Posso ser um operador de um ou cinco minutos; talvez você seja um operador de mercado de sessenta minutos. Alguns podem ser *traders* diários ou semanais (*swing traders*). Existe um lugar no mercado para todos. Considere o que você está aprendendo neste livro como peças de um quebra-cabeça que, juntas, formam a imagem maior de sua carreira de *trader*. Você vai obter algumas informações aqui neste livro, algumas outras com suas outras leituras e pesquisas e, no cômputo geral, vai criar um quebra-cabeça que se tornará sua própria estratégia de negociação exclusiva: "seu diferencial". Além disso, não se esqueça de dar um "nome" a cada estratégia que desenvolver. Se for uma estratégia nova, invente um nome para ela! Ter um nome para uma estratégia dá a ela uma identidade e isso ajuda a evitar que você opere sem um plano. Se não consegue identificar por que está em uma transação e à qual estratégia a transação pertence, muito provavelmente você não deveria estar nessa transação.

Em nossa sala de bate-papo, sempre que faço uma operação ao vivo na frente de nossos *traders*, digo em voz alta o nome da estratégia que estou usando como base. Isso é importante para mim, pois garante que não estou entrando em uma aposta "sem estratégia", sem nenhum plano. Você me ouvirá o tempo todo dizer em voz alta coisas como: "Estou comprando a CCL para um rompimento de faixa de abertura de um minuto com um *stop loss* abaixo de 11,50 dólares abaixo do VWAP". Minha posição pode ser liquidada como resultado de meu *stop loss*, e a transação pode não ser favorável para mim, mas, pelo menos, sei que tenho uma estratégia viável estabelecida quando entro em uma transação, e você também deve fazer o mesmo para cada uma de suas transações.

Não espero que tudo o que faço funcione exatamente da mesma forma para você. Mas meu objetivo ao escrever este livro é ajudá-lo a desenvolver uma estratégia que seja útil para a sua personalidade, para o tamanho de sua conta e para a sua tolerância ao risco. Entre em contato comigo na sala de bate-papo da www.BearBullTraders.com ou envie um e-mail diretamente para andrew@bearbulltraders.com se você acha que posso ajudar de alguma forma. Tento responder a todos os e-mails sem muita demora, sobretudo se não estou viajando ou escalando!

Posteriormente, no capítulo 9, examinaremos o caso de um *trader* recentemente bem-sucedido que também leu uma edição anterior deste livro. O que é fascinante sobre esse estudo de caso é que o *trader* aprendeu o básico com meus livros, mas encontrou o próprio diferencial no mercado por meio de trabalho duro e dedicação de tempo e esforço necessários. Ele negocia de forma completamente diferente de mim. Tem o próprio conjunto de regras e definiu a própria estratégia, que não são os que eu pratico ou ensino. Ele desenvolveu uma estratégia muito diferente para si mesmo.

Espero que você ache este estudo de caso útil, até mesmo inspirador, à medida que cresce como *trader*. Nos primeiros dias de negociação, a chave é dominar uma única estratégia. Você pode começar a diversificar mais tarde, mas primeiro precisa dominar apenas uma estratégia. Pode ser o padrão ABCD, pode ser a estratégia de rompimento da faixa de abertura ou você pode criar uma estratégia própria.

É de importância crítica que todo *trader* negocie de acordo com uma estratégia. Planeje uma negociação e a realize com base em seu plano. Gostaria que alguém tivesse me dito isto quando comecei a treinar: "Andrew, você precisa negociar com base em uma estratégia. Se está negociando com dinheiro real, precisa estar negociando uma estratégia por escrito e deve ter dados históricos para verificar se vale a pena negociar com dinheiro real". Não modifique seu plano após entrar em uma transação e ter uma posição aberta. Como acabei de mencionar, você também precisa atribuir um nome à sua estratégia. Dê um nome a ela! Quando você nomeia uma estratégia, significa que é capaz de identificá-la e conhece seus critérios.

A verdade sobre os *traders* é que eles fracassam. Eles perdem dinheiro, e uma grande parcela desses *traders* não está obtendo os conhecimentos que você está recebendo ao ler este livro. Eles usarão estratégias de negociação ao vivo que não foram testadas ou não têm critérios adequados, estarão apenas negociando aleatoriamente um pouco disso e um pouco daquilo até que sua conta se esgote, e então se perguntarão o que aconteceu. Não opere uma estratégia nova ao vivo até que tenha provado que vale a pena investir nela. Pratique três meses em um simulador e, em seguida, negocie montantes pequenos de dinheiro real por um mês. Depois volte ao simulador para corrigir seus erros ou pratique novas estratégias por mais três meses. Não há vergonha alguma em voltar a um simulador em qualquer estágio de sua carreira de *day trading*. Quando desejam desenvolver uma nova estratégia, até mesmo *traders* experientes e profissionais a testam primeiro em um simulador ao vivo.

Seu foco ao ler este livro e ao praticar em contas simuladas deve ser desenvolver uma estratégia que valha a pena utilizar em suas negociações. Lembre-se de que o mercado está sempre aqui e se tornando cada vez mais volátil e líquido. Você não precisa se apressar para entrar no *day trading*. Uma carreira de *day trading* é uma maratona, não uma corrida de velocidade. Não se trata de ganhar 50 mil dólares até o final da próxima semana. Trata-se de desenvolver um conjunto de habilidades que durará a vida inteira.

NEGOCIAÇÃO COM BASE NA HORA DO DIA

Categorizo as sessões de *day trading* com base na hora do dia: abertura, final da manhã, meio do dia e fechamento. Cada período de tempo deve ser tratado de forma diferente, e você deve ter cuidado porque nem todas as estratégias funcionam bem em todos os horários. Os bons *traders* tomam nota da hora do dia em que ocorrem suas negociações mais lucrativas e ajustam suas negociações e estratégias para se adequar a essas horas.

A abertura tende a durar entre trinta e sessenta minutos (das 9h30 às 10h30, horário de Nova York). Negocio com mais volume e com mais frequência durante a abertura, meu período de tempo mais lucrativo do ponto de vista estatístico. Como tal, aumento o tamanho de minhas posições durante esse horário e negocio com mais frequência.

- As transações com base em estratégias de rompimento de faixa de abertura (meu favorito), tendência bandeira de alta e VWAP tendem a ser as melhores para a abertura.

Durante o final da manhã (10h30 às 12h), o mercado fica mais lento, mas ainda há boa volatilidade nas ações em jogo. É um dos momentos mais fáceis do dia para os *traders* iniciantes. Comparado com a abertura, o volume é menor, mas também há menos volatilidade inesperada. Uma avaliação das transações de nossos *traders* iniciantes indica que eles têm o pior desempenho durante a abertura e o melhor durante a sessão do final da manhã. Podem-se esperar excelentes transações do ponto de vista risco/recompensa durante esse período. Explico a reversão de VWAP e o falso rompimento de VWAP (as duas estratégias que tendem a ser as melhores para o final da manhã) em meu segundo livro, *Advanced Techniques in Day Trading*. Raramente negocio a bandeira de alta no final da manhã, no meio do dia ou no fechamento.

Durante o meio do dia (12h às 15h), o mercado fica mais lento. É a hora mais perigosa do dia. Há menos volume e liquidez. Uma ordem pequena pode fazer com que uma ação se mova muito mais do que você poderia imaginar. Movimentos estranhos e inesperados encerrarão sua posição com mais frequência durante o meio do dia. Uma análise de minhas transações revela que meu desempenho piora nesse período. Consequentemente, caso decida negociar durante o meio do dia, reduzo o tamanho da minha posição e estabeleço *stop losses* apertados. Só faço transações que ofereçam o melhor índice risco/recompensa durante esse horário. Os *traders* iniciantes tendem a praticar *overtrade* no meio do dia. Às vezes, negociar bem e negociar de forma inteligente significa não negociar de forma alguma. É melhor reunir informações durante o meio do dia para se preparar para o fechamento. Observe as ações, prepare-se para o fechamento e seja muito, muito cuidadoso com qualquer transação que fizer.

- As negociações de reversão, o VWAP, a média móvel e o suporte ou a resistência tendem a ser as melhores estratégias para o meio do dia.

No fechamento (15h às 16h), as ações são mais direcionais, então fico com aquelas que estão com tendência ascendente ou descendente na última hora do pregão. Aumento o tamanho das minhas posições em relação ao meio do dia, mas a um nível menos alto que na abertura. Os preços de fechamento diários tendem a refletir a opinião dos *traders* de Wall Street sobre o valor das ações. Eles observam os mercados ao longo do dia e tendem a dominar a última hora do pregão. Muitos dos profissionais de mercado realizam lucros nesse momento para evitar carregar posições de um dia para o outro. Se a ação estiver subindo na última hora, isso significa que os profissionais, provavelmente, estão otimistas com relação a ela. Se a ação estiver caindo durante a última hora, os profissionais do mercado, provavelmente, estão pessimistas. Portanto, é uma boa ideia negociar com os profissionais, não contra eles.

- As transações de VWAP, suporte ou resistência e média móvel tendem a ser as melhores estratégias durante o fechamento.

Muitos *traders* perdem, ao longo do dia, o lucro que auferiram na abertura. Não seja um deles. Criei uma regra para mim. Não posso perder mais do que 30% do que ganhei na abertura durante o final da manhã, no meio do dia ou no fechamento. Se eu perder mais do que os 30% permitidos, paro de operar ou começo a operar em um simulador.

8

PASSO A PASSO PARA UMA NEGOCIAÇÃO BEM-SUCEDIDA

Agora que revisamos as principais estratégias de negociação, a elaboração de uma lista de observação e a análise da movimentação dos preços, vamos dar uma olhada em duas de minhas operações. Posteriormente, explicarei em detalhes como as executei.

ELABORANDO UMA LISTA DE OBSERVAÇÃO

Na manhã de 2 de junho de 2016, antes da abertura do mercado, a Sarepta Therapeutics, Inc. (SRPT) apareceu em meu *scanner* de lista de observação (Figura 8.1). Havia caído 14,5%, tinha um volume de ações, relativamente médio, em livre circulação (apenas 36 milhões de ações, o que significava que a ação tinha bom potencial para movimentos intradiários) e uma média de amplitude de variação (ATR) alta de 1,86 dólar (o que significava que, em média, a ação se movimentava em uma faixa tão larga quanto 1,86 dólar durante o dia). As ATRs mais altas são desejáveis para o *day trading*.

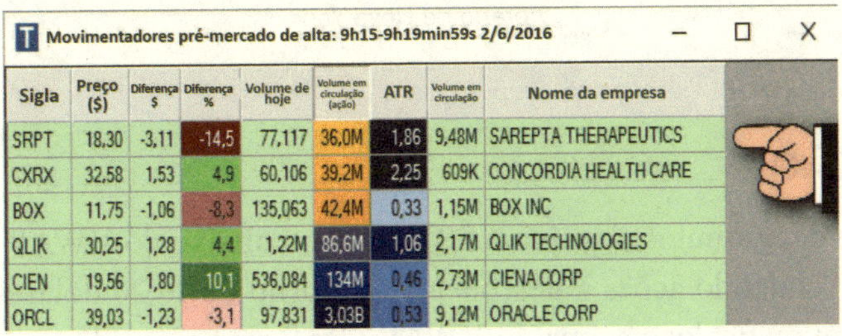

Movimentadores pré-mercado de alta: 9h15-9h19min59s 2/6/2016

Sigla	Preço ($)	Diferença $	Diferença %	Volume de hoje	Volume em circulação (ação)	ATR	Volume em circulação	Nome da empresa
SRPT	18,30	-3,11	-14,5	77,117	36,0M	1,86	9,48M	SAREPTA THERAPEUTICS
CXRX	32,58	1,53	4,9	60,106	39,2M	2,25	609K	CONCORDIA HEALTH CARE
BOX	11,75	-1,06	-8,3	135,063	42,4M	0,33	1,15M	BOX INC
QLIK	30,25	1,28	4,4	1,22M	86,6M	1,06	2,17M	QLIK TECHNOLOGIES
CIEN	19,56	1,80	10,1	536,084	134M	0,46	2,73M	CIENA CORP
ORCL	39,03	-1,23	-3,1	97,831	3,03B	0,53	9,12M	ORACLE CORP

Figura 8.1 — Minha lista de observação às 6h15 (9h15 no horário de Nova York) — a SRPT está em minha lista de observação.

PLANO DE NEGOCIAÇÃO (ENTRADA, SAÍDA E *STOP LOSS*)

Olhei para o gráfico e decidi esperar e ver a movimentação dos preços nos primeiros dez minutos do pregão. Você pode acompanhar meus comentários na Figura 8.2. Quando o mercado abriu, notei que os compradores não estavam conseguindo empurrar o preço mais para cima. Não havia interesse em recomprar as ações. Portanto, decidi fazer uma transação VWAP. Monitorei-o, bem como a movimentação dos preços em torno do VWAP durante duas velas de cinco minutos. Percebi que os vendedores estavam no controle e que os compradores não podiam elevar o preço acima do VWAP e mantê-lo lá. Sabia que essa era uma boa venda a descoberto com um *stop loss* acima do VWAP.

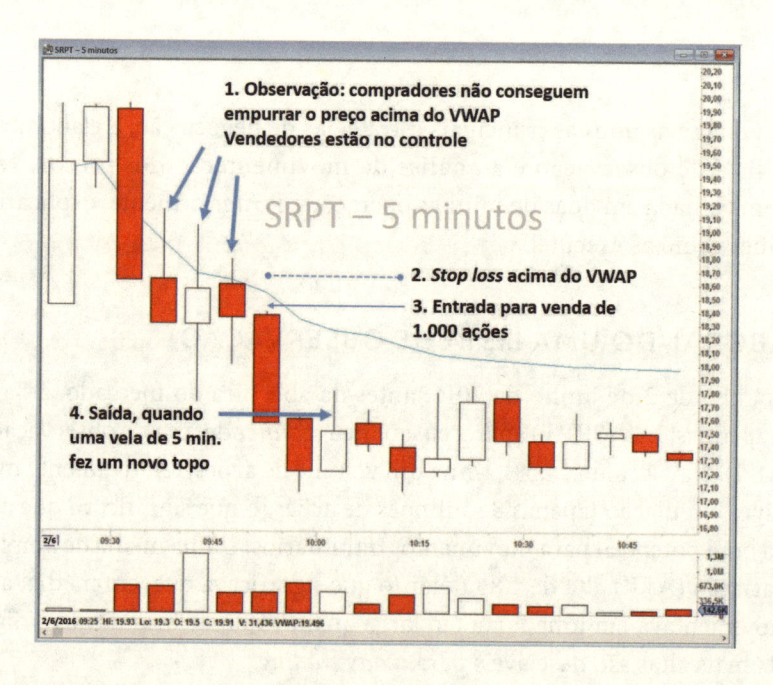

Figura 8.2 — Gráfico de cinco minutos em 2 de junho de 2016. O mercado abriu às 9h30, horário de Nova York.

EXECUÇÃO

Depois de dez minutos, quando a SRPT fechou abaixo do VWAP, comecei a operação vendendo ações a descoberto em torno de 18,20 dólares, com um *stop loss* em mente logo acima do VWAP. Conforme esperado, os vendedores assumiram o controle e o preço da ação despencou para 17 dólares. Saí quando uma vela de cinco minutos atingiu um novo topo, pois isso significava que os compradores estavam obtendo o controle. Cobri minhas vendas a cerca de 17,40 dólares e obtive um lucro de 650 dólares (Figura 8.3).

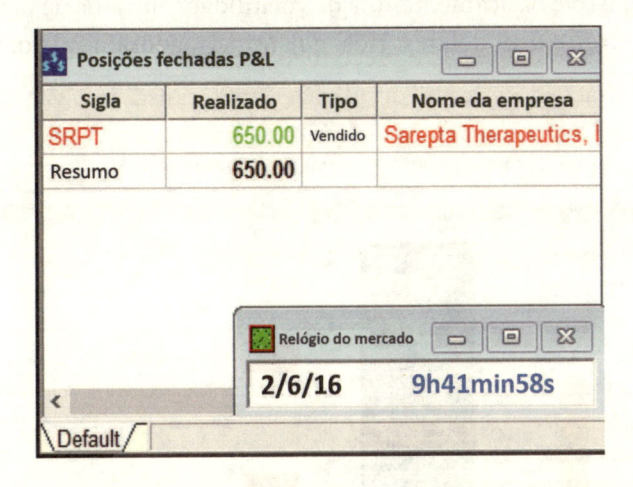

Posições fechadas P&L			
Sigla	Realizado	Tipo	Nome da empresa
SRPT	650.00	Vendido	Sarepta Therapeutics, I
Resumo	650.00		

Relógio do mercado
2/6/16   9h41min58s

Figura 8.3 — Meu lucro em 2 de junho de 2016 (apenas doze minutos após o início do pregão).

Agora, vamos dar uma olhada em uma das minhas operações recentes em 2020.

Na manhã de 12 de junho de 2020, o mercado de ações abriu com alta de 2%. Por causa da pandemia, o mercado estava fraco havia meses, mas alguns sinais de recuperação foram lentamente aparecendo. Os preços do petróleo caíram, significativamente, à medida que a demanda por petróleo diminuiu devido à desaceleração econômica. Ao ler essas palavras, você deve se lembrar de que o preço do petróleo caiu, em abril de 2020, ao ponto de algumas pessoas nos Estados Unidos poderem encher um tanque de gasolina por menos de 30 dólares. Além das empresas de petróleo e de energia, vários setores foram duramente atingidos nos primeiros meses da pandemia, incluindo companhias aéreas, empresas de turismo, hotéis, pousadas e *resorts*.

Uma das ações que negociamos com muita frequência em nossa comunidade durante a pandemia foi a Occidental Petroleum Corporation (OXY), uma empresa estadunidense envolvida na exploração de petróleo nos Estados Unidos, América do Sul e Oriente Médio. Como é possível ver na Figura 8.4, a OXY havia subido mais de 7% e estava sendo negociada no pré-mercado a 18,76 dólares, às 9h (horário de Nova York), com volume de quase 1,2 milhão de ações. O volume e a liquidez eram muito bons para o pré-mercado. Apenas as ações em jogo conseguem apresentar um volume de negociação bom no pré-mercado. A média de amplitude de variação (ATR) da OXY foi de 1,92 dólar, o que significa que o preço médio das ações variava em torno de 1,90 dólar por dia! Isso é basicamente 10% de volatilidade intradiária para uma ação que vale entre 18 e 19 dólares. Nós, *day traders*, adoramos isto: volatilidade e liquidez!

Sigla	Preço $	Volume de hoje	Variação fechamento	Variação fechamento	Volume em circulação (ação)	ATR	Volume em circulação vendido (%)	Setor
SPR	28,69	182,946	2,52	9,6	104M	3,24	8,37	Indústria
AMC	5,66	109,955	0,49	9,5	52,5M	0,69		Comunicação
CLDX	9,58	868,551	0,83	9,4	17,6M	0,83	1,59	Indústria
M	7,34	1,38M	0,58	8,6	309M	0,98	45,12	Comércio de varejo
MGM	19,33	555,554	1,49	8,4	469M	1,77	8,16	Acomodação e serviços de alimentação
APA	13,85	159,774	1,06	8,3	376M	1,42		Mineração, pedreiras, extração de gás e petróleo
MT	10,80	205,757	0,81	8,1	1,01B	0,57		Indústria
MIK	5,98	122,503	0,44	7,9	147M	0,96	37,86	Comércio de varejo
OXY	18,76	1,19M	1,35	7,8	899M	1,92	7,85	Mineração, pedreiras, extração de gás e petróleo
BA	183,15	2,14M	13,15	7,7	564M	16,11	2,66	Indústria
MRO	6,73	368,350	0,47	7,5	789M	0,54	8,20	Mineração, pedreiras, extração de gás e petróleo
SPG	77,14	125,765	5,22	7,3	303M	7,45	10,34	Finanças e seguros

Figura 8.4 — Minha lista de observação às 6h (9h, horário de Nova York). A OXY está na minha lista de observação.

O volume em livre circulação da OXY era de cerca de 900 milhões de ações, o que a colocava em uma faixa na qual me sinto confortável para negociar. Acho que as ações com volume em circulação baixo são muito difíceis de negociar (principalmente) porque seu risco pode ser muito difícil de administrar. Olhei para a movimentação dos preço no pré-mercado (Figura 8.5) e encontrei dois níveis importantes de 19,13 dólares (topo do pré-mercado e também topo do dia anterior) e 18,49 dólares (fundo do pré-mercado). Observei também que a ação já havia subido mais de 7%. Decidi que, se a OXY ficasse acima do VWAP, então eu procuraria um rompimento de faixa de abertura de um ou cinco minutos.

Figura 8.5 — Movimentação dos preços da OXY no pré-mercado, antes da abertura do mercado, às 9h30 (horário de Nova York).

Quando o mercado abriu, a OXY fez um belo martelo *doji* acima do VWAP no gráfico de cinco minutos. Um martelo *doji* é uma vela de indecisão que favorece os compradores. Tendo desenvolvido um plano de negociação antes da abertura, eu sabia de antemão o que estava procurando (conforme descrito anteriormente). A ação estava dando um salto para cima (Figura 8.6), o mercado como um todo estava dando um salto para cima, e a OXY estava acima do VWAP.

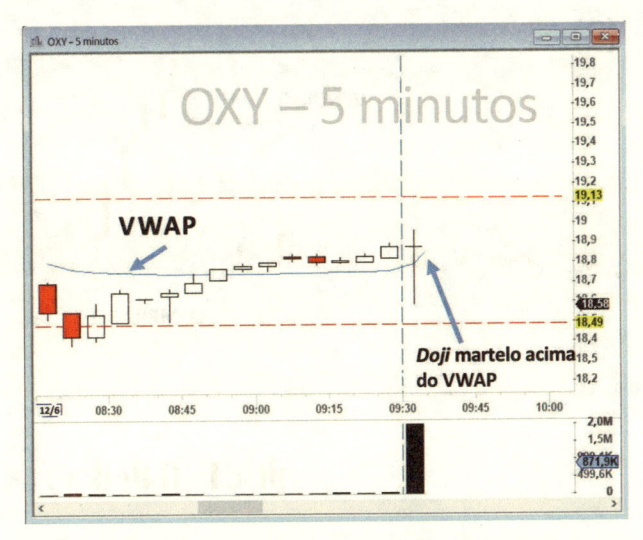

Figura 8.6 — Movimentação dos preços da OXY na abertura do mercado, às 9h30 (horário de Nova York).

Decidi entrar comprando a 18,85 dólares por um intervalo de abertura (*opening range breakout* — ORB) de cinco minutos. Olhei também para meu gráfico de um minuto e vi que a OXY havia ultrapassado o VWAP às 9h36. Isso resultou numa alta de ORB de cinco minutos perfeita! Você verá isso nos dois gráficos que compõem a Figura 8.7.

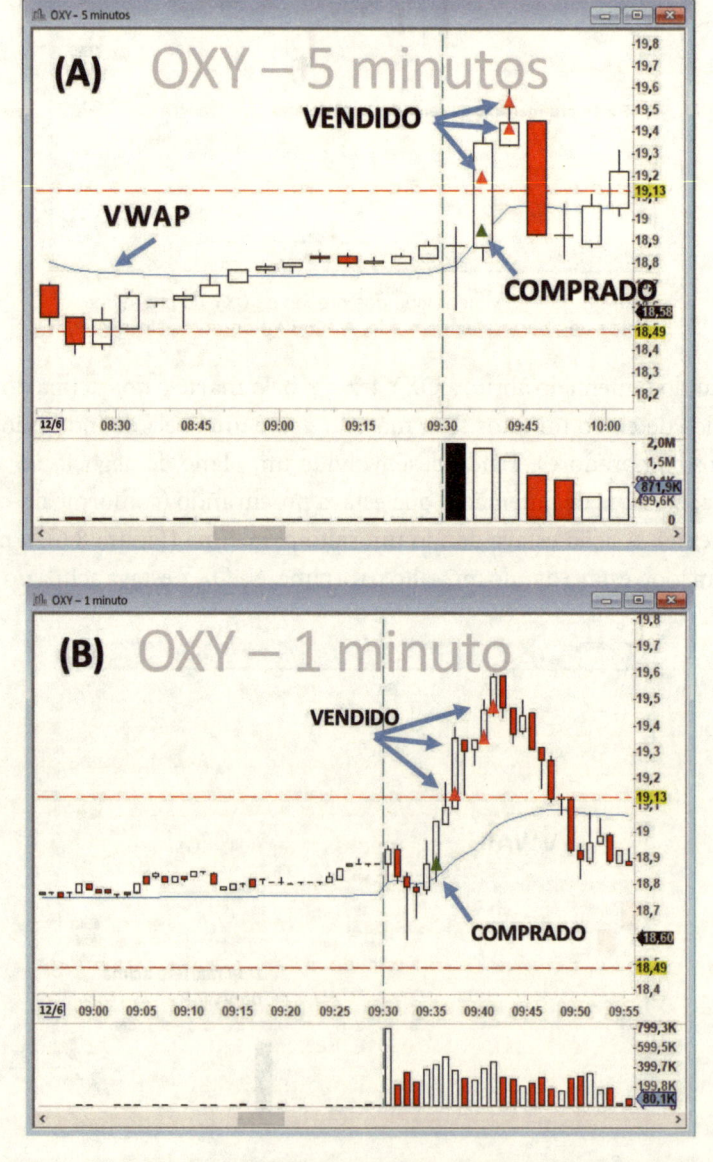

Figura 8.7 — Gráficos de (A) cinco minutos e de (B) um minuto que mostram minhas operações ORB na OXY, em 12 de junho de 2020.

Vendi minhas posições compradas enquanto a ação subia para 19,40 dólares em três etapas, de modo a auferir um lucro de 2.421,81 dólares (antes de comissões e taxas). Essa foi uma boa transação, e encerrei meu dia às 9h39, conforme mostrado (Figura 8.8). Vi que a OXY tinha subido ainda mais, até 19,60 dólares, antes de cair abaixo do VWAP no final da manhã.

Sigla	Realizado	Tipo	Nome da empresa	Account
OXY	2421.81	Margin	Occidental Petroleum Corp.	U1588
IWM	0.00	Margin	iShares Russel 2000 ETF	U4079
Summary	2421.81			

12/06/20 09:39:38

Figura 8.8 — Meu lucro em 12 de junho de 2020 (apenas nove minutos após o início do pregão).

COMO EXECUTEI ESSAS OPERAÇÕES?

Minha filosofia de negociação é que você precisa dominar apenas um número pequeno de configurações sólidas para alcançar lucros consistentes. Na verdade, ter um método de negociação simples, que consista em algumas configurações descomplicadas, ajudará a reduzir a confusão e o estresse e permitirá que você se concentre mais nos aspectos psicológicos da negociação, que são o que realmente separa os vencedores dos perdedores.

Agora que aprendeu as noções básicas de algumas estratégias de negociação, vamos revisar o processo de planejamento real e de realização de uma operação. Você entende a configuração que deseja negociar, mas, como um *trader* iniciante, terá dificuldade em planejar e iniciar uma transação com antecedência. É muito comum encontrar uma boa configuração, mas entrar ou sair da operação na hora errada e perder dinheiro enquanto todos os outros estão ganhando. Acredito que a solução está no desenvolvimento de um processo para suas negociações. Planeje uma negociação e negocie um plano.

Tenho doutorado em engenharia química e meus estudos universitários me levaram a acreditar firmemente na abordagem de processo para a negociação em bolsa. Posso dizer com segurança e confiança que esse é um dos principais motivos do meu sucesso. Meu processo de negociação é assim:

- rotina matinal;
- elaboração de minha lista de observação;
- organização de um plano de negociação;
- início da negociação de acordo com o plano;
- execução da negociação de acordo com o plano; e
- lançamento no diário e reflexão.

Você deve se lembrar de que o que torna uma negociação lucrativa é a execução correta de todas as etapas do processo descrito anteriormente. Anote seus motivos para entrar e sair de cada transação. Qualquer pessoa pode ler este livro ou dezenas de outros livros, mas apenas algumas pessoas têm a disciplina para executar o que vendeu corretamente. Você talvez tenha uma configuração boa, mas escolhe a ação errada para negociar — por exemplo, uma ação que está sendo manipulada por computadores e *traders* institucionais. Talvez encontre uma ação adequada para negociar, mas entra na operação no momento errado. Uma entrada incorreta bagunçará seu plano e você acabará perdendo dinheiro. Encontre uma boa ação para negociar e entre em uma operação corretamente. Porém, se não sair corretamente, transformará uma operação vencedora em um fracasso. Todas as etapas do processo são importantes.

Pense em algo significativo que você faz com frequência em sua vida e, a seguir, pense em uma melhor maneira de fazê-lo. Agora, analise como faz isso atualmente. Esse é um ótimo processo de reflexão para os *traders*. Ao entrar em uma transação, certifique-se de que está focado nas coisas certas, tanto antes de entrar como durante a operação. A criação de um sistema para esse processo de reflexão eliminará a maior parte das dificuldades emocionais que os *traders* experimentam ao tentar entrar em uma operação, bem como ao administrá-la enquanto estão nela.

Isso leva à minha regra final:

Regra 10 — Negociação lucrativa não envolve emoção. Se você for um *trader* emocional, perderá dinheiro.

A instrução e a prática oferecem uma perspectiva sobre o que é mais importante na negociação, como você negocia e como pode crescer e desenvolver suas habilidades. Depois de ter uma perspectiva sobre o que é importante, identifique os processos específicos nos quais se concentrar. A chave do sucesso é conhecer esses processos. Frequentemente serão aprendidos da pior maneira — quando você perder dinheiro.

Descobri que negociar, seguir meu planejamento e adotar a disciplina inerente à minha metodologia de negociação teve um efeito de bola de neve de hábitos positivos em minha vida como um todo, e esses hábitos contribuíram para um sucesso ainda maior na bolsa. Por exemplo, começo meu processo de negociação seguindo a mesma rotina ao acordar, todas as manhãs. Sempre faço uma corrida matinal antes do início do pregão. Como mencionei antes, moro em Vancouver, Canadá, e o mercado abre às 6h30, no meu horário local. Acordo às 4h30 todas as manhãs. Corro de 45 a 60 minutos (em geral, entre sete e dez quilômetros). Chego em casa, tomo um banho e, às 6h, começo a desenvolver meu plano.

Se não me exercitei antes do pregão, tomo decisões equivocadas. Existem estudos científicos que mostram que o exercício aeróbico tem um efeito positivo no processo de tomada de decisão. Pessoas que participam regularmente de exercícios aeróbicos (como correr por, pelo menos, trinta minutos) têm um funcionamento neuropsicológico melhor e uma pontuação mais alta em testes de desempenho que medem funções cognitivas, tais como: controle da atenção, controle inibitório, flexibilidade cognitiva, atualização e capacidade de memória de trabalho e velocidade de processamento de informações. Você pode ler sobre esses tópicos na internet. Muitas vezes, nosso humor é influenciado por nosso estado físico, até mesmo por fatores muito delicados, como o que e o quanto comemos. Mantenha um registro de seus resultados de negociação diários e compare com sua condição física, e verá essas relações por si mesmo. Comece a manutenção preventiva ao manter o corpo e, portanto, a mente em sua condição operacional máxima. Parei de beber café e álcool, parei de comer alimentos de origem animal, e meus níveis de desempenho aumentaram significativamente. Não comer carne e peixe (qualquer ser vivo que tenha sangue) e não fazer uso de álcool, café e tabaco ajuda a superar todas as maldições e a passar bem por todas as fases da vida. Da mesma forma, ao negociar, seu foco deve ser melhorar seu estado atual, em todos os aspectos de sua vida.

Em 2014, eu estava visitando Nova York e decidi dar um passeio ao longo da Wall Street durante o horário de almoço, em um dia de trabalho, e talvez tirar uma *selfie* com o *Charging Bull*, famosa escultura de um touro de bronze que pesa 3,5 toneladas, localizada ali perto, que simboliza o setor financeiro da cidade.

Presumi que a maioria das pessoas que circulam por aquela área durante a semana deveria ser *traders* ou trabalhadores do setor financeiro. Sabia que havia uma boa chance de que a pessoa sentada ao meu lado, em uma cafeteria, estivesse levando para casa um bônus de 2 milhões de dólares no final do ano. Procurei observar as atitudes delas, como andavam, como se vestiam e como se tratavam. Raramente vi alguém que não estivesse bem-vestido, sem confiança e sem estar em excelente forma física. Fiquei pensando: essas pessoas estavam bem-vestidas, confiantes, em ótima forma física e disciplinadas porque eram ricas e bem-sucedidas ou elas se tornaram ricas e bem-sucedidas porque foram disciplinadas, confiantes e ambiciosas? Essa talvez seja uma questão do tipo "ovo e galinha", sem uma resposta definitiva, mas acredito que seja a segunda opção. Com base no que vi, muitas vezes os *traders* bem-sucedidos alcançaram sucesso em quase tudo o que fizeram. Eles são ambiciosos e, desde cedo, têm uma expectativa grande com relação a si mesmos. Eles esperam ser os melhores. O sucesso tem sido sua história, então por que a negociação em bolsa deveria ser diferente?

Pesquisas mostram que os vencedores, em qualquer empreendimento, pensam, sentem e agem de uma forma diferente da dos perdedores. Se você quer saber se tem a autodisciplina de um vencedor, tente agora mesmo, a partir de hoje, parar um hábito que o desafiou no passado. Se você sempre quis estar em melhor forma física, experimente acrescentar exercícios à sua rotina, como correr, e experimente controlar a ingestão de sal e açúcar. Se você bebe muito álcool ou café, tente ver se, por um mês, consegue ficar longe deles. Esses são testes excelentes para ver se você é ou não emocional e intelectualmente forte o suficiente para se disciplinar diante de uma operação perdedora. Não estou dizendo que, se você bebe café ou álcool ou se não corre regularmente, não pode se tornar um *trader* de sucesso; contudo, se tentar melhorar esses aspectos e fracassar, então você deve saber que praticar o autocontrole numa negociação não será tarefa mais fácil de realizar. Mudar é difícil; se quer mesmo ser um *trader* bem-sucedido, trabalhe para mudar e desenvolver sua personalidade em todos os níveis. Trabalhar duro para isso é a única maneira de suportar as mudanças que você precisa fazer. O nível de inteligência não está nos testes de QI ou na forma com que se ganha dinheiro, mas na capacidade de mudar. Como Oprah Winfrey certa vez disse, a maior descoberta de todos os tempos é que uma pessoa pode mudar seu futuro simplesmente mudando sua atitude.

Os *traders* que não conseguem ganhar dinheiro negociando em bolsa muitas vezes ficam frustrados e acabam indo estudar mais sobre o mercado para aprender novas estratégias e indicadores técnicos adicionais. Eles não percebem que a falta de autodisciplina, o comportamento impulsivo e os maus hábitos são a principal causa de seu fracasso, não o seu conhecimento técnico.

Conforme discutido anteriormente, negociar em bolsa não pode ser considerado um passatempo. É preciso abordar a negociação com seriedade. Por isso, acordo às 4h30, dou uma corrida de 45 a 60 minutos, tomo um banho, me visto e como mingau de aveia no café da manhã, tudo antes de ativar meu posto de negociação às 6h. Estou acordado, alerta e motivado quando me sento e começo a elaborar minha lista de observação. Essa rotina matinal me ajuda muito a me preparar mentalmente para entrar no mercado. Portanto, faça o que fizer, começar sua manhã de maneira semelhante renderá dividendos inestimáveis. Sair da cama e jogar água no rosto quinze minutos antes do pregão simplesmente não lhe dá tempo suficiente para se preparar para a abertura do mercado. Ficar sentado em frente ao computador de pijama ou cueca não o coloca na mentalidade certa para atacar o mercado. Eu sei disso, porque já fiz tudo isso.

Minha lista de observação é fruto de uma busca específica, feita pelo *scanner*, todas as manhãs. Não procuro em nenhum outro lugar porque estou confiante de que as ações daquele *scanner* serão a melhor oportunidade para eu negociar. Examino cada uma da mesma maneira, usando uma lista de verificação para determinar se realmente me interessa negociá-la. Às 6h15, já completei a elaboração da minha lista de observação e não acrescento nada a ela mais tarde, porque não haverá tempo suficiente para analisar novas ações e planejar outras transações. Isso me permite observar as siglas na minha lista de observação durante os quinze minutos anteriores à abertura.

Durante esse tempo, observo as siglas em minha lista de observação e desenvolvo planos de negociação para elas com base nos movimentos de preço. Essa é a parte mais difícil e que requer experiência, conhecimento e educação. Muitos *traders* fracassam nessa etapa. Quando o sino toca às 6h30 (9h30, horário de Nova York), meus planos estão prontos, escritos em fichas, porque é muito fácil esquecer o que vi em cada sigla antes da abertura. Qual é o meu plano se o mercado estiver em alta? Qual é o meu plano se ele estiver em baixa? Que configuração eu quero ver? Quais são minhas metas de lucro? Onde será meu próximo *stop loss*? A possibilidade de lucro é grande o suficiente para que a transação faça sentido? O simples fato de fazer perguntas como essas a si mesmo quando estiver planejando suas operações lhe dará uma vantagem significativa, porque você poderá então entrar com um plano de batalha e mantê-lo. Se meu plano de negociação está bem na minha cara, posso consultá-lo com facilidade, e isso elimina a ansiedade que costumava sentir quando o sino de abertura tocava. Tudo o que faço na abertura é procurar meu sinal e o gatilho para começar a negociar.

No exemplo da Figura 8.1, vi que a Sarepta Therapeutics, Inc. (SRPT) havia despencado 14,5%. Eu sabia que não havia muito interesse em comprar as ações por causa da queda de quase 15% desde o fechamento anterior e que agora estavam sendo negociadas abaixo do VWAP. Não consegui encontrar nenhum suporte ou resistência nas proximidades; portanto, decidi dar uma olhada no VWAP e escolhi uma operação de venda a descoberto VWAP (Figura 8.2). Um processo de pensamento semelhante ocorreu durante minha negociação da Occidental Petroleum Corporation (OXY), que também descrevi anteriormente neste capítulo. O mercado estava firme, as ações haviam subido, o volume era grande e a primeira vela de cinco minutos fechou como um *doji* martelo (explicado no capítulo 6). Sua configuração estava pronta para um rompimento da faixa de abertura e eu estava pronto para o sinal (Figuras 8.4 a 8.8).

Assim que uma ação que estou acompanhando forma uma configuração, sinaliza e dispara uma entrada, entro sem hesitar (bem, esse é o plano, de qualquer maneira). Às vezes, posso mudar de ideia, mas não com muita frequência. Tenho minhas metas de lucro escritas em meu plano de negociação, bem como o nível técnico no qual estou baseando meus *stop losses*; então, após a entrada, me concentro apenas em atingir minhas metas e realizar o lucro. Há quem diga que saber quando sair é a parte mais difícil de negociar em bolsa. Pode ser extremamente fácil encerrar uma transação cedo demais se não há um plano predefinido. Ao traçar um plano com antecedência e o seguir, haverá uma chance muito melhor de deixar suas operações vencedoras funcionarem e de cortar suas perdas rapidamente, em vez de o contrário. Isso também o ajudará a controlar suas emoções durante a negociação. Um dos meus alunos me contou sobre a necessidade de filtrar os ruídos. Essa estratégia ajuda muito a fazer isso, de modo que você possa se concentrar nas transações.

Assim que a operação estiver concluída, refletirei sobre o desempenho do meu plano e em que medida me mantive fiel ao que havia escrito. A maior parte da reflexão sobre minhas transações eu faço à noite, quando reviso e recapitulo minhas operações do dia. Acredito que um dos passos-chave, esquecidos por muitos, é a reflexão. "O que eu fiz certo?", "O que eu fiz de errado?" e "Deveria ter vendido antes?" são todas questões extremamente importantes para o desenvolvimento de suas estratégias de negociação. Ter obtido um lucro bom não significa que você seja um *trader* perfeito. Sua capacidade de jogar dos dois lados da mesa é extremamente importante. Anote ou faça uma recapitulação em vídeo da transação e de tudo o que *vier à sua mente* em termos de lições a serem aprendidas e, em seguida, arquive-a juntamente com outras lições anteriores para usá-las como referência no futuro. Algumas lições são mais difíceis do que outras, mas tenha certeza de que, com o tempo, você só irá melhorar. É preciso apenas um incidente, como prender a mão numa porta, para descobrir que devemos ter mais cuidado. Mas pode levar algum tempo para você aprender a acender as luzes antes de sair andando pela casa no escuro.

Por que esse processo de negociação é importante? Porque descreve o que você deve fazer para se preparar para negociar e também porque fornece o foco para negociar em bolsa. Isso ajuda a excluir o ruído social emocional e lhe dá uma oportunidade melhor de realizar transações mais bem-sucedidas e lucrativas. Além disso, fornece uma ferramenta para refletir sobre suas operações e o torna um *trader* melhor. Se você se concentrar nos processos certos, da maneira certa, poderá traçar seu caminho para o sucesso em negociações em bolsa.

9
ESTUDO DE CASO DE UM *TRADER* INICIANTE BEM-SUCEDIDO

Como já se passaram muitos anos desde que comecei a negociar em bolsa, reconheço que talvez não me lembre das dificuldades que enfrentei no início. Ainda tento ensinar e explicar como negociar em linguagem simples, mas é difícil lembrar todos os altos e baixos de um *trader* verdadeiramente iniciante. Ultimamente, tenho me perguntado como posso transmitir, da melhor forma, esses primeiros desafios aos meus leitores e alunos. Um bom professor deve sempre considerar como seus alunos aprendem e o que é necessário para eles passarem pela curva de aprendizagem. No fundo, não importa o quanto o próprio professor sabe.

Para esta edição de *Day Trade*, decidi incluir, como capítulo adicional, o estudo de caso de um *day trader* iniciante que leu este livro e implementou o conhecimento adquirido como ponto de partida para sua carreira. Falei com John, um membro de nossa comunidade que, recentemente, contou sua história em um de nossos webinares semanais, e ele concordou em compartilhar sua jornada de *trader* de forma gentil e generosa com você, leitor deste livro. Em seu webinar para nossos *traders*, a história de John foi incrível e inspiradora. Quando ele começou a operar o *day trading* ao vivo, experimentou dois primeiros meses horríveis (outubro e novembro de 2019). Posteriormente, teve início uma sequência muito promissora (Figura 9.1).

REFLEXÕES DE UM *TRADER* INICIANTE BEM-SUCEDIDO

Por John Hiltz (editado por Andrew Aziz)

SOBRE O AUTOR

A jornada de John na negociação em bolsa começou como a de todo mundo. Ele tinha interesse no mercado e o seguia casualmente. Abriu uma conta, mas não sabia exatamente o que queria fazer como *trader*, nem o que deveria fazer. Teve algum sucesso inicial (em operações de *swing*) e depois experimentou algumas perdas pesadas (no *day trading*) — resultado de sua falta de instrução e planejamento. Até agora, a história de John foi como a de muitos outros que começam a operar em bolsa. No entanto, o que tornou sua história diferente da maioria é que ele realmente percebeu sua incapacidade de fazer *day trading* de forma correta e resolveu remediar essa deficiência. A maior parte das pessoas é orgulhosa demais para aceitar que não sabe o que está fazendo. A autoconfiança é ótima, mas o autoconhecimento é ainda mais importante.

O que é fascinante no caso de John é que ele aprendeu as noções básicas com nossa comunidade de *traders* e com meus livros e depois encontrou seu próprio jeito de atuar no mercado. Como escrevi antes, John opera de maneira completamente diferente de mim. Ele tem o próprio conjunto de regras e definiu a própria estratégia, os quais não são os que uso em minhas negociações nem os que ensino.

> John aposentou-se como tenente-coronel do Exército dos Estados Unidos após 21 anos de serviço. Por cinco anos, foi instrutor na Academia Militar dos Estados Unidos, onde desenvolveu a paixão por ensinar. Enquanto estava no exército, também se fascinou pelo *day trading* e começou a obter toda informação que encontrava sobre o assunto. No entanto, sozinho, ele foi incapaz de transformar esse conhecimento em lucros consistentes. Os pontos de virada em sua carreira de *trader* foram a leitura deste livro, *Day Trade*, escrito por Andrew Aziz, e, em seguida, a adesão à comunidade Bear Bull Traders após se aposentar do exército. Com a instrução fornecida pelos moderadores da BBT, meses de transações simuladas e meses de transações de baixo risco, John conseguiu encontrar lucros consistentes em seu primeiro ano.
>
> John está casado há vinte anos e é pai de dois meninos adolescentes. Em seu tempo livre, gosta de tocar uma guitarra medíocre, praticar *mountain bike* e assistir a seus filhos jogarem hóquei.

Recentemente, eu [John] passei a obter lucros consistentes no *day trading*, e Andrew me pediu para compartilhar algumas reflexões sobre minha trajetória de *trader*. No entanto, só cheguei a essa lucratividade depois de cometer todos os erros comuns dos *traders* iniciantes e, finalmente, seguir os conselhos de outros *traders* bem-sucedidos. Os conselhos que mudaram minha carreira de *trader* foram:
- arriscar a mesma quantia em cada transação;
- arriscar uma quantia pequena em cada transação até se tornar consistente;
- usar *hard stops* para encerrar transações; e
- concentrar-se em uma única estratégia até dominá-la.

INSTRUÇÃO INICIAL NA NEGOCIAÇÃO EM BOLSA

Minha jornada para o *day trading*, na verdade, ocorreu ao longo de vários anos. Em 2010, comecei a acompanhar o mercado de ações (por exemplo, o Índice Industrial Dow Jones), no dia a dia, apenas para me divertir, e fiquei intrigado com os padrões formados pelos gráficos intradiários. Em alguns dias, o índice dava uma subida e, em seguida, mantinha um nível bastante inalterado; em

outros, fazia o oposto; e, em muitos outros, ele se movia em uma espécie de padrão "ondulado". Foi a repetição desses padrões que me deixou intrigado. Parecia que alguns dias eram iguais a outros e me perguntei se havia uma maneira de lucrar com essa repetição. Em 2014, comecei um período de três anos consumindo todo livro sobre *day trading* que pude encontrar, mas sem negociar uma única ação. Ainda estava com receio de colocar dinheiro de verdade em jogo. No entanto, em 2017, abri minha primeira conta de corretagem e testei minha mão na negociação de *swing* (ou seja, negociação de ações ao longo de vários dias). Negociei apenas ações que estavam tendendo a subir em um padrão "ondulado" e entrava quando elas repicavam ao "bater" em sua média móvel de vinte dias. Os resultados foram lucrativos, mas foi um ano de alta, então talvez tenha sido um experimento tendencioso. Mas fui exposto a duas lições muito importantes, as quais eu teria que reaprender como um *day trader*:
- focar uma única estratégia torna a negociação mais fácil e consistente; e
- usar *hard stops* ou se preparar para deixar seu capital imobilizado ou para assumir grandes perdas.

COMEÇANDO A FAZER *DAY TRADING*

No início de 2019, fiz alguns *day trades* ocasionais no trabalho e os resultados foram desastrosos. Simplesmente não estava pronto para o aspecto psicológico de ganhar e perder dinheiro tão rapidamente, e quebrei todas as regras do livro:
- tentei usar *stop losses* mentais em vez de *hard stops*;
- arrisquei dinheiro demais;
- deixei de calcular a relação entre risco e recompensa;
- mudei de estratégia com frequência.

Além disso, estava tentando fazer *day trading* como algo que poderia ser feito durante blocos de tempo convenientes em meu trabalho real. Se eu tivesse vinte minutos de tempo livre, tentava desesperadamente encontrar uma transação que valesse a pena, mesmo se a realidade da situação mostrasse que não havia nenhuma configuração boa. Eu era muito impaciente.

Felizmente, mais ou menos na mesma época, li o livro de Andrew Aziz *Como ganhar a vida como day trader*, obra que realmente mexeu comigo. Andrew descreveu padrões de preço para estratégias que também tinha visto ao longo dos anos. Além disso, enfatizou a importância dos principais níveis de suporte e resistência, como topos e fundos diários, coisas que eu havia notado em meus dias de observador do mercado de ações em 2010.

ATINGINDO O FUNDO DO POÇO

Inspirado pelos conhecimentos de Andrew como *trader*, entrei para a comunidade Bear Bull Traders em meados de 2019, mas no início continuei a cometer os mesmos erros bobos de antes. Conhecia os princípios do livro de Andrew e agora tinha a assistência, ao vivo, dele e de outros moderadores experientes da Bear Bull Traders. No entanto, ainda não estava prestando atenção direito. Tentava imitar as operações de Andrew pela manhã, realizando transações demais ao longo do dia, arriscando muito e sem o menor foco em termos de estratégia.

Então, alguns meses depois de ingressar na Bear Bull Traders, aconteceu algo que todos os livros e todos os corretores me avisaram que aconteceria: tive meu dia de Hulk. Obtive lucro na abertura, mas de repente entrei no "vermelho". Irritado com essa reviravolta, comecei uma série de "operações de vingança", tentando voltar ao "verde". Minha coluna de lucros/perdas começou a oscilar descontroladamente. Às vezes, eu chegava perto do verde, mas depois voltava ao vermelho. Quanto mais tentava mitigar o prejuízo do dia, mais eu perdia. Esse padrão continuou por uma hora até que perdi cerca de 2.600 dólares, ou 7% de minha conta de corretagem. Esse foi meu ponto de virada. Percebi que, se tivesse mais alguns dias como aquele, o valor de minha conta de corretagem ficaria abaixo de 25 mil dólares. E, se isso acontecesse, eu não desfrutaria mais do *status* de *day trader* padrão (*pattern day trader* [PDT]) e, portanto, teria meu número de transações restrito. Precisava mudar e comecei a realmente me concentrar em aderir às quatro ideias a seguir, as quais acabariam revertendo a situação para mim.

ARRISCAR A MESMA QUANTIA EM CADA TRANSAÇÃO

Os *traders*, em geral, se referem à quantidade de dinheiro em jogo em uma transação como "R". Uma transação em que você perde esse dinheiro é chamada de "transação -1R". Ou seja, você perde 1R quando a transação atinge seu *stop loss*. Uma transação em que se ganha o dobro do que é colocado em jogo seria uma "transação 2R". Quando comecei a praticar o *day trading*, iniciava meus dias de forma bastante responsável, arriscando talvez 50 dólares por transação. No entanto, quando minha primeira operação era encerrada por um *stop loss*, eu inevitavelmente arriscava mais para tentar compensar a perda, com mais facilidade, e voltar ao "verde" no dia. Quando aquela operação não dava certo, eu estava perdendo 150 dólares e arriscava ainda mais. Era o erro clássico do jogador que aumenta o tamanho das apostas para sair de um buraco. Para piorar as coisas, muitas vezes ficava impaciente com essas apostas maiores e pensava: "Só preciso que essa operação funcione, aí volto à lucratividade e depois reduzo o risco novamente". Era, de fato, uma receita para um desastre psicológico. Por fim, aceitei o conselho de um moderador da BBT e comecei a pensar em termos de "R" e a arriscar a mesma quantia de dinheiro por transação. Ao fazer isso, conseguia entender melhor o que uma perda de -1R significava para meu dia de *trader* e poderia me acostumar com essa perda. Por exemplo, uma transação perdedora é **sempre** uma perda de 50 dólares. Duas transações ruins para começar o dia constituem uma perda de 100 dólares e fico precisando de uma transação 2R bem configurada para voltar ao ponto de equilíbrio. Comecei a pensar em termos dessas etapas "R", o que teve um impacto imenso tanto na minha maturidade quanto na minha paciência para negociar.

ARRISCAR UMA QUANTIA PEQUENA EM CADA TRANSAÇÃO ATÉ SE TORNAR CONSISTENTE

O próximo conselho também veio de um *trader* experiente de nossa comunidade. Quando combinado com o uso de um "R" consistente, esse conselho forneceu os meios para diminuir a sangria da minha conta até que eu pudesse desenvolver uma estratégia vencedora. Na verdade, esse *trader* experiente disse que arriscava 10 dólares por transação quando começou, de modo que uma negociação 3R muito boa renderia apenas 30 dólares. Segundo ele, mesmo em dias tecnicamente "verdes", esse *trader* muitas vezes ficava apenas no zero a zero ou até mesmo perdia dinheiro, devido às comissões. No entanto, ele se concentrou em ficar no "verde", de acordo com "R", e depois aumentou seu montante arriscado **lentamente**, à medida que ganhava consistência. Então, implementei uma estratégia muito parecida e comecei a arriscar 20 dólares por transação durante cinco meses, com uma meta de atingir 20R por mês. Perdi dinheiro nos dois primeiros meses, mas atingi minha meta de 20R no quarto mês (Figura 9.1). A principal conclusão é que minha conta conseguiu sobreviver a um -28R, juntando os dois primeiros meses. Com uma exposição de risco de 20 dólares por transação, perdi cerca de 560 dólares. E, de fato, devido ao aumento da consistência, foi possível aumentar meu montante arriscado por transação para 40 dólares nos meses seis e sete.

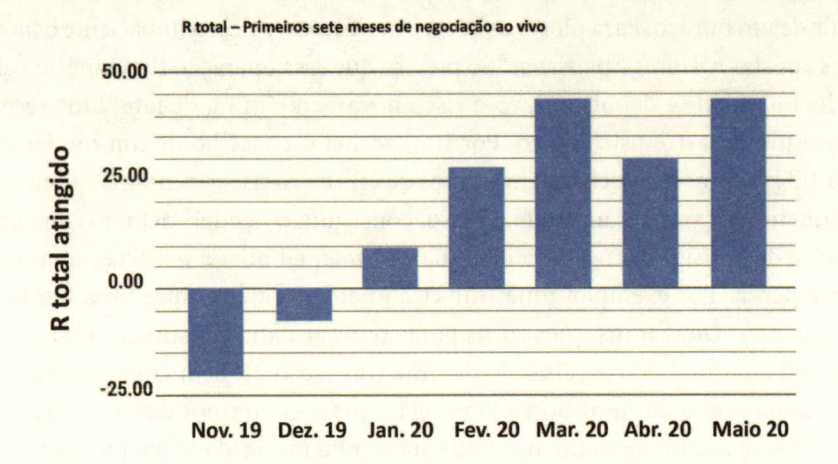

Figura 9.1 — Lucratividade mensal de John, de novembro de 2019 a maio de 2020. "R" significa montante arriscado por operação.

USAR *HARD STOPS* PARA ENCERRAR TRANSAÇÕES

Esse talvez seja o conselho mais fácil de explicar e o mais difícil de seguir. Um *hard stop* é uma transação executada automaticamente (seja uma ordem com limite ou ao mercado) que encerrará sua posição a -1R. Todo livro de negociação em bolsa que li dizia para usar *hard stops*. Todos os *traders* de mercado bem-sucedidos que encontrei disseram para usar *hard stops*. Parece um passo completamente racional e lógico. No entanto, você encontra, constantemente, *traders* que não usam *hard stops* ou os removem quando sua posição está prestes a ser encerrada. Eu não fazia diferente quando comecei a negociar. Existem muitas situações que podem prejudicar seu julgamento:
- é sua primeira transação do dia e você não quer começar no "vermelho";
- há uma transação que o levará à sua perda diária máxima permitida;
- há uma transação sobre a qual você tem opinião formada irredutível ("Tenho certeza de que a AAPL vai atingir 350 dólares hoje"); e
- sua posição está prestes a ser encerrada por um *stop* induzido por uma retração de mercado que é, aparentemente, temporária.

Pessoalmente, eu era, com mais frequência, culpado de colocar a ordem *stop loss* e depois removê-la por não querer o prejuízo. E -1R se tornava -1,5R e, em seguida, -2R, e assim por diante. Nessas situações, minha capacidade de tomada de decisão ficava quase paralisada. Quando as coisas se tornavam muito ruins, eu começava a invocar estratégias alternativas. "Vou ver até onde isso vai chegar no final do dia." "Talvez eu faça um *swing trade* e mantenha a ação até amanhã." Qualquer que tenha sido minha estratégia original, agora ela estava cooptada pelo desespero. E, em alguns casos, acabei tendo algumas perdas muito grandes. Essa foi apenas uma batalha psicológica que eu precisava vencer e, finalmente, consegui a disciplina almejada. Tive de aprender que uma perda -1R é, de fato, um ótimo resultado. Pode ser superada com uma transação, enquanto uma perda de -3R pode exigir várias transações "verdes" para eliminar o prejuízo. Ela também permite descartar uma transação perdedora e aleatória, então dá para começar pacientemente uma busca pela próxima configuração favorável.

CONCENTRAR-SE EM UMA ÚNICA ESTRATÉGIA ATÉ DOMINÁ-LA

Todas as etapas citadas aqui foram incrivelmente importantes porque diminuíram a atrofia da minha conta enquanto eu tentava encontrar uma estratégia de negociação vencedora. Na verdade, eu diria que essas etapas me levaram ao ponto de equilíbrio ou talvez até a um pequeno lucro no geral. No entanto, precisava encontrar meu "diferencial" no mercado para que essa ideia de *day trading* desse certo a longo prazo. Somente por tentar coisas diferentes ao longo do tempo, comecei a sentir que tipo de operações se adequavam à minha personalidade. As operações de abertura de mercado pareciam um jogo de cara ou coroa para mim. As operações de reversão de preços nunca pareciam funcionar. Mas eu sentia que era um *scalper* razoavelmente bom e que tinha a capacidade de reconhecer oportunidades em que uma ação subiria ou cairia acentuadamente. Comecei a me concentrar especificamente em ações que rompiam seu topo ou seu fundo do dia. Com o tempo, concentrei-me quase exclusivamente nas operações de "rompimento do topo do dia" (*break of high of day* [BHOD]).

Eu gostava muito das transações BHOD porque quase não havia ambiguidade quanto à configuração. Se uma ação atinge a máxima do dia, então, ela **atinge a máxima do dia**. Isso é, por exemplo, diferente de uma operação de reversão de preço. Quando é que realmente começa uma reversão? Como você define isso? Eu defini um BHOD como o momento em que uma oferta de compra de Nível 2 rompe o topo anterior do dia. Esse é o momento em que um comprador diz: "Pagarei mais do que qualquer outra pessoa pagou o dia inteiro". Acredito que, muitas vezes, existe poder nessa afirmação. Gosto de ver uma retração decente de preço e, em seguida, uma subida confiante em direção ao topo do dia apoiada pelo aumento do volume. Em geral, também quero uma ação com um catalisador de notícias e alto volume relativo. Negocio os BHODs agressivamente e saio da minha posição em incrementos de 50%. No início, essas saídas serão em pausas de preço e, em seguida, se o preço continuar subindo, tentarei vender mais ações em níveis importantes (meio dólar, dólar inteiro, topo do dia anterior, topo pré-mercado etc.).

Uma das vantagens mais importantes de focar uma estratégia única e bem definida é que ela demanda paciência. No início, eu realizava nove transações ao dia, em média, mas negociar quase exclusivamente operações BHOD reduziu esse número para cinco operações ao dia. Também me tornei mais exigente, mesmo com relação às operações BHOD. Passei a ser capaz de distinguir uma forte de uma fraca e, com o passar do tempo, minha consistência e lucratividade aumentaram (conforme mostrado na tabela a seguir).

Estatísticas do uso, por John, da estratégia de rompimento do topo do dia por três meses consecutivos (com base em uma média de cinco transações ao dia)

Mês	Taxa de sucesso da estratégia	Média R por transação
Março de 2020	78%	0,28
Abril de 2020	79%	0,24
Maio de 2020	84%	0,63

Descobri também que as operações BHOD existem todos os dias. Elas serão mais comuns nos dias em que o mercado estiver forte, mas algumas das oportunidades mais lucrativas existem em dias de mercado fraco, quando uma ação individual apresenta um desempenho antagônico. Muitos *traders* ficaram surpresos com minha disciplina em esperar por operações BHOD. Portanto, não recomendo necessariamente essa estratégia BHOD específica. Lembre-se de que as estratégias são orientadas pela personalidade de cada *trader*. Mas recomendo fortemente que você se concentre em uma única estratégia se estiver enfrentando dificuldades em se estabelecer no mundo do *day trading*. Esse é um empreendimento em que alcançar o sucesso pode demorar anos. É bem possível que você precise se dedicar por meses a uma única estratégia para verificar se ela tem potencial. Mas pode valer a pena descobrir qual é o seu diferencial no mercado.

OUÇA OS *TRADERS* EXPERIENTES

Posso dizer, com um alto grau de confiança, que teria fracassado como *trader* se não tivesse tido uma comunidade de apoio. Realmente acredito que precisei de meu dia de Hulk (um dia em que perdi o controle e negociei como um apostador, sem qualquer plano, de forma agressiva e ansiosa, e sem pensar), mas depois eu precisava de um lugar para ir quando tudo acabava. Uma comunidade séria ou um grupo de *traders* experientes é o lugar para compartilhar seus sentimentos. Normalmente, os *traders* mais experientes enfatizam os princípios da negociação responsável, e eu precisava ouvir isso daqueles que admiro. Demorou um pouco para me abrir para o que diziam, mas quando o fiz os resultados positivos começaram a aparecer. De maneira semelhante, espero que os conselhos que dei também levem *traders* iniciantes ao caminho do sucesso. É possível ter sucesso consistente no *day trading*. Simplesmente ouça as vozes experientes ao seu redor.

EXAME PASSO A PASSO DE UMA OPERAÇÃO

Exemplo de operação BHOD

Esta é uma ótima ilustração de uma operação BHOD bem típica. Não é o exemplo mais lucrativo, mas oferece uma ideia do desempenho que se pode esperar de muitas dessas operações. Conforme discutido anteriormente, as operações BHOD oferecem uma alta probabilidade de sucesso, com um lucro médio um tanto baixo. Acostume-se a fazer um movimento inicial, obter algum lucro e, em seguida, frequentemente ver o *stop loss* encerrar o saldo de sua posição no ponto de equilíbrio. Isso foi exatamente o que aconteceu nesse caso.

O dia 15 de junho de 2020 foi interessante no mercado de ações. O SPDR S&P 500 ETF Trust (SPY) abriu com queda de -3,3%, mas, por fim, terminou o dia com alta de 1,3%, após uma subida constante desde a abertura. Obviamente, é provável que um mercado com tendência altista o dia inteiro ofereça muitas oportunidades para as ações quebrarem o topo. The Walt Disney Company (DIS) não era uma ação catalisadora de notícias naquele dia. No entanto, estava frequentemente em jogo na época por causa da pandemia de Covid-19 e de seu efeito nos parques temáticos da companhia. O volume relativo diário estava um pouco baixo, cerca de 70%. Prefiro 90% ou mais, mas essa não é uma regra rígida no caso das operação BHOD. É apenas algo a se levar em conta.

O que tornava a Disney um negócio interessante é que ela teve um topo do dia "ideal", ou seja, que compartilha um preço com algum outro nível. Nesse caso, o topo do dia e o topo pré-mercado foram de exatamente 113,50 dólares. O topo havia sido atingido duas vezes até o último centavo. Um terceiro "toque" no topo do dia exato costuma ser um ótimo ponto de entrada. [Consulte a Figura 9.2 para acompanhar o comentário de John sobre essa negociação.]

Comecei a operar a 113,53 dólares assim que vi uma oferta de compra superar o topo do dia. Queria ver um único comprador dizer que estava disposto a pagar mais do que qualquer outra pessoa pagou o dia inteiro. Essas transações podem, com frequência, dar um "salto" quando rompem algum patamar, e o quão longe do topo do dia você pode entrar é uma questão de avaliação. Faça sua avaliação com base no entusiasmo da movimentação dos preços. Considero muito bom qualquer coisa dentro de 10 centavos do topo do dia em uma ação de mais de 100 dólares.

Tendo a preferir as ações com preços na faixa de 100 a 400 dólares. Elas parecem fazer rompimentos mais acentuados do topo do dia. Essas ações também costumam oferecer oportunidades bem óbvias para saídas parciais em seus níveis de meio dólar e de dólar inteiro. Meu objetivo é comprar nessas parciais, no máximo cinco centavos acima ou abaixo de um nível de meio dólar e no máximo dez centavos acima ou abaixo de um nível de dólar. Também realizo 50% da posição em parciais devido à natureza dessas operações que, muitas vezes, dão um "salto" inicial e depois retornam ao ponto de equilíbrio. Meu primeiro ponto de venda parcial de 50% da posição estava em 113,95 dólares, caso o preço não rompesse 114 dólares. Nesse momento, também mudei meu *stop loss* para *perto* do ponto de equilíbrio de 113,53 dólares. Na verdade, coloquei o *stop loss* em 113,49 dólares, caso o preço recuasse e se mantivesse nesse nível de topo anterior do dia/meio dólar. Estava disposto a aceitar essa perda de quatro centavos na esperança de que esse nível evitasse que minha posição fosse encerrada pelo *stop loss*.

Minha meta parcial seguinte era 114,45 dólares ou melhor, mas a Disney começou a encontrar dificuldades em torno de 114,20 dólares, enquanto a SPY lutava para manter seu próprio topo pré-mercado de 301 dólares. As ações que rompem o topo do dia, em geral, exibem um período breve de falta de correlação quase total com a SPY. No entanto, à medida que a operação se desenrola, a SPY pode começar a exercer um efeito mais correlacionado sobre o preço da ação. Vendi a posição parcial seguinte, de 50%, a 114,16 dólares, uma vez que a Disney não conseguiu romper 114,20 dólares e a SPY começou a recuar. Meu plano de colocar meu *stop loss* a 113,49 dólares quase funcionou, mas minha posição foi encerrada a 113,47 dólares durante uma breve retração. Em seguida, a Disney se reergueu, lentamente, e seguiu em frente, trotando ao longo do dia até chegar a 118,12 dólares.

Muitos *traders* iniciantes ficariam chateados por terem perdido esse movimento de 4,62 dólares da Disney [4,62 dólares é a diferença entre o topo pré-mercado de 113,50 dólares e o topo do dia de 118,12 dólares]. Aprendi com o tempo a olhar para os aspectos positivos da operação. Essa foi uma transação de *day trade* com alta probabilidade de sucesso e uma diferença de 66 centavos [essa é a diferença entre o topo pré-mercado de 113,50 e 114,16 dólares, o preço pelo qual John vendeu sua segunda e última parcial]. Depois de uma venda parcial fácil, pude mover meu *stop loss* para perto do ponto de equilíbrio e desfrutar de uma transação sem riscos. Aumentei, com competência e profissionalismo, meus lucros do dia e comecei a procurar a oportunidade seguinte. Fiz quatro outras transações nesse dia para um total de 2,2R.

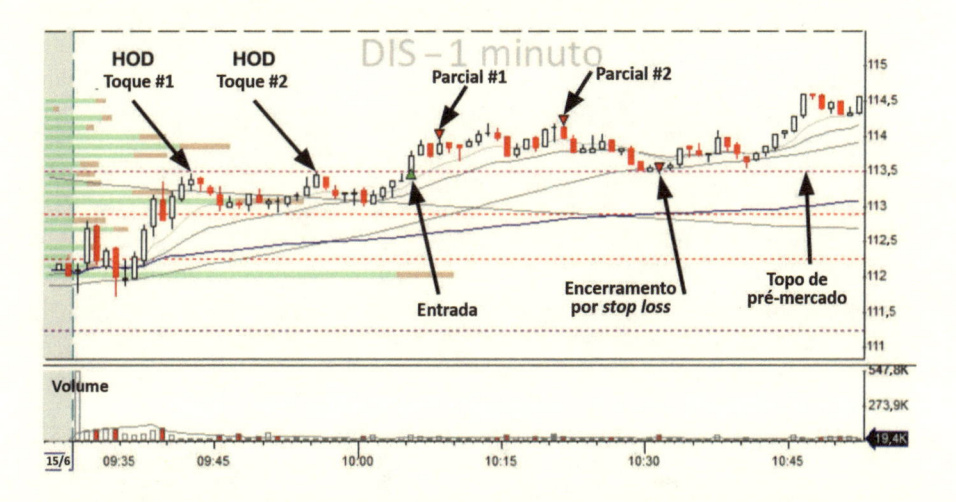

Figura 9.2 — Exemplo de uma das operações de rompimento do topo do dia de John.

CONCLUSÃO

O estudo de caso de John Hiltz foi muito encorajador para mim e para muitos de nossos *traders* iniciantes que participaram de seu webinar. A lição mais importante de seu estudo de caso é que você precisa se desenvolver como *trader*. Adote seu próprio conjunto de regras e crie seu próprio horário, sua estratégia e seu processo de negociação. A estratégia BHOD de John não foi abordada nas versões anteriores deste livro. Ela é bastante semelhante a um padrão ABCD ou a uma bandeira de alta, mas é diferente. John cunhou um novo nome para ela e agora é o "dono" dessa nova estratégia. Isso é excelente. Você cria uma nova estratégia para si mesmo e, depois, encontra um nome para ela. Agora você tem um "PlayBook" nela. Negocie-a de forma consistente e verifique seu desempenho. Isso sim é *ganhar a vida como day trader*!

10
PRÓXIMAS ETAPAS PARA *TRADERS* INICIANTES

Agradeço por ter gastado seu tempo para ler este livro até agora. Espero que tenha encontrado muitas informações e ideias valiosas para ajudá-lo a avançar em sua carreira de *day trader*. A única mensagem-chave que desejo que tire deste livro é que, em nenhuma hipótese, você deve ser um *trader* emocional. De alguma forma, é preciso encontrar, em si mesmo, a capacidade de resistir a tomar decisões ditadas pelas emoções no meio de uma transação.

Você também precisa aprender algumas habilidades técnicas. Precisa encontrar uma estratégia que se adapte à sua personalidade e treiná-la em seu simulador — e depois treiná-la um pouco mais. Em seguida, precisa persistir nela. Como uma cola. Você também deve ser capaz de tomar decisões — fundamentadas — com base em seu plano de negociação pensado e elaborado com antecedência. Você deve ter estabelecido, novamente, com antecedência, quanto pode arriscar em uma única operação. Não se esqueça da minha regra: não mais do que 2%! E, de muitas maneiras, isso é apenas o começo. O *day trader* bem-sucedido se baseia em três habilidades importantes.

1. Analisar, constantemente, o equilíbrio de poder entre compradores e vendedores e apostar no conjunto vencedor (abordado no capítulo 6).
2. Praticar um excelente gerenciamento financeiro e das transações (abordado no capítulo 3).
3. Ter autodisciplina suficiente para seguir seu plano de negociação, para evitar ficar supermotivado ou deprimido nos mercados e para resistir à tentação de tomar decisões emocionais.

OS SETE FUNDAMENTOS DO *DAY TRADING*

Para se tornar um *trader* consistentemente lucrativo, também acredito que você precise passar por estas sete etapas essenciais e fundamentais antes de entrar no mundo dos negócios em bolsa com seu dinheiro de verdade (algumas dessas etapas você deve seguir antes e depois de cada operação que fizer):

1. instrução e negociação simulada;
2. preparação;
3. determinação e trabalho árduo;
4. paciência;
5. disciplina;
6. mentoria e uma comunidade de *traders*; e
7. reflexão e revisão.

INSTRUÇÃO E NEGOCIAÇÃO SIMULADA

Agora que leu este livro, você deve estar mais preparado para decidir se o *day trading* vale ou não a pena. O *day trading* requer certa mentalidade, bem como disciplina e um conjunto de habilidades que nem todos possuem. Curiosamente, a maioria dos *traders* que conheço também joga pôquer. Eles gostam da especulação e do estímulo que advêm desse passatempo. Embora o pôquer seja um tipo de jogo, o *day trading* não é. O *day trading* é uma ciência, uma habilidade e uma carreira, e não tem nada a ver com jogos de azar. Trata-se de um negócio sério de venda e compra de ações, às vezes em questão de segundos. Você precisa ser capaz de tomar decisões rápidas, sem emoção ou hesitação. Fazer o contrário resulta na perda de dinheiro de verdade.

Depois de decidir que deseja começar a fazer o *day trading*, a próxima etapa é obter uma instrução adequada. Este livro o equipa com os conhecimentos básicos essenciais para o *day trading*, mas ainda há um longo caminho a percorrer antes de se tornar um *trader* consistentemente lucrativo. É possível se tornar um mecânico apenas com a leitura de um livro? É possível fazer uma cirurgia depois de ler um livro ou de fazer um curso básico de primeiros socorros? Não. Este livro desenvolve uma base sobre a qual você pode construir seus conhecimentos e apresenta configurações de negociação fáceis para mostrar, de forma simples, como é o *day trading*. Esta não pretende ser uma obra que ensina tudo. Você ainda não é um *trader* — não está nem perto disso.

Recomendo fortemente que leia mais livros e encontre cursos *on-line* ou presenciais sobre o *day trading*. Os *traders* iniciantes, muitas vezes, procuram os melhores *traders* na internet. Eles acham que aprender com os *traders* mais experientes é a melhor maneira de aprender. Pelo contrário, os *traders* iniciantes devem procurar o melhor "professor". Existe uma diferença. Às vezes, ao melhor *trader* falta personalidade, ou faltam habilidades pessoais, enquanto um *trader* lucrativo, que no entanto não é considerado um dos dez melhores, pode emergir como um palestrante, comunicador e mentor de primeira linha. Os *traders* iniciantes precisam encontrar o melhor professor. Não é necessário aprender com os melhores *traders* para se tornar um *trader* proficiente. Pense em quem são alguns dos melhores treinadores em esportes profissionais. Com frequência, eles não foram craques. Conheciam bem o esporte, mas sua paixão era ensinar e desenvolver jogadores. As habilidades necessárias para se tornar um grande *trader* são diferentes daquelas exigidas para ser um bom treinador de *day trading*. Ser um craque como *trader* requer disciplina e grande capacidade de reconhecer padrões. Instrutores de negociação eficazes costumam ser obcecados por encontrar as melhores maneiras de ensinar, são pacientes e se comunicam de forma clara e eficaz em uma linguagem simples e fácil de entender. Eles conseguem explicar sua metodologia de maneira coerente. Muitas vezes, os grandes *traders* carecem de incentivos monetários para criar o melhor programa de treinamento.

NEGOCIANDO EM UM SIMULADOR

Você nunca deve começar sua carreira de *day trading* com dinheiro de verdade. Inscreva-se em uma das corretoras que oferecem contas simuladas com dados de mercado reais. Algumas corretoras oferecem acesso a dados de mercado com uma defasagem, mas você não deve usá-las. Você precisa tomar decisões em tempo real. A maioria dos programas de dados simulados é um serviço pago; portanto, você precisará economizar algum dinheiro para essa despesa. Muitas salas de negociação e instrutores de negociação oferecem contas de simulador. A *DAS Trader* oferece as melhores contas simuladas por um preço que pode ser tão baixo quanto 120 dólares por mês (enquanto escrevo este livro) e preços mais altos se você deseja ter mais recursos, como a prática de "repetecos", quando o mercado está fechado, para aqueles que desejam treinar em outros horários. Verifique o site www.dastrader.com ou entre em contato com support@dastrader.com para obter mais informações. Isso conclui meu anúncio, não remunerado e não solicitado, para eles!

Se você usar o simulador por seis meses e negociar apenas com dinheiro "de mentira", provavelmente isso custará menos de mil dólares — o custo de uma instrução adequada. Se está considerando seriamente *day trading* como uma carreira, essa é uma despesa pequena em comparação com o custo de instrução para adquirir uma nova profissão. Por exemplo, imagine que deseja fazer um MBA — isso facilmente custará mais de 50 mil dólares. Da mesma forma, muitos outros cursos de graduação ou pós-graduação custam significativamente mais do que a instrução necessária para aprender *day trading*.

Após abrir uma conta simulada, desenvolva sua estratégia. Experimente as estratégias que abordei neste livro e domine uma ou duas que levem em conta seu tempo disponível, sua personalidade e sua plataforma de negociação. Não existe uma estratégia melhor do que a outra, assim como não existe um automóvel melhor do que o outro. No entanto, pode existir um carro que seja melhor para você. As estratégias VWAP, de suporte ou resistência e de rompimento de faixa de abertura são as minhas favoritas. Você precisa dominar apenas algumas delas para auferir lucro no mercado. Mantenha sua estratégia simples. Quando você tiver dominado uma estratégia sólida, certifique-se de que não exista qualquer emoção ligada a ela. Continue treinando e, em seguida, comece a bolar uma segunda estratégia e aprenda a aumentar gradativamente o tamanho das posições nessas estratégias.

Pratique com as quantias de dinheiro que pretende negociar na vida real. É fácil comprar uma posição com valor de 100 mil dólares em uma conta simulada e vê-la perder metade de seu valor em questão de segundos. Mas você poderia tolerar essa perda em uma conta real? Não. É possível que você se torne um *trader* emocional e tome uma decisão rápida, em geral resultando em prejuízos consideráveis. Sempre negocie no simulador com o tamanho e a posição que você usará na conta real. Caso contrário, não há sentido em negociar em uma conta simulada. Mude para uma conta real somente após, pelo menos, três meses de treinamento com uma conta simulada e, em seguida, comece por baixo, com dinheiro real. Negocie pouco enquanto ainda estiver aprendendo ou quando estiver se sentindo estressado.

Com frequência, os *traders* iniciantes tentam pular etapas no processo, perdem dinheiro e, em seguida, desistem de sua carreira de *day trading* para sempre e dizem a si mesmos que é impossível ganhar dinheiro com isso. Lembre-se: é preciso engatinhar primeiro, ensaiar os passos. O sucesso no *day trading* é dar um passo de cada vez. Domine um tópico e só depois passe para o seguinte.

A maioria dos *traders* enfrenta dificuldades no começo e muitos não têm tempo suficiente, quando os mercados estão abertos, para a prática em tempo real. Aqueles que podem dedicar mais tempo à negociação quando estão começando têm mais chances de sucesso. Quanto tempo demora para se tornar um *trader* consistentemente lucrativo? Não creio que isso possa ocorrer em menos de seis a oito meses. Depois de três meses negociando no papel, você precisa de, pelo menos, mais três meses negociando com posições de pequeno porte para dominar suas emoções e praticar a autodisciplina ao negociar com seu dinheiro de verdade. Após seis meses, você talvez se torne um *trader* experiente. Oito meses é, provavelmente, melhor do que seis meses, e doze meses é talvez melhor do que ambos. Você é paciente o suficiente para passar por essa curva de aprendizagem? Realmente deseja essa carreira? Então precisa ser muito paciente. Você tem tanto tempo assim para aprender a profissão de *day trading*?

Sempre me divirto quando vejo livros ou cursos *on-line* e sites que oferecem instrução em negociação em bolsa que fará uma pessoa ganhar dinheiro desde o primeiro dia! Eu me pergunto quem acreditaria em tais anúncios.

Você deve definir uma meta sensata e orientada para o processo, como: *quero aprender como operar como* day trader *e não me sustentar com isso agora*. Não defina uma renda absoluta com o *day trading* — pelo menos não nos primeiros dois anos. Isso é muito importante. Muitos *traders* pensam em metas inspiradoras, como ganhar 1 milhão de dólares ou se sustentar negociando enquanto moram em uma casa de praia no Caribe. Essas metas podem ser motivadoras e, definitivamente, têm seu lugar, mas elas o desviam do foco no que você precisa fazer hoje e amanhã para se tornar melhor. O que você, como *trader* iniciante, pode controlar é o processo de negociação: como tomar e executar decisões de negociação sólidas. Muitos acham que um dia lucrativo é um bom dia de negociação. Eles estão errados. Um bom dia de negociação é aquele em que você é disciplinado e negocia estratégias sólidas. Sua meta diária deve ser negociar bem, não ganhar dinheiro. A incerteza normal do mercado resultará em alguns dias ou semanas no vermelho.

Muitas vezes, *traders* iniciantes me perguntam como podem se tornar *traders* em tempo integral enquanto estão trabalhando em um emprego diferente das 9h às 17h, horário da Costa Leste. Realmente não tenho uma resposta para isso. É provável que não possam se tornar *traders* em tempo integral se não for possível operar em um simulador em tempo real entre 9h30 e 11h30. Você não precisa ter o dia inteiro disponível para negociar, mas precisa, pelo menos, das primeiras duas horas após a abertura do mercado. Se quer mesmo saber, eu diria que a primeira hora em que o mercado está aberto (9h30 às 10h30) é o tempo mínimo absoluto que você deve estar disponível para negociar e praticar, além de todo o tempo que necessite para se preparar antes da abertura do mercado, às 9h30. Às vezes, termino de negociar e atinjo minha meta diária às 9h45; às vezes, preciso observar o mercado por mais tempo para encontrar oportunidades de negociação. Você tem essa flexibilidade em seu horário de trabalho?

Quando comecei a praticar *day trading*, estava desempregado. Tive que encontrar um emprego para pagar as contas porque estava perdendo minhas economias como *day trader*. Tenho sorte de morar no fuso horário do Pacífico, porque isso me permitia negociar e treinar entre 6h30 e 8h30 e depois estar no trabalho às 9h, horário do Pacífico. Se você não pode se dar a esse luxo, talvez a negociação de *swing* seja melhor para você — mas ganhar a vida com operações de *swing* é mais difícil. Os melhores *traders* de *swing* podem esperar um retorno anual de 15% a 20% sobre o montante em conta. Os *day traders*, por outro lado, buscam lucrar entre 0,5% e 1% do montante em conta todo dia. O mercado de câmbio (*Forex*) está aberto cinco dias por semana, 24 horas por dia, e talvez você possa considerar negociar moedas e *commodities* se não tiver tempo livre suficiente para praticar *day trading* ou *swing trading*. Este livro, entretanto, não é um guia útil para negociação de *swing* ou do mercado *Forex*. Ambos são diferentes do *day trading* de muitas maneiras.

Você deve sempre continuar a se instruir e a refletir sobre sua estratégia de negociação. Nunca pare de aprender sobre o mercado de ações. O mercado é um ambiente dinâmico e em constante mudança. O *day trading* é diferente do que era há dez anos e será diferente daqui a mais dez anos. Portanto, continue lendo e discutindo seu progresso e desempenho com seus mentores e outros *traders*. Sempre pense no futuro e mantenha uma atitude progressista e vencedora.

Aprenda o máximo que puder, mas mantenha certo grau de ceticismo saudável sobre tudo — incluindo este livro. Faça perguntas e não tome como definitivas as palavras de especialistas. Os *traders* consistentemente lucrativos avaliam, o tempo todo, seu sistema de negociação. Eles fazem ajustes todos os meses, todos os dias, e até durante o dia. Cada dia é um dia novo. Trata-se de desenvolver habilidades de negociação, disciplina e controlar emoções e, depois, fazer ajustes continuamente. Isso é *day trade*.

Os *traders* que auferem lucros consistentes estudaram os fundamentos da negociação e aprenderam a fazer operações bem pensadas e inteligentes. Seu foco está na justificativa para suas decisões, não em ganhar dinheiro. Os amadores, por outro lado, estão focados em ganhar dinheiro todos os dias. Esse tipo de pensamento pode ser seu pior inimigo. Como *trader*, não tenho a intenção consciente de ganhar dinheiro. Meu foco é "fazer a coisa certa". Busco oportunidades excelentes de risco/recompensa e depois as negocio. Operar bem na bolsa implica dominar as habilidades de negociação e reconhecer os fundamentos de uma boa operação. O dinheiro é apenas o subproduto da execução de operações fundamentalmente sólidas.

Como um *trader* iniciante, você estará, constantemente, olhando para seus lucros e perdas (P&L, na sigla em inglês). Do ponto de vista emocional, P&L é a coluna que mais me distrai em minha plataforma de negociação. Positivo 250 dólares, negativo 475 dólares, mais 1.100 dólares. Tendo a tomar decisões irracionais quando olho para essa coluna. Costumava entrar em pânico e vender minha posição quando minha coluna P&L se tornava negativa, embora minha operação continuasse sendo válida de acordo com meu plano. Ou, muitas vezes, tornei-me ganancioso e vendi minha posição vencedora cedo demais, enquanto minha meta de lucro ainda não havia sido atingida, segundo meu plano. Fiz um favor a mim mesmo e ocultei minha coluna P&L. Negocio com base nos níveis técnicos e no plano que faço. Não vejo o quanto estou ganhando ou perdendo em tempo real.

A coluna P&L não é importante quando os iniciantes começam a negociar com dinheiro real, sobretudo quando se trata de posições pequenas. A maioria das plataformas de negociação inclui uma opção para ocultar a P&L em tempo real. Quando isso não está disponível, uma tira de fita adesiva ou de cor escura, estrategicamente colocada, esconderá essa informação. Seu objetivo é desenvolver suas habilidades de negociação, não ganhar dinheiro. Você precisa se concentrar em melhorar a cada dia, uma operação após a outra. Isso é *ganhar a vida como day trader*. Saia de sua zona de conforto para obter maior sucesso.

PREPARAÇÃO

John Wooden (ou, como alguns o chamam, o Mago de Westwood), famoso jogador e treinador norte-americano de basquete, disse certa vez: "Ao não se preparar, você está se preparando para o fracasso". De fato.

Existem dois aspectos no processo de preparação dos *day traders*:
1. a preparação necessária antes da abertura do mercado (em geral, na noite anterior ou entre 8h e 9h30, horário da Costa Leste); e
2. as informações específicas que você precisa obter antes de fazer uma operação.

Acorde na hora certa e chegue cedo à frente do seu computador.

Reveja seus *scanners* e faça uma lista das alternativas de ações para o dia. Acesse www.finviz.com ou www.briefing.com e leia sobre os catalisadores fundamentais que causaram o salto para cima ou para baixo. Compile informações, como volume diário, intervalo intradiário (a média de amplitude de variação) e posição vendida. Reveja os gráficos diários e identifique níveis importantes de suporte ou resistência. Não sigo adiante com uma transação a menos que conheça o volume médio, a média de amplitude de variação, os níveis técnicos importantes, o montante de vendas a descoberto e as notícias atualizadas para as ações em jogo.

Faça uma lista restrita de sua lista de observação com duas ou três ações. Durante a temporada da divulgação dos relatórios de lucros, há muitas ações em jogo para você escolher. Os *traders* não devem escolher mais do que duas ou três dessas ações por dia para se concentrar. Você pode ganhar muito mais dinheiro negociando bem uma ou duas ações, em vez de acompanhar e negociar mal muitas ações.

Quanto mais cedo começar sua manhã, mais tempo terá para ler o noticiário e encontrar as melhores ações em jogo. Às vezes, nesses minutos adicionais, você encontra a ação do dia, o que não aconteceria se tivesse passado menos tempo pesquisando. Além disso, você tem mais tempo para perguntar aos membros de sua comunidade sobre suas escolhas de ações e obter comentários deles. A maioria dos *traders* profissionais não chega depois das 7h30, horário da Costa Leste. *Traders* experientes, com uma comunidade forte e *scanners* poderosos, certamente podem chegar mais tarde, mas 9h é o mais tarde que a maioria dos investidores sérios pensaria em chegar a sua mesa. Prepare-se fisicamente. Beba água suficiente para se hidratar durante a sessão matinal e não exagere na cafeína.

Estar presente no pré-mercado é importante. De vez em quando, haverá uma oportunidade, durante a negociação pré-mercado, de ganhar dinheiro rapidamente com uma notícia de última hora. Além disso, informações valiosas podem ser extraídas da observação de como as ações estão se comportando no pré-mercado. Monitore as faixas de variação das ações que estão em sua lista de observação, identifique os níveis de suporte ou resistência intradiários e confirme qual o volume que está sendo negociado.

Muitas vezes, os *traders* iniciantes acreditam que as estratégias de negociação podem ser reduzidas a um punhado de regras que devem seguir para serem lucrativos: *sempre faça isso ou sempre faça aquilo*. Negativo. Negociar não tem a ver com "sempre"; tem a ver com cada transação e cada situação. Cada transação é um novo quebra-cabeça que você precisa resolver. Não existe uma resposta universal para todos os quebra-cabeças do mercado. Portanto, você precisa elaborar um plano para cada operação, mesmo enquanto estiver fazendo a varredura pré-mercado. Antes de fazer uma transação, bole um plano para suas operações ou uma série de declarações "se-então" (*if--then*). Desenvolva alguns planos para aproveitar a hora certa de assumir uma posição em uma das ações em sua lista de observação: se constatar um cenário x, então compre ao preço y. Continue criando cenários "se-então" para cada resultado.

Por exemplo, vamos dar uma olhada nas Figuras 10.1 e 10.2. Imagine que você planeja negociar a DICK'S Sporting Goods, Inc. (DKS) em 7 de março de 2017. A ação tinha caído devido a relatórios de lucros decepcionantes e estava sendo negociada a cerca de 50,50 dólares no pré-mercado. Você acha que pode ser uma ação em jogo.

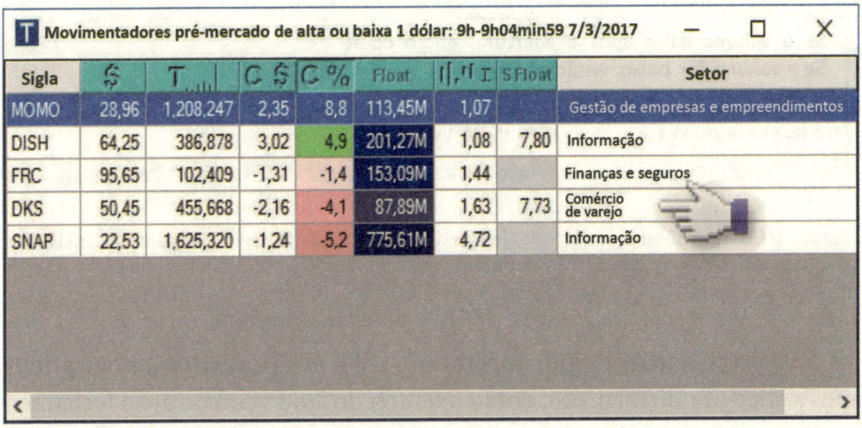

Movimentadores pré-mercado de alta ou baixa 1 dólar: 9h-9h04min59 7/3/2017

Sigla	$	T	C $	C %	Float		$ Float	Setor
MOMO	28,96	1.208.247	2,35	8,8	113,45M	1,07		Gestão de empresas e empreendimentos
DISH	64,25	386.878	3,02	4,9	201,27M	1,08	7,80	Informação
FRC	95,65	102.409	-1,31	-1,4	153,09M	1,44		Finanças e seguros
DKS	50,45	455.668	-2,16	-4,1	87,89M	1,63	7,73	Comércio de varejo
SNAP	22,53	1.625.320	-1,24	-5,2	775,61M	4,72		Informação

Figura 10.1 — Minha lista de observação às 6h (9h, horário da Costa Leste) em 7 de março de 2017 — a DKS está na minha lista de observação.

Considere as diferentes maneiras como as ações que você escolheu podem ser negociadas e desenvolva uma série de cenários **se-então**, como os que marquei na Figura 10.2.

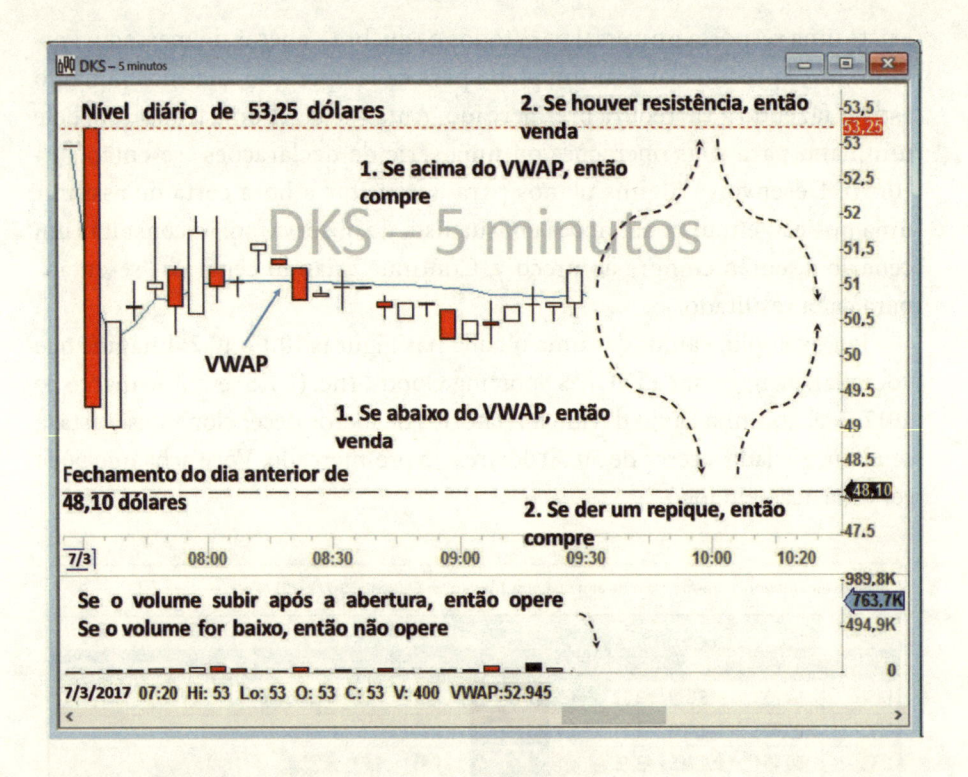

Figura 10.2 — Gráfico pré-mercado de cinco minutos da DKS, em 7 de março de 2017, com minhas declarações se-então anotadas. O mercado abrirá às 9h30, horário da Costa Leste.

Se o preço não conseguir superar o VWAP nos primeiros quinze minutos após a abertura do mercado, **então** operarei do lado vendido até o fechamento do dia anterior em 48,10 dólares.

Se o preço cair até o fechamento do dia anterior de 48,10 dólares, **então** operarei do lado comprado e acompanharei qualquer subida até o VWAP.

Se o preço ultrapassar o VWAP com alto volume, **então** operarei comprado e acompanharei o ímpeto de subida até vender no próximo nível de resistência de 53,25 dólares.

Se o preço ultrapassar o nível diário de 53,25 dólares, **então** operarei comprado novamente até o nível diário de 55,50 dólares (que não é mostrado na Figura 10.2).

Contudo, **se** o preço cair enquanto está acima de 53,25 dólares e esse nível funcionar como uma forte resistência, **então** operarei vendido com a ação até que ela volte abaixo do VWAP.

Você pode anotar suas declarações no início de sua carreira de *trader* de mercado para ter certeza de segui-las, mas, depois de alguns meses de simulação de operações, aprenderá a desenvolver e revisar rapidamente essas declarações mentalmente. Você pode descobrir que, com o passar do tempo, algumas anotações são tudo de que precisa. Este é um dos resultados mais importantes da negociação em um simulador: treinar e dominar cenários **se**-**então** para suas estratégias e processar essas informações rapidamente. É por isso que, pelo menos, três meses de negociação simulada ao vivo são essenciais para começar sua carreira no *day trading*. Como *traders* intradiários, desenvolvemos teorias diariamente.

Caso você esteja se perguntando sobre a DKS no exemplo anterior, ela realmente abriu fraco (abaixo do VWAP) e foi uma boa venda a descoberto em direção ao fechamento do dia anterior, 48,10 dólares, como você pode ver na Figura 10.3 a seguir. Aí aproveitei, do lado comprado, um repique menor — desde o fechamento do dia anterior até perto do VWAP.

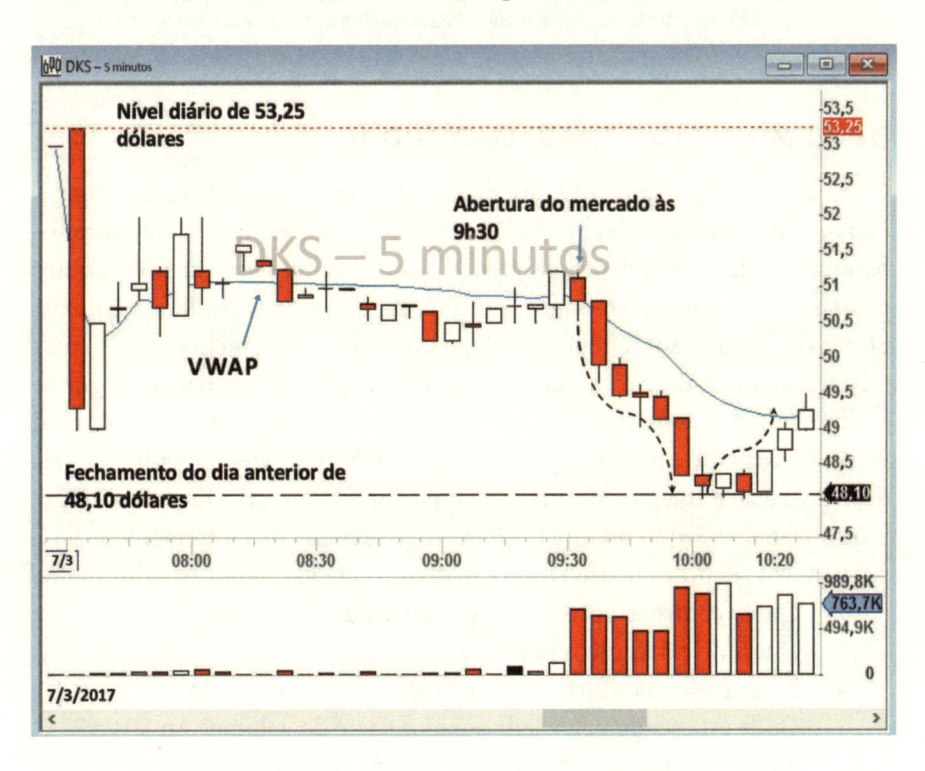

Sigla	Realizado	Tipo	Nome da empresa	%
DKS	29,70	Margem	Dick's Sporting Goods Inc ação ordinária	0.
DKS	275,99	Descoberto	Dick's Sporting Goods Inc ação ordinária	0.
MEET	-20,29	Descoberto	MeetMe, Inc. ação ordinária	-0
MOMO	23,94	Descoberto	Momo Inc. ação de depósito estadunidense	0.
MYL	0	Descoberto	Mylan N.V. ação ordinária	0°
Resumo	309,34			

Relógio do mercado
7/3/17 10h42min41s

Figura 10.3 — Gráfico de cinco minutos da DKS, em 7 de março de 2017, e meu lucro nesse dia (também negociei MEET, MOMO e MYL, mas elas não são mostradas aqui e não são relevantes para esse exemplo).

DETERMINAÇÃO E TRABALHO ÁRDUO

O trabalho árduo no *day trading* é diferente do que você pode supor originalmente. Um *trader* não deve trabalhar cem horas por semana, como fazem os banqueiros de investimento, os advogados de grandes escritórios ou outros profissionais muito bem pagos, porque, para nós, *day traders*, não existe bônus de fim de ano. Acima de tudo, o que mais se assemelha ao *day trader* talvez seja um atleta profissional, uma vez que os dois são avaliados por seu desempenho todos os dias. Assim, os *day traders* precisam trabalhar duro, de forma consistente e produtiva, todos os dias. Observar atentamente suas telas de negociação e coletar informações importantes do mercado é como definimos o trabalho árduo no *day trading*. Você precisa constantemente fazer as perguntas a seguir e em um ritmo rápido durante várias horas todos os dias.

- Quem controla o preço: compradores ou vendedores?
- Quais níveis técnicos são mais importantes?
- Essa ação é mais forte ou mais fraca do que o mercado?
- Onde está sendo negociada a maior parte do volume? Ao VWAP? Ou nos primeiros cinco minutos? Ou perto das médias móveis?
- Quanto volume, a um certo preço, faz com que a ação suba ou desça?

- Qual é a diferença entre as ofertas de compra e as de venda? É possível negociá-la?
- Com que rapidez a ação se move? Está mudando gradualmente ou está agitada, pulando para cima e para baixo a cada transação?
- A ação está sendo negociada de acordo com algum padrão específico em um gráfico de cinco minutos? Como a ação está sendo negociada em um gráfico de um minuto?

Essas são algumas das perguntas que me faço e depois respondo antes de negociar uma ação. Todas essas informações devem ser coletadas antes de você fazer qualquer transação. Isso é o que queremos dizer com trabalho árduo. Como você pode ver, o *day trading* é uma intensa busca intelectual que requer muito trabalho. Lembra da Regra 2?

É fundamental desenvolver a rotina de negociar todos os dias, seja em sua conta real, seja em um simulador. A busca por níveis de suporte e resistência a cada dia, inclusive antes da abertura do mercado, aumentará sua capacidade de negociação a longo prazo. Desligar o computador logo após algumas operações ruins é uma estratégia que deve ser reservada para as raras ocasiões em que é absolutamente essencial dar um descanso ao cérebro. Normalmente, passar algum tempo em um simulador após algumas perdas desanuviará sua mente o suficiente. Os *traders* iniciantes que usam um simulador devem continuar a negociar e treinar até o fechamento. Afinal, negociar em simulador não é tão estressante quanto negociar com dinheiro de verdade. Usar um simulador sem comissão e sem P&L ainda não é desculpa para praticar o *overtrading*. Em todos os momentos, o foco deve estar em estratégias sólidas com excelentes oportunidades de risco/recompensa.

Muitas vezes me perguntam: "Em seus primeiros meses de negociação, você sentiu que não era capaz de fazer isso?". A resposta é "Sim, e muitas vezes!". Pelo menos uma vez por mês, eu ainda fico realmente frustrado depois de algumas perdas ruins, a ponto de pensar em largar o *day trading*. Com frequência, em minha carreira de *trader*, tive vontade de desistir e, às vezes, realmente cheguei a acreditar no mito de que o *day trading* é impossível. Mas não desisti. Eu realmente queria ser um *trader* de mercado bem-sucedido e ter o estilo de vida e a liberdade que essa atividade traz. Então, paguei o preço por meus erros, concentrei-me em aprender e, por fim, sobrevivi à curva de aprendizagem, muito difícil, da negociação em bolsa.

PACIÊNCIA

Tornar-se um *trader* consistentemente lucrativo requer trabalho árduo, preparação abrangente e paciência considerável.

As operações bem-sucedidas geralmente parecem fáceis depois de concluídas, mas, na verdade, encontrá-las está longe de ser fácil e requer mais paciência e trabalho árduo do que você poderia imaginar se não tivesse feito *day trading* antes.

Você precisa assistir, assistir um pouco mais e depois continuar a assistir. Se a ação que você está observando não oferece excelentes oportunidades de risco/recompensa, é hora de passar para outra. Verifique outras ações em sua lista de observação e monitore-as de perto. Os *traders* consistentemente lucrativos costumam passar os pregões procurando e observando excelentes oportunidades de risco/recompensa.

Os *traders* bem-sucedidos são pacientes e resistem à tentação de se envolver em cada movimento. Eles precisam esperar por oportunidades nas quais se sintam confortáveis e confiantes. Não basta apenas comprar uma ação forte ou vender a descoberto uma fraca. O preço de entrada também é muito importante. Você deve abrir suas posições a um preço que ofereça a melhor relação risco/recompensa, e não negociar uma ação forte que se afastou de um bom ponto de entrada do ponto de vista risco/recompensa. Isso, como descrevi anteriormente, é chamado de *correr atrás da ação*.

Por exemplo, se uma ação está sendo negociada perto de um nível de suporte e em seguida cai, e você vê uma oportunidade de vender a descoberto, mas a perde — bem, esse é seu primeiro erro. Mas, se, por frustração, você vendeu a descoberto a mesma ação bem abaixo desse nível, você andou correndo atrás. E cometeu um erro maior. Correr atrás de ações é um pecado mortal e imperdoável no *day trading*. Perder a oportunidade não fará com que perca dinheiro (o custo é apenas o da oportunidade), mas correr atrás da ação fará. Não deixe que um erro o leve a perder dinheiro com outro.

DISCIPLINA

O sucesso em negociar na bolsa deriva do desenvolvimento de habilidades e da autodisciplina. Os princípios de negociação são fáceis e as estratégias de *day trading* são muito simples. Eu tenho um doutorado em engenharia química e trabalhei como cientista pesquisador em uma instalação de primeira classe. Publiquei vários trabalhos acadêmicos sobre minhas complexas pesquisas em nível molecular e em nanotecnologia em revistas científicas respeitadas e influentes. Acredite, precisei estudar e entender conceitos muito mais difíceis, então posso garantir a você que o *day trading*, pelo menos em teoria, é fácil.

O que torna o *day trading*, ou qualquer tipo de negociação em bolsa, difícil é ter a disciplina e o autocontrole necessários. Você não tem chance de ganhar dinheiro como *trader* de mercado, sem disciplina, — não importa seu estilo, o tempo em que se compromete com a negociação, o país em que vive ou o mercado em que está negociando.

Como escrevi no capítulo 3, os *traders* iniciantes que não conseguem ganhar dinheiro nos mercados às vezes tentam se aprimorar aprendendo mais sobre como os mercados funcionam, estudando novas estratégias, adotando indicadores técnicos adicionais, seguindo novos *traders* e ingressando em outras salas de bate-papo. O que eles não percebem é que a principal razão de seu fracasso, em geral, não é sua falta de conhecimentos técnicos, mas sua falta de autodisciplina, suas decisões impulsivas e sua gestão desleixada de riscos e do dinheiro.

Os *traders* institucionais profissionais muitas vezes têm um desempenho significativamente superior ao dos *traders* de varejo privados. A maioria dos *traders* privados são pessoas instruídas e com formação universitária. Com frequência, são profissionais ou proprietários de empresas. Em contraste, os *traders* institucionais típicos são grosseiros e barulhentos, de vinte e poucos anos, que jogavam rúgbi na universidade e, há anos, não leem um livro. Por que esses "jovens" superam os *traders* privados ano após ano? Não é porque são mais jovens, mais espertos ou mais rápidos. E não é por causa de seu treinamento ou de suas plataformas, uma vez que a maioria dos *traders* de varejo tem equipamentos muito semelhantes aos deles. A resposta é a disciplina rígida das firmas que trabalham em bolsa.

Alguns *traders* institucionais de sucesso passam a operar por conta própria depois de se perguntarem por que estão dividindo seus lucros com uma empresa quando sabem como *negociar* e podem ficar com todos os lucros para si. A maioria acaba perdendo dinheiro como *traders* privados. Embora trabalhem com o mesmo software e com as mesmas plataformas, usem os mesmos sistemas de negociação e mantenham seus contatos, ainda assim eles fracassam. Depois de alguns meses, a maior parte está de volta a uma agência de recrutamento, procurando um emprego de *trader*. Por que esses *traders* conseguiam ganhar dinheiro para suas empresas, mas não ganham agora que trabalham por conta própria?

A resposta é autodisciplina.

Quando os *traders* institucionais saem de sua empresa, eles deixam para trás seu gerente e todas as regras de controle de risco rigidamente aplicadas. Um *trader* que viola os limites de risco é demitido sumariamente. Os *traders* que deixam as instituições podem saber como operar, mas sua disciplina costuma ser externa, não interna. Eles perdem dinheiro rapidamente sem seus gerentes porque não desenvolveram autodisciplina.

Nós, *traders* de varejo privados, podemos quebrar qualquer regra e mudar de plano no meio de uma operação. Podemos baixar o preço médio de uma posição perdedora; podemos constantemente quebrar as regras e ninguém vai notar. No entanto, os gerentes de firmas que atuam no mercado financeiro logo se livram das pessoas impulsivas que quebram qualquer regra de negociação mais de uma vez. Isso cria uma disciplina séria para os *traders* institucionais. A disciplina externa rígida salva os *traders* institucionais de perdas pesadas e pecados mortais (como baixar o preço médio de uma posição perdedora) que costumam acabar destruindo muitas contas privadas.

Disciplina significa que você executa seu plano e mantém seu *stop loss* previamente estabelecido, sem alterá-lo no meio de uma transação. A disciplina consiste em executar seu plano detalhado o tempo inteiro. Se o seu plano é comprar uma ação no VWAP e seu *stop loss* é se ela não conseguir se manter acima desse nível, então você deve aceitar a perda imediatamente e encerrar a transação se a ação não conseguir se manter acima do VWAP.

Não seja teimoso com relação à sua decisão se estiver errado. O mercado não recompensa a teimosia. O mercado não está interessado em como você deseja que as ações sejam negociadas. Os *traders* devem se adaptar ao mercado e fazer aquilo que o mercado exige. E é assim que o *day trading* funciona e sempre funcionará.

Haverá muitos dias em que você seguirá seu plano, como no exemplo citado, e então as ações voltarão a subir e serão negociadas acima do VWAP depois que sua posição tiver sido encerrada pelo *stop loss*. Na verdade, haverá muitas ocasiões como essa em sua carreira de *trader* de mercado. Mas pense nos dois pontos a seguir.

1. Não julgue sua estratégia de negociação com base em uma só transação. Executar seu plano e ser disciplinado o levará ao sucesso a longo prazo. Muitas vezes, seu plano será bom e sólido, mas um gerente de fundo de *hedge* de repente decidirá liquidar uma posição em uma ação que você está negociando, o preço cairá repentinamente e sua posição será encerrada. Você não fez nada de errado; é a natureza do mercado, que é imprevisível. Às vezes, a incerteza do mercado o deixará no vermelho.

2. Os *traders* profissionais aceitam a perda e saem da transação. Em seguida, eles reavaliam e elaboram novos cenários se-então. É sempre possível voltar à ação. As comissões são baratas (para a maioria das corretoras) e os profissionais costumam fazer várias tentativas exploratórias antes que uma operação comece a funcionar a seu favor.

Negociar ensina muito sobre você mesmo, sobre seus pontos mentais fortes e fracos. Isso, por si só, garante que a negociação em bolsa seja uma experiência de vida valiosa.

MENTORIA E UMA COMUNIDADE DE *TRADERS*

O doutor Brett Steenbarger, autor de grandes livros, como *The psychology of trading* e *The daily trading coach*, escreveu certa vez:

> Sabendo o que sei agora, não tenho dúvida de que, se estivesse começando a negociar em tempo integral, eu me juntaria a uma firma de *proprietary trading* ou formaria meu próprio grupo de negociação virtual conectando-me *on-line* (e em tempo real) com um punhado de *traders* com ideias semelhantes.

Você precisa fazer parte de um grupo de cabeças pensantes que agregará valor à sua carreira de *trader*. A quem se pode recorrer para fazer perguntas sobre negociação em bolsa? Encorajo você a se juntar a uma comunidade de *traders*. Operar sozinho é muito difícil e pode ser emocionalmente opressivo. É muito útil participar de uma comunidade de *traders* para fazer perguntas, conversar com eles, aprender métodos e estratégias novos, obter algumas dicas e alertas sobre o mercado de ações e apresentar suas próprias contribuições. Você também notará que os *traders* mais experientes costumam perder dinheiro. Pode ser reconfortante ver que você não é o único que perde dinheiro, e que todos, incluindo *traders* experientes, acabam sofrendo perdas. Como eu disse, tudo faz parte de um processo.

Existem muitas salas de bate-papo na internet nas quais você pode entrar. Algumas delas são gratuitas, mas a maioria cobra uma taxa. Em nossa sala de bate-papo, você pode ver minha plataforma de negociação e meu *scanner* de ações, em tempo real, enquanto estou negociando e escutar explicações sobre minha estratégia e meu processo de pensamento. Você também pode realizar suas próprias transações enquanto continua a fazer parte de nossa comunidade.

Além de tudo isso, você ainda pode encontrar um mentor de negociação. Um bom mentor pode afetar positivamente sua carreira de *trader* de muitas maneiras diferentes. Hoje, devido aos programas algorítmicos e à volatilidade do mercado, é muito mais difícil para os *traders* iniciantes sobreviverem à curva de aprendizagem. Um bom mentor pode fazer uma diferença enorme. Escolher um mentor demonstra que você tem o profissionalismo necessário para alcançar o sucesso. Um mentor pode levá-lo a descobrir o talento que existe dentro de você. Às vezes, é preciso que alguém lhe diga que você é capaz. Nas comunidades de negociação *on-line*, *traders* experientes orientam *traders* iniciantes, em alguns casos, mediante o pagamento de uma taxa, mas, em geral, de graça. Eu mesmo sou mentor de um pequeno número de *traders* de cada vez e, claro, tive e ainda tenho um mentor de negociação. É importante observar, porém, que a orientação não funciona a menos que você seja receptivo, ouça e, em seguida, faça o trabalho necessário para se adaptar com sucesso.

Você precisa encontrar um mentor cujo estilo de negociação seja compatível com sua personalidade. Por exemplo, se a negociação de tendências (*momentum trading*) é seu estilo favorito, você está perdendo seu tempo ao falar comigo. Embora eu a use de vez em quando, meu estilo é realmente apenas para aqueles que têm uma mentalidade de *swing* intradiário. Eu me concentro, sobretudo, em negociações de VWAP, rompimentos de faixa de abertura e níveis de suporte ou de resistência.

REFLEXÃO E REVISÃO

A esta altura, você pode corretamente pensar que a psicologia e a autodisciplina da negociação, uma série de estratégias de negociação comprovadas e o excelente gerenciamento de dinheiro e risco são os requisitos essenciais para o sucesso na negociação em bolsa. Mas existe outro elemento que une todos os seus fundamentos de negociação: a manutenção de registros.

Manter registros de suas negociações o tornará um operador mais bem preparado, pois permitirá que você aprenda com seus sucessos e fracassos anteriores. Na verdade, a maneira mais importante e eficaz de se aprimorar continuamente como *trader* é manter um registro diário de suas operações. Existem muitos *traders* consistentemente lucrativos pelo mundo afora, negociando em diferentes mercados com diferentes métodos, mas todos têm uma coisa em comum: eles mantêm excelentes registros de suas operações. É uma tarefa muito enfadonha e entediante, mas também é uma tarefa muito necessária. Lance suas transações todos os dias. Certifique-se de incluir os seguintes pontos em seu diário de negociação:

1. seu bem-estar físico (falta de sono, café em excesso, comida em excesso na noite anterior etc.);
2. a hora do dia em que você realizou a transação;
3. a estratégia que você estava antecipando;
4. como você encontrou a oportunidade (em um *scanner*, uma sala de bate-papo etc.);
5. qualidade de seu ponto de entrada (risco/recompensa);
6. dimensionamento/gerenciamento de sua operação (ampliação e redução conforme planejado); e
7. execução de saídas (após metas de lucro ou *stop loss*).

Usando os programas *Screenshot Captor* ou *Lightshot* (ambos softwares livres), pessoalmente faço capturas de tela e lanço minhas transações em um diário. Visite nosso website para obter ideias de alguns *traders* experientes sobre como registrar suas transações. Muitos deles compartilharam suas planilhas de Excel, ou outras ferramentas que utilizam, em nosso fórum, que está disponível em https://forums.bearbulltraders.com. Não é preciso seguir nenhum dos nossos estilos, mas sim encontrar aquele que funciona melhor para você, porque, para ter sucesso, é necessário lançar suas transações todos os dias.

Mike Bellafiore, cofundador da SMB Capital, escreve em seu livro *One Good Trade* que os *traders* profissionais de sua empresa gravam em vídeo todas as suas transações durante o dia. Na parte da tarde, eles se sentam à mesa da sala de conferência, desfrutam de um almoço oferecido pela empresa, analisam seus negócios e trocam ideias sobre as melhores maneiras de ganhar dinheiro. A negociação é um esporte de contato físico, e qualquer coisa menos do que seu foco total é desrespeitoso com o jogo e certamente o tirará dele. Os *traders* lucrativos avaliam constantemente seu sistema de negociação e estão continuamente fazendo ajustes.

Os *traders* iniciantes costumam me perguntar como podem melhorar depois de uma série de perdas e de um período de dificuldades. Recomendo que revisem seu registro diário e examinem mais especificamente onde exatamente estão errando em suas operações. Estar indo mal não significa nada. Você não conseguirá melhorar se não mantiver um registro adequado de suas transações diárias.

- É por causa da seleção de ações?
- É por causa dos pontos de entrada?
- É por causa de sua disciplina ou mentalidade?
- É por causa da plataforma ou firma de compensação (corretora)?

- E quanto aos demais *traders*, é um mês ruim para todos eles ou apenas para você?

Certa vez, uma *trader* reclamou da velocidade de execução de suas ordens. Eu me conectei remotamente ao seu computador (usando o *TeamViewer*, um software de controle/acesso remoto) e avaliei o desempenho da CPU. Tive que remover muitos programas e aplicativos desnecessários de seu PC, executar um *scanner* de *malware* e remover uma quantidade de softwares intrusivos, vírus de computador, *spyware*, *adware*, *scareware* e outros programas maliciosos. Liberei muita memória do computador e capacidade da CPU, e a velocidade de execução de suas transações aumentou significativamente. Seu computador — assim como seu corpo e sua mente — precisa ser mantido limpo, enxuto e rápido, o que tem um efeito direto sobre sua plataforma de negociação e, consequentemente, sobre os resultados de suas transações.

Gravo em vídeo, ao vivo, todas as minhas transações durante a sessão matinal (uma vez que raramente opero no meio do dia ou no fechamento). Acredito que tanto os *traders* quanto os atletas devam assistir aos vídeos de suas transações. Os melhores atletas e equipes assistem a filmes seus para ver o que estão fazendo certo ou errado e planejar uma forma de melhorar. Reviso minhas gravações no meio do dia e me certifico de anotar observações importantes sobre pontos de entrada e de saída, movimentação de preços, sinais de Nível 2, e assim por diante. Tento aprender o máximo possível com minhas transações. Às vezes, procuro novos programas algorítmicos dos quais preciso estar ciente. Procuro por momentos em que poderia ter negociado uma posição maior. Esse é um dos meus pontos fracos como *trader*. Também não consigo manter, pelo tempo desejável, as ações que estão a meu favor. Portanto, examino operações em que eu poderia ter mantido minha posição por mais tempo. Faço questão de encontrar momentos em que fui agressivo demais. Procuro momentos em que executei uma transação mesmo que ela não oferecesse uma boa oportunidade de risco/recompensa. Reviso o tamanho das minhas posições e verifico por que e onde as aumentei. Isso é *ganhar a vida como day trader*. Não existe outra maneira de melhorar. Não há desculpas na negociação.

Assistir a vídeos de negociação também me mostra como é fácil operar quando não há emoções associadas a uma transação. Quando reviso meu trabalho, não estou investindo em uma transação em tempo real e com dinheiro real. Na operação ao vivo, o mercado parece rápido e imprevisível. Quando assiste a seu vídeo de negociação, você percebe que, na verdade, o mercado estava bem lento. Há momentos em que vejo o padrão em uma ação ao assistir ao meu vídeo e reconheço como negociei a ação da maneira contrária à que eu deveria, algo constrangedor para alguém com minha experiência.

Reviso meus vídeos no fim de semana para criar séries educacionais e usar no ensino do *day trading*. No fim de semana, depois de comemorar a semana de ganhos na noite de sexta-feira com meus amigos e minha família, eu me tranco em meu escritório, em casa, e edito gravação após gravação para desenvolver e atualizar meus programas de treinamento.

Assistir a seus vídeos é um exercício que pode trazer benefícios a todos os *traders*, independentemente de sua experiência. Os *traders* iniciantes precisam observar os mercados em atividade. Assistir a seus vídeos aumenta sua experiência de negociação e confiança enquanto reduz significativamente sua curva de aprendizagem. Mas concordo: leva tempo e é bastante enfadonho.

NÃO SEJA UM JOGADOR, SEJA UM *TRADER*

Na quinta-feira, 23 de abril de 2020, por volta das 16h15, horário da Costa Leste, meu telefone tocou e vi um número da Califórnia nele. Peguei o telefone pensando que talvez um dos meus familiares que moram naquele estado estivesse me ligando. Não, era o amigo de um amigo. Meu amigo, que mora em Los Angeles, nos apresentara algumas noites antes porque essa pessoa queria obter algumas ideias sobre negociação comigo. Ele tinha uma conta de cerca de 400 mil dólares e vinha entrando e saindo de posições sem grandes planos. Ele estava fazendo um pouco de *day trading*, um pouco de *swing*, um pouco disso e um pouco daquilo. E tudo sem qualquer plano. Caramba!

Em nossa primeira conversa, fiquei apavorado com o que me contou e como estava desinformado. Ele me mostrou que tinha a mentalidade de um jogador genuíno, sem absolutamente nenhum plano de negociação ou gerenciamento de risco. A plataforma de sua corretora, a Ally Invest, não é de acesso direto, e suas ordens vinham sendo cumpridas com atraso e a preços aleatórios. Eu estava preocupado, mas ele não parecia se importar nem um pouco com minha preocupação. Ele procurava, sobretudo, a próxima grande ideia que o tornaria rico, e pensava, incorretamente, que eu poderia ter informações privilegiadas sobre algum plano de ação!

Quando atendi sua ligação, ele me perguntou ansiosamente o que eu achava da Intel Corporation (INTC). Olhei para minha plataforma e vi que a INTC havia divulgado um relatório de lucros e estava em baixa, sendo negociada a 57 dólares, -7% após o expediente. Ele estava desesperado, havia demorado e, com o uso de margem, mantinha uma posição de 1,2 milhão de dólares. Ele me perguntou: "A Intel é uma empresa boa, certo? Ela vai se recuperar, não vai? Estou perdendo 80 mil dólares, o que devo fazer?" Perguntei a ele qual era seu plano original. Ele me informou que não tinha um. Achava que a Intel era uma empresa boa, então decidiu apostar nela. Esse era o seu plano!

Não sabia o que dizer a ele. Tudo parecia em baixa no gráfico da INTC. O mercado estava fraco. Estávamos em um mercado de baixa global por causa da pandemia. Eu lhe disse que realmente não sabia o que era melhor. Não que eu não quisesse ajudá-lo; sinceramente, não sabia como ajudá-lo a sair daquela confusão. E se eu lhe dissesse para se conformar com a perda de 80 mil dólares e vender a posição no mercado pós-pregão e no dia seguinte as ações dessem um salto? E se eu dissesse a ele "não, espere", e a INTC caísse ainda mais no dia seguinte? Para ser franco, não tinha conselhos para dar a ele.

No dia seguinte, as ações da INTC recuperaram algumas dessas perdas pós-pregão. Passei uma mensagem perguntando como ele estava. Ele me disse que sua corretora liquidara metade de sua posição e que ele encerrou a transação com um prejuízo de 20 mil dólares. Ele culpou a corretora! Não percebeu que o problema não era a corretora, mas sua própria aposta estúpida e "sem estratégia".

Essas histórias são bastante comuns. Eu as ouço o tempo todo, e todos os meses, pelo menos, três ou quatro e-mails que recebo são sobre esse tipo de situação. Um bom exemplo é de 27 de março de 2020. Uma pessoa em Cingapura me enviou um e-mail. Ela estava vendida no mercado e ficou presa em uma subida que ocorreu por volta de 26 de março de 2020. Ela estava perdendo 20 mil dólares em uma conta de 57 mil dólares e planejava adicionar outros 50 mil dólares para dobrar sua posição. Ela não tinha ideia do que estava fazendo e negociava por meio de um aplicativo de celular.

Eu não sabia o que dizer sobre sua situação específica, mas há uma regra muito importante que sempre compartilho: não baixe o preço médio; não arrisque jogar mais dinheiro desnecessariamente.

A bolsa atrai pessoas que são mais propensas a jogar. É por isso que há uma taxa de insucesso tão alta. Não é que o jogo seja manipulado contra você (embora, para ser justo, talvez haja alguma verdade nisso — apenas alguma). Os *traders* têm uma taxa de insucesso tão alta simplesmente porque pessoas que não deveriam negociar negociam.

Os jogadores estão condenados à derrota no mercado de ações; nada os salvará nesse jogo. Além da guerra, acredito sinceramente que a negociação em bolsa é o esforço humano mais perigoso que existe. É realmente a atividade mais autodestrutiva jamais vista.

Para encerrar esta seção em uma nota muito mais positiva, fazer parte de um grupo de cabeças pensantes é uma ótima maneira de se manter responsável e alinhado. Mesmo que você não faça parte de uma comunidade *on-line*, certifique-se de ter um grupo de cabeças pensantes que o apoiam. Converse com seus mentores e esteja aberto às ideias deles, sobretudo quando notar que está fazendo coisas no mercado que sabe que não deveria. Como escrevi no capítulo 9, a autoconfiança é ótima, mas o autoconhecimento é mais importante.

PLANEJE SUA ESTRATÉGIA DE NEGOCIAÇÃO

Um aspecto da negociação que costuma ser desprezado ou desconsiderado é o desenvolvimento de um "plano de negócios" adequado. Não o confunda, porém, com seu plano de negociação diário (as declarações "se-então" que você elabora a cada pregão) e o que irei descrever em breve como sua estrutura de negociação. Todo negócio precisa de um plano. Para atrair financiamento ou investidores, empresas que variam em tamanho, desde grandes corporações multinacionais até pequenas lojas locais, tiveram que desenvolver planos de negócios para ilustrar como alcançariam o sucesso em seus respectivos empreendimentos. Negociar em bolsa é um negócio sério e nem de longe um esquema de enriquecimento rápido. Por isso, assim como qualquer outro negócio, você também precisa desenvolver um plano de negócios que mostre, claramente, como alcançará sucesso em seu próprio empreendimento. Um plano de negócios para ser executado em bolsa pode ser dividido em três áreas principais: a estrutura de negociação (resumida no próximo parágrafo); as atividades projetadas para melhorar ou apoiar a estrutura de negociação; e as tarefas que devem ser realizadas além da negociação em si.

Sua estratégia é o núcleo de seu plano de negociação em bolsa. É aquilo que você executará durante o horário do mercado. Ela consiste em seus princípios de gerenciamento de risco e de dinheiro; as estratégias e os padrões que você negocia; suas regras de gerenciamento de negociação; e uma descrição de como você é responsável por quaisquer ações que se desviem de sua estrutura. O componente de gerenciamento de risco e dinheiro consiste em entender e conhecer aquilo que chamarei de seus "números", para que você possa aplicar a quantidade certa de risco em uma transação a fim de receber um retorno aceitável. Você precisa determinar coisas como: a parcela de sua conta que arriscará por transação (ou um valor máximo em dólares que arriscará por transação); quando irá aumentar a posição; quanto dinheiro pretende ganhar por dia; o montante máximo de dinheiro que está preparado para perder a cada dia; e o número máximo de transações por dia que deseja realizar. Essa parte de sua estrutura de negociação é extremamente importante porque se seus "números" forem mal calculados, seus ganhos poderão ser menores do que suas perdas e isso resultará em uma curva de patrimônio líquido (seus lucros e prejuízos após a dedução de comissões e taxas de corretagem) declinante.

Na próxima parte de sua estrutura de negociação, você deseja determinar quais são suas estratégias, bem como suas regras de gerenciamento de transações. É aqui que você define em quais tipos de ações e faixas de preços negocia bem, assim como em que parte do pregão (as horas) você se sai melhor. Em muitos aspectos, é assim que você criará sua lista de observação todas as manhãs. (Observe que escrevi "negociar bem", pois isso é muito diferente de você gostar de negociar ou querer negociar.) Um dos aspectos mais difíceis de uma transação é gerenciá-la quando se está no meio dela. As perguntas mais comuns que os *traders* iniciantes fazem aos membros de nossa comunidade incluem: quando tomar a primeira parcial; qual parcela da posição deve ser a primeira parcial; se o *stop loss* deve ser mudado para o ponto de equilíbrio depois da realização de uma parcial; e a preferência entre os *hard stops* ou os *stops* mentais. (Se você não lembra o que o termo "parcial" significa, um exemplo excelente de meu colega John Hiltz está incluído no comentário que acompanha a Figura 9.2, no capítulo anterior.) A verdade é que as respostas a esse tipo de pergunta só podem ser fornecidas pelo próprio *trader*, uma vez que a porcentagem de operações lucrativas de cada *trader*, a distância dos *stops*, o tamanho da conta e os objetivos de negociação são diferentes.

O último componente de sua estrutura de negociação é a responsabilidade. Isso é vital porque, como *trader* de varejo, muitas vezes você negocia sozinho e pode, com facilidade, racionalizar, justificar ou dar desculpas para si mesmo por seus atos. É aqui que ter um amigo ou um mentor de negociação é muito importante, pois ele pode fazer com que você assuma a responsabilidade com relação à sua estrutura de negociação quando você a viola ou quando quebra uma de suas regras de negociação. Além disso, uma vez que seu amigo ou mentor também é um *trader*, ele entende o que você está fazendo e pode incentivá-lo quando sentir que tudo está perdido (e, acredite em mim, esses dias virão). Enfim, você pode estar se perguntando como é possível esperar juntar todos os números e estatísticas que precisam ser registrados em sua estrutura de negociação. Embora sua estrutura de negociação seja direcionada ao que deve ser feito durante o horário de mercado (9h30 às 16h, horário da Costa Leste), existem muitas atividades específicas que você pode realizar antes das 9h30 ou após as 16h que servirão para melhorar suas operações e, em última análise, sua estrutura de negociação.

De todas as atividades que deve realizar fora do horário do mercado, lançar no registro diário cada uma de suas negociações é, de longe, a mais importante. Isso ocorre porque o registro permite que você monitore seu progresso e analise quais estratégias estão funcionando. Também ajuda a determinar em quais áreas você precisa melhorar. Seu registro diário não precisa ser longo e complicado e pode ser composto principalmente de imagens.

A seguir, apresento uma breve descrição de outras atividades de apoio que ajudarão a melhorar sua estrutura de negociação. Lembre-se de que cada uma dessas atividades deve ser utilizada de uma forma que lhe permita desenvolver uma estrutura de negociação consistente com suas habilidades pessoais. Definitivamente, um tamanho único não serve para todos.

Plano de instrução — A criação de um plano de instrução oferece uma imagem visual do que você precisa realizar ao longo de um período de tempo e uma ideia de quanto tempo levará para cumprir suas metas como *trader*. É importante saber o que é necessário à medida que avança na curva de aprendizagem. Ter um plano de instrução bem elaborado permite gerenciar as expectativas ao longo de sua trajetória.

Metas — Definir metas diárias, semanais, mensais, trimestrais e anuais (e fazer progresso nessa direção) ajuda a manter uma atitude emocional positiva em relação aos altos e baixos da aprendizagem nas negociações de *day trade*. Você deve garantir que tem metas específicas, mensuráveis, relevantes, temporais e atingíveis.

Regras de negociação — As regras devem ser desenvolvidas fora do horário do mercado, quando você tem a cabeça fresca e não está sob pressão ou estressado. Essas regras são feitas para protegê-lo quando sua mente está turva e suas emoções, descontroladas. Embora possa não parecer, durante o horário do mercado, as regras são suas amigas e o protegerão de si mesmo.

Declaração de missão — Essa é uma ferramenta-chave que pode ser tão importante quanto o plano de negociação em bolsa do qual faz parte. Sua declaração de missão captura a essência de seus objetivos como *trader* e as filosofias que os embasam. Tão importante quanto, sua declaração de missão sinaliza o que seu negócio representa para você mesmo. Responder a essas perguntas o ajudará a criar uma imagem verbal de seu plano de negócios.

- Quem será sua rede de suporte?
- Quais são seus objetivos de longo prazo?
- Quando você tem disponibilidade para negociar?

- Com quem você vai aprender?
- Por que você quer fazer *day trade*?
- Quanto capital está disponível para você?

A última parte de seu plano de negócios para *trading* são todos os itens que consomem tempo, mas não afetam diretamente o desempenho de sua estrutura de negociação. Nos negócios, isso seria considerado o lado administrativo da casa, as coisas que precisam ser feitas para operar o negócio com sucesso.

Plano de ação — Explica como você irá operar e gerenciar seu negócio de *trading*. Ele aborda as atividades de apoio que não se relacionam diretamente à sua estrutura de negociação. Algumas dessas atividades incluem configurar sua estação de negociação, decidir sobre uma comunidade de *traders* para se afiliar, contratar um contador para gerenciar os impostos, desenvolver sua rotina diária etc.

Visão — Metade de sua visão são seus sonhos para o negócio de *trading* e a outra metade é o caminho que você está traçando para o seu negócio de *trading* no futuro. A declaração de visão geralmente é escrita tendo em mente uma perspectiva de longo prazo. A declaração deve ser bem escrita e compactada em uma ou duas frases descritivas e apaixonadas sobre seus desejos de seguir a carreira de *trader*.

Cronograma do negócio de transação em bolsa — Um cronograma deve ser usado para gerenciar a progressão de sua decisão inicial de começar a negociar; a instrução em negociação; e o programa de treinamento em um simulador, até atingir seu objetivo final de negociar "ao vivo". Essa linha do tempo é essencial para rastrear as várias tarefas que precisam ser concluídas em cada etapa de sua jornada. Ela é atualizada continuamente conforme o progresso e para garantir que seu negócio de *trading* não fique estagnado. A linha usa parâmetros (*benchmarks*) para avaliar o progresso e manter o foco no quanto foi realizado.

Ferramentas e serviços — Essa é a área de seu plano de negócios em que você considerará questões como: qual provedor de serviços de internet deve usar; qual será sua corretora; qual plataforma de negociação utilizar; se irá comprar *scanners* (e, se for o caso, de qual empresa); e de qual comunidade de *traders* você gostaria de fazer parte. Com relação a este último ponto, é importante que a comunidade de *traders* da qual for participar se ajuste ao seu próprio estilo de negociação.

Como afirmado anteriormente, é muito fácil confundir o plano de negociação em bolsa com sua estrutura de negociação. Lembre-se de que sua estrutura de negociação é como você executará suas negociações durante o horário do mercado e é apenas uma parte de seu plano geral de negócios. Seu plano de negócios abrange tudo o que está envolvido na negociação e foi projetado para ajudá-lo na curva de aprendizagem para se tornar um operador de mercado bem-sucedido.

Um excelente webinar sobre como desenvolver seu plano de negócios a partir da perspectiva de um *trader* iniciante foi apresentado por um de nossos mais experientes *traders* e *coaches*, Mike Baehr, que serviu durante 23 anos no Corpo de Fuzileiros Navais dos Estados Unidos. O conteúdo está disponível ao público em: www.bearbulltraders.com/businessplan.

Espero que você goste do webinar e use as notas fornecidas no link para iniciar o processo de desenvolvimento de seu próprio plano de negociação em bolsa.

REGISTRANDO SUAS NEGOCIAÇÕES

Como mencionei anteriormente, eu costumava postar em um blog sobre minhas negociações e documentar minhas ideias para todas as operações nos fóruns da Bear Bull Traders (https://forums.bearbulltraders.com). A partir do verão de 2016, comecei a postar um resumo de recapitulação no YouTube. Embora eu tenha mudado um pouco meu jeito de trabalhar, os membros de nossa comunidade continuam a fazer contribuições regulares para nosso canal. Esse blog me ajudou a manter um bom registro de todas as minhas transações e também auxiliou os membros de nossa comunidade de *traders* (e outros, é claro) a aprender mais por meio da leitura de minhas experiências.

No início de 2020, decidi parar de lançar no diário com a mesma regularidade com que costumava fazer no YouTube e de escrever em meu blog. Em vez disso, passei a usar serviços *on-line*. A maioria dos *traders* de nossa comunidade também está usando serviços assim, como Tradervue (www.tradervue.com) ou Chartlog (www.chartlog.com). Esses programas se conectam à sua plataforma de negociação, automaticamente extraem todas as informações relevantes para você e fornecem informações vitais sobre suas negociações. Independentemente de você estar negociando ao vivo ou treinando em um simulador, o lançamento no registro diário deve fazer parte de sua vida de *trader*. A análise e o resultado final, derivados desses programas *on-line*, são incríveis (assim como as informações que você pode obter do registro em um diário mais tradicional). Essas informações podem incluir:

- sua maior perda;
- seu maior ganho;

- sua proporção entre perdas e ganhos;
- as comissões que está pagando;
- a melhor hora do dia para negociar;
- a pior hora do dia para negociar; e
- o tempo médio de espera para suas negociações.

Aprender os "fatos" sobre suas transações, que em parte acabei de listar, é extremamente importante para desenvolver suas habilidades de *trader*.

Como observei anteriormente, uso um software gratuito chamado *Screenshot Captor* (ou, às vezes, o *Lightshot*) para fazer uma captura de tela da minha plataforma em tempo real logo após encerrar uma transação. Posso ver meus pontos de entrada e saída no gráfico, e apenas adiciono meu processo de pensamento no diário junto com qualquer outra coisa que considero pertinente anotar daquele dia de negociação. Costumo usar essas capturas de tela ou vídeos para fins instrucionais, tais como as oficinas semanais de quarta-feira da nossa comunidade, bem como para atualizar nossos materiais de curso ao vivo e gravados.

Com frequência, os *traders* de nossa comunidade discutirão minhas transações comigo e eu acabo aprendendo algo com eles. Você nunca é experiente demais para não aprender com outra pessoa! Às vezes, edito vídeos de minhas transações diárias e posto em meu canal do YouTube. Mantenho uma biblioteca de todos os meus vídeos de negociação e os edito para um curso de negociação que estou preparando no momento.

NEGOCIAÇÃO E MONTANHISMO

Com frequência, tanto os *traders* iniciantes quanto os esperançosos me perguntam como devem fazer para se tornar bem-sucedidos nos mercados de ações. Minha resposta quase sempre compara a negociação em bolsa com o montanhismo. Passei grande parte da minha juventude nas montanhas e ainda gosto muito de poder explorar as altitudes mais elevadas de nosso planeta. Como mencionei no primeiro capítulo, as montanhas me fascinam! Comecei a escalar quando estava na faculdade e, mais tarde, desenvolvi uma paixão pelo mercado financeiro. Montanhismo e negociação são empreendimentos arriscados, mas, ao mesmo tempo, são incrivelmente recompensadores. Assim, descobri, em minhas experiências, que essas atividades atraem um grupo específico de pessoas. Quero, a seguir, compartilhar três características inerentes tanto aos alpinistas quanto aos *traders* bem-sucedidos.

1. Eles são orientados para o processo

O sucesso em qualquer empreendimento é resultado de ser orientado para o processo, não para os resultados. Bernadette McDonald, autora canadense e alpinista, escreve em *Freedom Climbers*: "Para ser alpinista, é preciso aceitar que a gratificação raramente é imediata". Você vai investir tempo, energia e recursos para escalar um pico apenas para ter que voltar por causa do vento, do clima ou do inesperado. Se o único aspecto da escalada que você espera ansiosamente é ficar no cume e tirar fotos, logo descobrirá que escalar é a mais entediante das atividades. Para mim, a beleza da escalada está em cada passo, cada movimento, cada curva e cada novo vislumbre da paisagem. O mesmo acontece com o *day trading*. Os *traders* iniciantes, em geral, perdem dinheiro no início e alguns ficam frustrados, amaldiçoam o mercado e o largam. Aqueles que vêm para negociar com o objetivo de aprender o processo de como negociar, e não se concentram em seus P&Ls nos primeiros meses, são os que provavelmente terão sucesso. Isso é verdade em todos os empreendimentos da vida. Mark Zuckerberg, no aniversário de dez anos do Facebook, em 2014, compartilhou uma postagem que me toca até hoje: "As pessoas costumam perguntar se eu sempre soube que o Facebook se tornaria o que é hoje. De jeito nenhum.".

Zuckerberg acreditava que havia uma maneira melhor para os alunos se conectarem uns com os outros e então, junto com alguns amigos na faculdade, ele simplesmente "fez". Ele nunca sonhou que um dia o Facebook seria uma das maiores empresas do mundo ou que se tornaria uma das pessoas mais ricas do planeta. Em vez disso, ele se concentrou no processo.

> Quando reflito sobre os últimos dez anos, uma pergunta que me faço é: por que fomos nós que construímos isso? Éramos apenas estudantes. Tínhamos muito menos recursos do que as grandes empresas. Se tivessem se concentrado nesse problema, elas poderiam ter feito isso.
>
> A única resposta em que consigo pensar é: nós apenas nos importamos mais. Enquanto alguns duvidavam que conectar o mundo fosse realmente importante, estávamos construindo essa conexão. Enquanto outros duvidavam que isso seria sustentável, vocês [nossos usuários] estavam formando conexões duradouras.

2. Eles assumem riscos, mas também gerenciam esses riscos

No montanhismo, você literalmente corre um risco a cada passo. Mas isso não impede que os alpinistas façam o que gostam de fazer. Eles gerenciam e minimizam seus riscos tanto quanto possível. Eles definem regras e constroem protocolos de como se proteger para que possam fazer aquilo que os apaixona. **Não existe ganho sem risco**. Isso é verdade também para os *traders*. Uma vez que toda transação coloca seu dinheiro em risco, você precisa aprender a administrar seu risco. Como? Em parte, você define o *stop loss*, garante que está diversificado e que nem todo o seu dinheiro está amarrado em uma transação perdedora — e você sempre deve ter um plano de negociação bem elaborado. Quem opera "grande" e tenta fazer a assim chamada operação gol de placa, sem nenhum plano, é como quem salta de um avião sem paraquedas. Eles são apostadores, na melhor das hipóteses.

3. Eles têm paixão

Você nunca poderá se tornar um alpinista de verdade se não tiver paixão pelas montanhas. Além de todos os riscos, é comum vivenciar momentos de temperaturas extremas, exaustão, úlceras de frio etc. Mas nós, montanhistas, somos uma turma apaixonada e prosperamos nessas situações. Concordo com este ditado: não precisa ser divertido para ser divertido. Anatoli Boukreev, a falecida lenda do montanhismo, disse: "As montanhas não são estádios onde satisfaço minha ambição de realizar algo, elas são as catedrais onde pratico minha religião". O mesmo acontece com a negociação em bolsa. Se você deseja, sinceramente, se tornar um *trader*, deve abraçar todos os seus aspectos, incluindo suas perdas, seus momentos desagradáveis e sua complexidade. Isso vale para qualquer empreendimento na vida. Empreendedores talentosos, políticos, profissionais, praticamente qualquer pessoa que tenha obtido sucesso em seu campo, são apaixonados pelo que fazem. Essas são as pessoas de quem nos lembramos. Como Stephen King escreveu em *Cemitério maldito*,[21] "**Não há ganho sem risco**, talvez **não haja risco sem amor!**".

Meu conselho: escolha ser o que você ama, não o que você precisa ou o que deveria ser. Seja corajoso o suficiente para assumir os riscos controlados necessários para chegar lá. Seja paciente. Concentre-se no processo. Aprenda com suas experiências.

PALAVRAS FINAIS

Você precisa treinar. Você precisa de experiência em decifrar padrões de mercado e precisa estar constantemente ajustando suas declarações **se-então** para

---

21. Stephen King. *Cemitério maldito*, tradução de Mário Molina. Rio de Janeiro, Suma, 2010.

suas configurações de negociação. Cada dia é um jogo novo e um quebra-cabeça novo para resolver. Conforme mencionei, muitas pessoas acreditam que a negociação em bolsa pode ser reduzida a algumas regras que elas podem seguir todas as manhãs. Sempre faça isso ou sempre faça aquilo. Na realidade, negociar em bolsa não tem nada a ver com "sempre"; é sobre cada situação e cada transação. Você deve aprender a pensar no *day trading*, e isso não é uma tarefa fácil.

Você precisa começar a reconhecer padrões e desenvolver estratégias de negociação. E essas estratégias devem ser treinadas em tempo real e sob pressão. Negociar em simuladores pode ser útil e é absolutamente necessário, mas não há substituto para negociar com seu dinheiro real ganho com muito esforço, quando seus resultados realmente importam.

Quando você começar como um *trader*, provavelmente será horrível. Muitas vezes, no início da minha carreira, cheguei à conclusão de que o *day trading* não era para mim. Como escrevi no início deste capítulo, mesmo agora que sou um *trader* experiente e obtenho lucros, há pelo menos um dia, quase todo mês, em que me pergunto se posso continuar a operar nesse mercado. É claro que esse sentimento de decepção some mais rápido hoje em dia — em geral, após a próxima operação lucrativa. Mas para você, que ainda não viu o sucesso, sobreviver à curva de aprendizagem é muito difícil. Eu sei disso. No entanto, isso não significa que você deve perder muito dinheiro ao operar ao vivo no início. A negociação em simuladores o ajudará a se preparar para negociações reais com dinheiro real.

Se você for se inscrever em um curso de treinamento ou em um programa de mentores, deverá ler com atenção o plano dele. Um programa de treinamento bom o encorajará a negociar apenas as configurações mais fáceis no início. Por exemplo, para o primeiro mês ao vivo, acredito que os *traders* iniciantes devam negociar apenas rompimentos de faixa de abertura ou padrões ABCD. No mês seguinte, os *traders* iniciantes podem mudar para as operações de reversão exclusivamente.

No outro mês, você pode se concentrar nas operações de tendência de média móvel. Depois disso, você pode se concentrar nas jogadas de tendência bandeira de alta (as operações de tendência são as mais difíceis de executar e gerenciar o risco). É importante para um *trader* iniciante que se concentre em estudar apenas uma estratégia de cada vez.

Os *traders* iniciantes, em geral, esperam ganhar dinheiro logo de saída e, quando não o fazem, deixam que isso afete seu desempenho. Quando não veem os resultados que esperavam, começam a se concentrar nas coisas erradas. Alguns aumentam o tamanho das posições, na esperança de que isso os ajude a ganhar mais dinheiro. Muitos não se preparam tão arduamente quanto deveriam porque desanimam. Eles se perguntam: "Qual é o sentido de me preparar tanto se não consigo ganhar dinheiro?". Eles começam a assumir riscos que um *trader* experiente e bem-sucedido jamais assumiria. Eles se tornam apostadores. Isso leva a perdas ainda mais volumosas e só aumenta os problemas.

Embora não exista uma maneira certa para ganhar dinheiro negociando em bolsa, há apenas uma maneira certa de iniciar sua carreira de *day trader*. No começo, você deve se concentrar no processo da negociação, não em como ganhar dinheiro para viver. Você deve se programar para esperar, pelo menos, de seis a oito meses para se tornar consistentemente lucrativo. Se você não deseja ou não pode fazer isso, encontre outra carreira. Alguns não são capazes de investir, financeira ou psicologicamente, tanto tempo nessa busca. Se for esse o seu caso, repito: procure outra profissão.

Nunca é demais enfatizar que os resultados de seus primeiros seis meses de negociação não são importantes. Eles não importam. Durante esses primeiros meses, você está construindo a base para uma carreira vitalícia. Você acha que, na altura do décimo ano, seus resultados nos primeiros seis meses serão significativos?

Tornar-se um *trader* consistentemente lucrativo talvez seja a coisa mais difícil que você fará na sua vida. O processo de treinamento intensivo que deve seguir leva de seis a oito meses e exige muito trabalho árduo. Isso permitirá que descubra o quão bom pode ser, mas, para fazer isso, você deve acreditar genuinamente que se tornará excelente.

Todos nós temos fraquezas mentais que precisamos superar. Se insistirmos obstinadamente em provar ao mercado que estamos certos, pagaremos um preço alto. Alguns *traders* não conseguem aceitar uma perda e sair das ações que se movem contra eles. Alguns realizam lucros pequenos prematuramente em vez de aguardar a meta de lucro final. Alguns têm medo de tomar a decisão de entrar em uma operação com uma excelente relação risco/recompensa por eles reconhecida. A única maneira de melhorar é trabalhar seus pontos fracos.

Não há vergonha em falhar como *trader*. A verdadeira vergonha é não perseguir seus sonhos. Se você é apaixonado pela negociação em bolsa e nunca a experimentou, passará sua vida se perguntando o que poderia ter acontecido. A vida é curta demais para não abraçar desafios novos. Aceitar qualquer desafio na vida e fracassar é muito honroso. Se você tiver a coragem de arriscar e praticar o *day trading*, essa decisão será útil mais tarde em sua vida. A próxima mudança de carreira ou o próximo desafio que aceitar pode ser aquele que vai funcionar, e o que você aprender sobre si mesmo no processo será inestimável.

No final deste livro, resumi minhas dez regras do *day trading*. Imprimi essa página e a colei ao lado de minha estação de negociação. Eu a reli muitas vezes. Sugiro que você faça o mesmo. Sei que essas regras o ajudarão a se manter no caminho certo e a alcançar o sucesso.

Por último, mas não menos importante, se você gostou de ler este livro e o considerou útil, agradeceria muito se dedicasse alguns minutos para escrever uma resenha no site da Amazon. O sucesso de um livro como este baseia-se em críticas honestas, e levarei seus comentários em conta ao fazer as revisões. Se você tiver algum comentário, sinta-se à vontade para enviá-lo por e-mail. Sua crítica na Amazon ajudará outras pessoas a tomar decisões bem-informadas sobre meu livro. Eu propositalmente diminuí o preço para que mais pessoas pudessem comprá-lo e usá-lo. Ensinar as pessoas e ajudá-las a iniciar uma carreira nova preenche algo dentro de mim que me motiva a cada dia — então espero que você possa me ajudar a cumprir essa missão de promover e estimular o aprendizado contínuo.

Se você estiver interessado em se conectar comigo, acesse nosso site em www.BearBullTraders.com ou envie-me um e-mail para andrew@BearBullTraders.com. Ficarei feliz em conversar com você. Ao acessar nosso site, você encontrará vários recursos gratuitos disponíveis ao público. Espero que os considere úteis em sua jornada de *trader*.

Obrigado e boas transações!

AS DEZ REGRAS DO *DAY TRADING* DE ANDREW

Regra 1: O *day trading* não é uma estratégia para enriquecer rapidamente.

Regra 2: O *day trading* não é fácil. É um negócio sério e você deve tratá-lo como tal.

Regra 3: Os *day traders* não mantêm posições durante a noite. Se necessário, venda com prejuízo para ter certeza de não reter nenhuma ação à noite.

Regra 4: Sempre pergunte: "Essa ação está se movendo porque o mercado geral está se movendo ou ela está se movendo porque tem um catalisador fundamental único?".

Regra 5: O sucesso no *day trading* vem da gestão de risco — encontre situações de risco baixo com uma recompensa potencialmente alta. A proporção mínima entre vitórias e derrotas para mim é de 2 para 1.

Regra 6: Sua corretora compra e vende ações para você na bolsa. Seu único trabalho como *day trader* é gerenciar o risco. Não dá para ser um *day trader* de sucesso sem ter uma excelente habilidade para gerenciar riscos, mesmo que domine muitas estratégias eficazes.

Regra 7: Os *traders* de varejo negociam apenas as ações em jogo, ações de alto volume relativo que apresentam catalisadores fundamentais e são negociadas independentemente do mercado geral.

Regra 8: Os *traders* experientes são como guerrilheiros. Eles atacam na hora certa, obtêm o lucro e caem fora.

Regra 9: As velas vazadas, em que o fechamento é superior à abertura, indicam pressão de compra. Velas preenchidas, em que o fechamento é inferior à abertura, indicam pressão de venda.

Regra 10: Negociação lucrativa não envolve emoção. Se você for um *trader* emocional, perderá dinheiro.

GLOSSÁRIO

Abertura: os primeiros trinta a sessenta minutos de funcionamento do mercado de ações, das 9h30 às 10h30, horário de Nova York.

Ação Alfa: é uma ação em jogo. Uma ação que se move independentemente do mercado geral e de seu setor; o mercado não consegue controlá-la. Essas são as ações que os *day traders* procuram.

Ação ilíquida: ação cujo volume de transações durante o dia é insuficiente. Essas ações são difíceis de vender e comprar sem uma diferença significativa de preço.

Ações com baixo volume em circulação: significa que uma grande demanda por ações afetará o preço da ação facilmente. O preço da ação é muito volátil e pode se mover rapidamente. A maioria das ações com baixo volume em circulação está cotada abaixo de 10 dólares. Os *day traders* adoram ações com baixo volume em circulação, que também podem ser chamadas de ações de microcapitalização ou ações de pequena capitalização.

Ações com volume em livre circulação médio: uma ação com volume em livre circulação médio entre 20 milhões e 500 milhões de ações. Procuro principalmente ações com volume em livre circulação médio e preços na faixa de 10 a 100 dólares para negociar. Muitas das estratégias explicadas neste livro funcionam bem com as ações com volume em livre circulação médio.

Ações de capitalização baixa: uma ação com uma oferta baixa, o que significa que uma grande demanda pela ação irá facilmente mover seu preço. O preço da ação é muito volátil e pode se mover rapidamente. A maioria das ações de pequena capitalização é cotada abaixo de 10 dólares.

Alguns *day traders* adoram as ações de baixa capitalização, mas leve em consideração que elas podem ser muito arriscadas. Também podem ser chamadas de ações com baixo volume em livre circulação ou ações de microcapitalização.

Ações de centavos (*penny stocks*): ações de empresas pequenas que podem ser negociadas a preços muito baixos. Os preços podem ser facilmente manipulados e não seguem nenhum padrão ou regra. A fraude é galopante nas operações com *penny stocks*, as quais não são negociadas pelos *day traders*.

Ações de microcapitalização: uma ação com um baixo volume de ações em livre circulação. Significa que uma demanda grande pelas ações moverá o preço da ação com facilidade. O preço da ação é muito volátil e pode se mover rapidamente. A maioria das ações de microcapitalização está cotada abaixo de 10 dólares. Os *day traders* adoram estas, que também podem ser chamadas de ações com baixo volume em livre circulação ou ações de pequena capitalização.

Ações em jogo: são as que você, como *day trader*, está procurando. Uma ação em jogo oferece excelentes oportunidades de risco/recompensa. Seu preço aumenta ou diminui durante o pregão e se move de forma previsível. As ações com catalisadores fundamentalistas (associadas a alguma notícia positiva ou negativa, como uma aprovação ou desaprovação da FDA, uma reestruturação, uma fusão ou aquisição) são frequentemente ações em jogo.

Ações megacap: uma ação com uma grande oferta de ações. Por exemplo, a Apple, Inc. tinha 4,33 bilhões de ações disponíveis para negociação em junho de 2020. Os preços dessas ações, em geral, não são voláteis, uma vez que exigem um volume e dinheiro significativos para serem negociadas. Os *day traders* evitam esses tipos de ações.

Alavancagem: margem que sua corretora oferece sobre o dinheiro em sua conta. A maioria das corretoras oferece uma alavancagem entre 3 para 1 e 6 para 1. Uma alavancagem de 4 para 1, por exemplo, significa que se tiver 25 mil dólares em sua conta, você tem 100 mil dólares de poder aquisitivo disponível para negociar.

Altista: comprador de ações. Se você ouvir que o mercado está em alta, isso significa que todo o mercado de ações está ganhando valor porque os compradores estão adquirindo ações, ou seja, os compradores estão no controle.

Assumir uma posição comprada: comprar uma ação na esperança de que seu preço suba.

Baixar o custo médio: acrescentar mais ações à sua posição perdedora para reduzir o custo médio de sua posição, com a esperança de vendê-las no ponto de equilíbrio na próxima subida a seu favor. Como *day trader*, não faça isso. Não baixe seu custo médio, nunca. Uma explicação completa é fornecida neste livro. Para ser um *day trader* bem-sucedido, você precisa evitar o impulso de baixar o custo médio.

Baixista: um vendedor ou vendedor a descoberto de ações. Se você ouvir que o mercado está em baixa, significa que todo o mercado de ações está perdendo valor porque os vendedores ou vendedores a descoberto estão vendendo suas ações. Em outras palavras, os vendedores estão no controle.

Bandeira de alta: tipo de padrão de vela que se assemelha a uma bandeira em um mastro. Você verá diversas velas grandes que sobem (como um mastro) e uma série de pequenas velas que se movem lateralmente (como uma bandeira), o que os *day traders* chamam de consolidação. Normalmente, perde-se a primeira bandeira de alta, mas seu *scanner* irá alertá-lo e você poderá então se preparar para a segunda bandeira de alta. Há um exemplo de formação de bandeira de alta na Figura 7.5.

"Caixa-preta": programas de computador, fórmulas e sistemas ocultos ultrassecretos que as grandes empresas de Wall Street usam para manipular o mercado de ações.

Capitalização de mercado: a capitalização de mercado de uma empresa é o valor total em dólares de suas ações em livre circulação (todas as suas ações disponíveis para negociação no mercado de ações). Por exemplo, se as ações de uma empresa valem 10 dólares cada e há 3 milhões de ações disponíveis para negociação (um volume em livre circulação de 3 milhões de ações), a capitalização de mercado dessa empresa é de 30 milhões de dólares.

Catalisador fundamental: é aquilo que você, como *day trader*, está procurando, alguma notícia positiva ou negativa associada a uma ação, como uma aprovação ou desaprovação da FDA, uma reestruturação, uma fusão ou aquisição. Algo significativo que terá impacto no preço da ação durante o pregão.

Chamada de margem: é um aviso sério de sua corretora que você deve evitar. Sua corretora emitirá uma chamada de margem se você estiver usando alavancagem e perdendo dinheiro. Isso significa que seu prejuízo é igual ao valor original de dinheiro em sua conta. Você precisa adicionar mais dinheiro à sua conta ou seu corretor irá congelá-la.

Comprado: forma abreviada de "estar comprado". Você compra ações na esperança de que seu preço suba. Estar "comprado em cem ações AAPL", por exemplo, é ter comprado cem ações da Apple, Inc. em antecipação a um aumento de preço.

Correr atrás de uma ação: os *day traders* sábios nunca correm atrás de ações. Isso significa tentar comprar ações enquanto o preço está aumentando significativamente. Os *day traders* bem-sucedidos visam entrar em transações durante os momentos tranquilos e realizar seus lucros durante os momentos agitados. Quando vir uma ação subindo, espere pacientemente o período de consolidação. Paciência é realmente uma virtude!

Corretora: empresa que compra e vende ações para você na bolsa. Uma vez que o *day trading* requer que as ordens sejam executadas rapidamente, você precisa mesmo usar aquilo que é chamado de corretora de acesso direto. As corretoras *on-line* convencionais (também conhecidas como corretoras *full-service*) fornecem consideravelmente mais em termos de consultoria de investimento, planejamento fiscal, planejamento de aposentadoria e outros serviços. Contudo, não costumam oferecer a execução rápida de pedidos necessária e, portanto, são mais adequadas para investidores e *traders* de *swing* de varejo.

Corretoras de taxa de corretagem zero: tipo relativamente novo de corretora que não cobra uma comissão por cada transação que você faz. Não são adequadas para o *day trading*, pois não costumam fornecer a execução rápida de transações requeridas. Elas revolucionaram a indústria da negociação em bolsa, forçando os jogadores estabelecidos a abolir ou reduzir significativamente suas comissões.

Curva de patrimônio líquido: seus lucros e prejuízos após dedução das comissões e taxas de sua corretora.

Dados de mercado em tempo real: para alcançar o sucesso no *day trading*, é preciso ter acesso a dados de mercado em tempo real (pelos quais, em geral, é preciso pagar), sem qualquer atraso, pois você estará tomando decisões e entrando e saindo de transações literalmente em questão de minutos. Os *swing traders*, por outro lado, que entram e saem das transações em dias ou semanas, precisam apenas de acesso aos dados de fechamento, disponíveis gratuitamente na internet.

Day trading: o negócio sério de negociar ações que estão se movendo de uma maneira relativamente previsível. Todas as suas operações são feitas durante um único pregão. O *day trader* não mantém nenhuma ação em carteira até o pregão seguinte. Todas as ações que você compra durante o dia devem ser vendidas até o final do pregão.

Declaração/cenário "se-então": antes da abertura do mercado e antes de fazer uma transação real, você deve criar uma série de declarações "se-então" (ou cenários "se-então") para guiá-lo em suas negociações. Por exemplo, se o preço não superar ABC, então farei DEF. A Figura 10.2 é um exemplo de algumas declarações/cenários "se-então" que marquei em um gráfico.

Diferença (*spread*) compra-venda: diferença entre o que as pessoas estão dispostas a pagar para comprar determinada ação e o que outras pessoas estão exigindo para vender aquela ação em determinado momento. Ela pode mudar ao longo do pregão.

Distanciamento social: para os *traders*, distanciamento social significa ficar bem longe daqueles que acreditam que o mercado de ações é um esquema para enriquecimento rápido. À luz da pandemia de Covid-19 de 2020 e das diretrizes de distanciamento social, proteja seus ativos ao ficar longe de qualquer pessoa que ache que as ações são feitas para ajudá-lo a ficar rico da noite para o dia.

Doji: um padrão de vela importante que aparece em vários tamanhos ou formas, mas todos caracterizados por não terem corpo ou por terem um corpo muito pequeno. Um *doji* indica indecisão e significa que uma luta está em andamento entre compradores e vendedores. Você pode ver exemplos de velas *doji* na Figura 6.8.

Estrutura de negociação: núcleo de seu plano de negócios. É aquilo que você executará durante o horário do mercado. Consiste em seus princípios de gerenciamento de risco e dinheiro; nas estratégias e nos padrões que você negocia; em suas regras de gerenciamento de negociação; e em um esquema de sua responsabilidade por quaisquer atos que se desviem de sua estrutura de negociação. Comentários detalhados sobre a criação de sua estrutura de negociação estão incluídos no capítulo 10.

Faixa de abertura: quando o mercado abre, as ações em jogo muitas vezes experimentam o que chamo de movimentações violentas de preço. Volumes de transação pesados afetam o preço das ações e você deve ser capaz de determinar em que direção o preço está indo e se os compradores ou vendedores estão ganhando. Agora que sou um *trader* mais experiente, muitas vezes negocio um rompimento de faixa de abertura de um minuto. Até que você tenha adquirido essa experiência e confiança, porém, é melhor negociar rompimentos de faixa de abertura em um período de tempo mais longo, em que a volatilidade é menor.

Fechamento: última hora em que o mercado de ações está aberto, das 15h às 16h, horário de Nova York. Os preços de fechamento diários tendem a refletir a opinião dos *traders* de Wall Street sobre o valor das ações.

Fechamento do dia anterior: preço de uma ação quando o mercado fecha no dia anterior. Saber o fechamento do dia anterior de uma ação é uma ferramenta útil para avaliar se uma ação pode entrar em jogo no dia seguinte, e é um valor usado em vários dos padrões e estratégias explicados neste livro.

Fim da manhã: das 10h30 às 12h, horário de Nova York, o mercado fica mais lento, mas ainda há boa volatilidade nas ações em jogo. Esse é um dos momentos mais fáceis do dia para os *traders* iniciantes. Há menos volume, se comparado com a abertura, mas também menos volatilidade inesperada. Uma análise das negociações de nossos *traders* iniciantes indica que o desempenho deles é melhor durante a sessão do fim da manhã.

Forex: o mercado cambial global em que *traders* — porém não os *day traders* — negociam moedas.

Formador de mercado: corretora que oferece ações para venda ou compra na bolsa. A empresa mantém em carteira determinado número de ações de uma ação específica para facilitar a negociação dessas ações na bolsa.

Fundo negociado em bolsa (*exchange-traded fund* [ETF]): fundo de investimento negociado em bolsa e composto de ativos como ações ou títulos.

Futuros: a negociação de futuros é quando você negocia um contrato por um ativo ou por uma mercadoria (petróleo, madeira, trigo, moedas, taxas de juros) com um preço definido hoje, mas o produto só será entregue e efetivamente comprado em uma data futura. Você obterá um lucro se conseguir prever corretamente a direção que o preço de determinado item terá em data futura; os *day traders* não negociam futuros.

Gerenciamento de risco: uma das habilidades mais importantes que um *day trader* de sucesso precisa dominar. Você precisa encontrar configurações de negociação de baixo risco com um potencial de recompensa alto. Você negocia seu risco a cada pregão.

Gestão de negociação: o que você faz com sua posição quando entra em uma operação e antes de sair dela. Você não deve ficar apenas sentado, pacientemente, olhando para a tela do computador com os dedos cruzados, para ter sorte, e observando tudo que acontece. Enquanto monitora e processa as informações que estão mudando à sua frente, ajuste e refine a transação em que se encontra. Você precisa estar ativamente engajado em suas operações. A única forma prática de ganhar experiência na gestão de negociação é usar um simulador, utilizando os volumes de posição e os montantes de dinheiro que, um dia, você negociará ao vivo.

Indicador: cálculo matemático baseado no preço ou no volume de uma ação ou em ambos. Você não deve ter gráficos entulhados, com muitos indicadores diferentes. Mantenha seus gráficos limpos para poder processar as informações e tomar decisões rapidamente. Quase todos os indicadores que decidir rastrear serão calculados automaticamente e plotados por sua plataforma de negociação. Lembre-se sempre de que os indicadores indicam, mas não ditam. A Figura 5.2 é uma captura de tela do tipo de gráfico que uso com meus indicadores marcados nele.

Indicador antecedente: uma característica do Nasdaq Nível 2; fornece informações sobre a atividade que ocorre em uma ação **antes** de a transação acontecer.

Indicador atrasado: são indicadores que fornecem informações sobre a atividade que ocorre em uma ação depois de a transação acontecer.

Índice de força relativa (IFR): indicador técnico que compara a magnitude dos ganhos e perdas recentes no preço das ações, ao longo de um período de tempo, para medir a velocidade e a mudança do movimento dos preços. Seu programa *scanner* ou sua plataforma calculará, automaticamente, o IFR para você. Os valores de IFR variam de 0 a 100. Um IFR extremo, abaixo de 10 ou acima de 90, certamente atrairá meu interesse.

Intradiário: negociações em um mesmo dia, entre 9h30 e 16h, horário de Nova York.

Investir: embora algumas pessoas acreditem que investir e negociar são semelhantes, investir é, na verdade, muito diferente de negociar. Investir é pegar seu dinheiro, colocá-lo em algum lugar e esperar que cresça no curto ou longo prazo.

Liquidez: os *day traders* bem-sucedidos precisam de liquidez. É preciso haver um volume suficiente de ações de determinada empresa sendo negociado e um número suficiente de ordens sendo enviadas à bolsa para preenchimento a fim de garantir que você possa entrar e sair facilmente de uma operação. Você procura muitos compradores e muitos vendedores, todos de olho na mesma ação.

Lista de observação: antes da abertura do mercado, você pode verificar quais ações estão com os preços em alta ou em baixa. Procure os catalisadores fundamentalistas que explicam essas oscilações de preço e elabore uma lista de ações que monitorará naquele dia para encontrar oportunidades de *day trading* específicas. Em geral, a versão final de sua lista de observação contém apenas duas, três ou quatro ações que serão monitoradas cuidadosamente quando o mercado abrir. Também chamada de lista de observação de movimentadores pré-mercado.

Lista de observação dos movimentadores pré-mercado: antes da abertura do mercado, é possível verificar as ações cujos preços estão subindo ou descendo. Então você pesquisa os catalisadores fundamentalistas que explicam essas oscilações de preço e criam uma lista de ações que você monitorará naquele dia em busca de oportunidades específicas de *day trading*. A versão final da sua lista de observação, em geral, contém apenas duas, três ou quatro ações que você monitorará, com muito cuidado, na abertura do mercado. Também chamada simplesmente de lista de observação.

Lote padrão: cem ações. A coluna "tamanho" em seu Nível 2 indicará quantos lotes-padrão de ações estão sendo oferecidos para venda ou compra. Um "4", por exemplo, significa quatrocentas ações.

Margem: alavancagem que sua corretora lhe oferece para negociar. Por exemplo, se sua alavancagem é de 4 para 1 e você tem 25 mil dólares em conta, sua margem para negociar é de 100 mil dólares. A margem é como uma faca de dois gumes — permite que você compre mais, mas também o expõe a riscos maiores.

Média de amplitude de variação (*average true range* [ATR]): extensão da faixa de variação de preços que determinada ação tem em média a cada dia. Procuro uma ATR de, pelo menos, 50 centavos, o que significa que o preço da ação costuma mudar, pelo menos, 50 centavos na maioria dos dias.

Média móvel (MM): indicador amplamente utilizado na negociação em bolsa e que suaviza o preço de uma ação pela média de seus preços anteriores. As duas MMs básicas e mais comumente usadas são a média móvel simples (MMS), que é a média simples de uma ação ao longo de um número definido de intervalos de tempo — por exemplo, os gráficos de um minuto, cinco minutos ou diários —, e a média móvel exponencial (MME), que dá mais peso aos preços mais recentes. As aplicações mais comuns das médias móveis são para identificar a tendência de direção e para determinar os níveis de suporte e resistência. Eu uso MME 9, MME 20, MMS 50 e MMS 200 em todos os meus gráficos. Seu software de gráficos já virá equipado com a maioria dos tipos de média móvel.

Média móvel exponencial (MME): forma de média móvel em que mais peso é atribuído aos dados mais atuais, refletindo, portanto, as oscilações mais recentes no preço de uma ação mais do que as outras médias móveis.

Média móvel simples (MMS): forma de média móvel calculada somando-se o preço de fechamento de uma ação, durante alguns períodos de tempo, e, em seguida, dividindo-se esse número pelo número efetivo desses períodos.

Meio do dia: das 12h às 15h, horário de Nova York; o mercado em geral fica lento, com menos volume e liquidez. É o horário mais perigoso do dia para operar.

Mercado de balcão (*over-the-counter* [OTC] *market*): a maioria dos *day traders* não negocia no mercado de OTC. Ele é um mercado específico usado para negociar certos itens, como câmbio, títulos e taxas de juros.

Meta de lucro: como *day trader*, você deve ter uma meta de lucro diário. Assim que alcançá-la, não seja ganancioso nem corra mais riscos. Você pode desligar o computador e aproveitar o resto do dia. Além disso, para cada operação que preparou, você deve ter uma meta de lucro específica, na qual sua estratégia se baseia.

Movimentação de preços errática: ações sendo negociadas com frequência muito alta e movimentos de preço pequenos. Os *day traders* evitam as ações com movimentação de preços errática, uma vez que estão sob o controle de *traders* institucionais de Wall Street.

Movimentação dos preços: é a movimentação dos preços de uma ação. Prefiro usar as velas para mostrar a movimentação dos preços de uma ação, capturando seus topos e fundos, além da relação entre a abertura e o fechamento.

Negociação de alta frequência (*high frequency trading* [HFT]): tipo de negociação em que trabalham os programadores de computador de Wall Street, criando algoritmos e fórmulas secretas para tentar manipular o mercado. Embora a HFT deva ser respeitada, não há razão para os *day traders* a temerem.

Negociação de guerrilha: o que os *day traders* fazem é como uma luta de guerrilha. Você espera uma oportunidade de entrar e sair do campo de batalha financeiro em um intervalo de tempo breve para gerar lucros rapidamente enquanto o risco é mantido em um nível mínimo.

Negociação pré-mercado: transações que ocorrem antes da abertura oficial do mercado, às 9h30, horário de Nova York. Pessoalmente, evito a negociação pré-mercado porque há poucos *traders* negociando e você precisa negociar com posições muito pequenas. Se está considerando a negociação pré-mercado, deve perguntar à sua corretora se ela permite isso. Porém, convém ficar de olho na negociação pré-mercado. Uma ação que está subindo ou descendo 2% ou mais no pré-mercado definitivamente atrai minha atenção e pode ser incorporada à minha lista de observação do dia.

Nível 2: o *day trading* bem-sucedido requer acesso ao fornecimento de dados do Nasdaq TotalView Nível 2 em tempo real. Ele oferece os principais indicadores e as informações sobre a atividade que ocorre em uma ação antes de a negociação acontecer, bem como informações importantes sobre a movimentação de preços de uma ação, que tipo de *traders* estão comprando ou vendendo as ações e para onde é provável que as ações se dirijam no curto prazo. A Figura 5.1 é uma imagem de uma cotação de Nível 2.

Nível de suporte ou de resistência: é o nível em que o preço de uma ação específica não costuma romper para cima (nível de resistência) ou para baixo (nível de suporte). As ações, em geral, dão um salto e seus preços mudam de direção quando atingem um nível de suporte ou resistência. Como *day trader,* você deve monitorar esses níveis porque, se entrar na hora certa, será possível lucrar com essas rápidas mudanças na direção dos preços. Forneço alguns comentários detalhados, neste livro, sobre como encontrar níveis de suporte e resistência. O fechamento do dia anterior é um dos níveis mais poderosos de suporte ou resistência. A Figura 7.26 é um exemplo de gráfico no qual desenhei linhas de suporte e de resistência.

Oferta de compra (*bid*): preço que as pessoas estão dispostas a pagar para comprar uma ação em determinado momento. É sempre inferior ao preço de venda.

Oferta de venda (*ask*): preço pelo qual os vendedores estão dispostos a vender suas ações, o qual é sempre superior à oferta de compra.

Opções: um tipo diferente de operação, que consiste na negociação de contratos que dão a uma pessoa o direito, não uma obrigação ou exigência, de comprar ou vender uma ação a determinado preço em data específica.

Ordem a preço de mercado: instrução que você dá à corretora para comprar ou vender imediatamente uma ação específica, seja qual for o preço atual naquele momento. Vou enfatizar a frase "seja qual for o preço atual". O preço pode beneficiá-lo ou não, dependendo da mudança repentina do mercado a partir do momento em que você passou as instruções à sua corretora.

Ordem com limite: ordem que você dá à sua corretora para comprar ou vender uma ação específica a um preço definido por você ou melhor do que aquele especificado por você. Existe uma chance de que a ordem com limite nunca seja executada se o preço se mover muito rapidamente após você enviar suas instruções.

Ordem com limite negociável: instrução que se dá à corretora para comprar ou vender imediatamente uma ação específica dentro de uma faixa de preços especificada por você. Uso ordens com limite negociável no *day trading.* Em geral, compro em "ordem de venda +5 centavos" e vendo a "ordem de compra -5 centavos".

Período de consolidação: ocorre quando os *traders* que compraram ações a um preço mais baixo estão vendendo e realizando seus lucros enquanto o preço das ações não está caindo drasticamente porque compradores ainda estão comprando e os vendedores ainda não estão no controle do preço.

Pião: tipo de vela com sombras altas e baixas de tamanho semelhante, geralmente maiores que o corpo. Podem ser chamadas de velas de indecisão e indicam que compradores e vendedores têm poderes iguais e estão lutando entre si. É importante reconhecer um pião porque pode muito bem indicar a iminência de uma mudança de preço. As Figuras 6.6 e 6.7 são exemplos de piões.

Plano de negociação: plano que você desenvolve antes de realmente entrar em uma transação. É preciso muito trabalho para desenvolver um plano de negociação sólido e, em seguida, praticar bastante a autodisciplina para seguir o plano. Veja também a definição de declaração/cenário "se-então". Tome cuidado para não confundir seu plano de negociação com seu plano de negócios.

Plano de negócios: a negociação em bolsa é algo sério, de forma alguma um esquema de enriquecimento rápido. Então, assim como em qualquer outro negócio, você deve desenvolver um plano de negócios que descreva claramente como você terá sucesso em seu próprio empreendimento. Um plano de negociação em bolsa pode ser dividido em três áreas principais: a estrutura de negociação; as atividades projetadas para melhorar ou apoiar a estrutura de negociação; e as tarefas que precisam ser cumpridas fora da negociação em si. (Comentários detalhados sobre a criação de seu plano de negócios estão incluídos no capítulo 10.) Tome cuidado para não confundir seu plano de negócios com seu plano de negociação.

Plataforma de negociação: software usado pelos *traders* para enviar ordens à bolsa. As corretoras costumam oferecer plataformas de negociação que, às vezes, são gratuitas, mas muitas vezes são cobradas. As plataformas são baseadas na internet ou são um software que precisa ser instalado em seu computador. Sua plataforma de negociação fornece uma plataforma de gráficos e de execução de ordens. Ter uma boa plataforma de negociação é extremamente importante, pois ela precisa ser rápida e capaz de oferecer suporte às teclas de atalho, além de contar com excelentes recursos de gráficos. Eu mesmo uso e recomendo a *DAS Trader*. Pago uma taxa mensal para acessar essa plataforma e seus dados em tempo real.

PlayBook: meu amigo, Mike Bellafiore, em seu livro *The PlayBook*, explica como um *trader* sério pode construir seu negócio em bolsa. Corretamente, ele recomenda que você elabore um PlayBook de operações muito específicas, que você domine bem, e depois negocie apenas esse PlayBook.

Poder aquisitivo: capital (dinheiro) em sua conta de corretagem mais a alavancagem que a corretora fornece a você. Por exemplo, se sua corretora lhe der uma alavancagem de 4 para 1 e você tiver 25 mil dólares em sua conta, você pode efetivamente negociar até 100 mil dólares.

Ponto de entrada: quando você reconhece um padrão em desenvolvimento em seus gráficos, seu ponto de entrada é onde você entra na operação.

Ponto de saída: ao planejar sua operação, você decide seu ponto de entrada, onde entrará na transação, e onde sairá da transação. Se não sair da maneira certa, transformará uma transação vencedora em uma transação perdedora. Faça o que fizer, não seja teimoso. Se uma operação vai contra você, saia com elegância e aceite o prejuízo. Não arrisque ainda mais dinheiro só para provar que está certo, os mercados podem ser imprevisíveis.

Posição vendida a descoberto: a quantidade de determinada ação que foi vendida a descoberto, mas ainda não coberta, geralmente é divulgada no final do dia. Em geral, não negocio ações com uma posição vendida a descoberto superior a 30%. Uma posição grande vendida a descoberto significa que *traders* e investidores acreditam que o preço da ação cairá.

Preço médio ponderado por volume (*volume weighted average price* [VWAP]): indicador técnico mais importante para os *day traders*. Sua plataforma de negociação deve conter o VWAP, média móvel que leva em consideração o volume das ações sendo negociado a qualquer preço. Enquanto outras médias móveis são calculadas com base apenas no preço da ação no gráfico, o VWAP leva em consideração quantas daquelas ações estão sendo negociadas a cada preço. O VWAP permite que você saiba se os compradores ou vendedores estão controlando a movimentação dos preços.

R: os *traders* costumam se referir ao montante de dinheiro arriscado em uma transação como "R". Uma transação em que você perde esse dinheiro arriscado é chamada de operação -1R; uma transação em que ganha o dobro do valor arriscado será uma operação 2R.

Regra do *day trader* padrão: regulamento dos Estados Unidos que exige que os *day traders* naquele país tenham, pelo menos, 25 mil dólares em sua conta, a menos que usem uma corretora fora do país. Isso não afeta os *day traders* que moram no Canadá, na Inglaterra ou em qualquer outro país que não os Estados Unidos. Assim, outros países podem também aplicar regras e regulamentos semelhantes. Antes de iniciar o *day* *trading*, você deve entrar em contato com corretoras locais e perguntar sobre os requisitos mínimos para *day trading* em sua jurisdição.

Relação entre ganhos e perdas: a chave para o *day trading* bem-sucedido é encontrar ações com excelente relação entre ganhos e perdas. São as ações com um ponto de entrada de baixo risco e uma recompensa potencial alta. Por exemplo, uma relação 3 para 1 significa que você arrisca 100 dólares, mas tem potencial para ganhar 300 dólares. Também chamada de relação lucro/prejuízo ou relação risco/recompensa.

Relação lucro/prejuízo: a chave para ser um *day trader* bem-sucedido é encontrar ações com excelente relação lucro/prejuízo. São ações com um ponto de entrada de baixo risco e uma recompensa potencial alta. Por exemplo, uma proporção de 3 para 1 significa que, para cada 100 dólares que você arriscar, existe potencial para ganhar 300 dólares. Uma proporção de 2 para 1 é o tamanho mínimo que negociarei, também chamada de relação risco/recompensa ou relação entre lucros e perdas.

Relação risco/recompensa: a chave para ser bem-sucedido no *day trading* é encontrar configurações de negociação que ofereçam uma excelente relação risco/recompensa. Essas são as oportunidades de negociação com um ponto de entrada de risco baixo e um potencial de recompensa alto. Por exemplo, uma relação 3 para 1 significa que você arriscará 100 dólares, mas terá o potencial de ganhar 300 dólares. Uma proporção de 2 para 1 é a mínima que estou disposto a negociar. Também chamada de relação lucro/perda ou relação entre ganhos e perdas.

Restrição a vendas a descoberto (*short selling restriction* [SSR]): restrição colocada sobre uma ação quando ela está 10% ou mais abaixo do preço de fechamento do dia anterior. Os reguladores e as bolsas colocam restrições às vendas a descoberto de uma ação quando seu preço está caindo. Quando uma ação está em modo SSR, você ainda está autorizado a vendê-la a descoberto, mas só pode vender quando o preço está subindo, não caindo, durante aquele pregão.

Salas de bate-papo: comunidades de *traders*; muitas das quais podem ser encontradas na internet.

Scanner: o software que você programa com vários critérios para encontrar ações específicas para o *day trade*. As Figuras 4.2 a 4.5 são capturas de tela de *scanners* que uso com frequência.

Short squeeze: ocorre quando os vendedores a descoberto entram em pânico e estão em apuros para devolver as ações que tomaram emprestadas de suas corretoras. Seus atos fazem com que os preços subam rápida e perigosamente. Deve-se evitar ficar vendido em um *short squeeze*; o que você quer fazer é aproveitar o repique quando o preço se inverte rapidamente.

Siglas: abreviações curtas de, em geral, uma a cinco letras que representam as ações na bolsa. Todas as ações têm siglas; a sigla da Apple, Inc., por exemplo, é AAPL.

Simulador: os *day traders* iniciantes que desejam uma carreira de sucesso devem obrigatoriamente negociar em um simulador durante vários meses. Você deve adquirir uma conta simulada que forneça dados de mercado em tempo real e negociar apenas o volume de ações e os montantes de dinheiro que estará negociando quando começar a operar para valer. Os simuladores são uma excelente maneira de treinar o uso de suas teclas de atalho; a criação de declarações "se-então"; e (treinar um pouco mais) suas estratégias.

Stop loss: nível de preço em que você precisa aceitar um prejuízo e encerrar a transação. O valor máximo que você deve arriscar em uma negociação é 2% de sua conta. Por exemplo, se sua conta tem 20 mil dólares, nunca arrisque mais de 400 dólares em uma só transação. Uma vez calculada a quantidade máxima de dinheiro que é possível arriscar em uma transação, você pode calcular seu risco máximo por ação, em dólares, a partir de seu ponto de entrada. Esse é seu *stop loss*; deve estar sempre em um nível técnico razoável. Além disso, você deve honrar seu *stop loss*, não o alterar no meio de uma transação na esperança de que algo aconteça. Saia de sua operação com elegância e aceite o prejuízo, não seja teimoso nem arrisque sua conta.

Swing trading: o negócio sério de negociar ações que você mantém durante determinado período de tempo, o qual costuma variar de um dia a algumas semanas. O *swing trading* é um negócio completamente diferente do *day trading*.

Tamanho da posição: refere-se ao tamanho da posição que você pode assumir em cada transação. É uma técnica e uma habilidade que os *traders* iniciantes precisam desenvolver — mas, por favor, lembre-se de uma das minhas regras: você nunca deve arriscar mais do que 2% de sua conta em nenhuma transação.

Tamanho: a coluna "tamanho" em seu Nível 2 indicará quantos lotes padrão de ações (100 ações = 1 lote-padrão) estão sendo oferecidos para venda ou compra. Um "4", por exemplo, significa 400 ações.

Teclas de atalho: quase indispensáveis para os *day traders*, são comandos de teclas que você programa para enviar automaticamente instruções para sua corretora ao tocar uma combinação de teclas em seu teclado. Elas eliminam a necessidade de um mouse ou de qualquer tipo de entrada manual. As negociações em alta velocidade exigem teclas de atalho. Você deve praticar como usá-las, em tempo real, em um simulador, antes de arriscar seu dinheiro de verdade. Para sua referência, incluí na Figura 5.4 uma lista de minhas próprias teclas de atalho.

***Trader* de varejo:** *traders* individuais, como você e eu, que não trabalham para uma empresa nem administram dinheiro de terceiros.

***Trader* institucional:** bancos de investimento de Wall Street, empresas de fundos mútuos e de *hedge*, entre outros. Os *day traders* ficam longe das ações que os *traders* institucionais estão manipulando e dominando. (Por educação, também chamarei isso de "negociação"!)

Vela: forma muito comum de expressar, de forma gráfica, o preço das ações. Ela permite ver, com facilidade, o preço de abertura; o preço mais alto em determinado intervalo de tempo; o preço mais baixo naquele intervalo de tempo; e o valor do preço de fechamento para cada intervalo de tempo que se deseja exibir. Algumas pessoas preferem usar outros tipos de gráfico. Eu gosto bastante das velas porque são uma imagem fácil de decifrar com relação à movimentação dos preços. Você pode, com facilidade, comparar a relação entre a abertura e o fechamento, assim como o preço mais alto e o mais baixo. Veja exemplos de velas de baixa e de alta na Figura 6.1.

Vela de alta: vela com um grande corpo voltado para cima diz que os compradores estão no controle do preço e, provavelmente, continuarão a empurrar o preço para cima. A Figura 6.1 inclui uma imagem de uma vela de alta.

Vela de baixa: uma vela com um corpo preenchido grande, demonstrando que a abertura aconteceu no topo e o fechamento no fundo. Ela significa que os vendedores estão no controle do preço e que não é um bom momento para comprar. A Figura 6.1 inclui uma imagem de uma vela de baixa.

Vela de indecisão: tipo de vela com sombras altas e baixas de tamanho semelhante, geralmente maiores que o corpo. Também podem ser chamadas de piões ou *dojis* e indicam que os compradores e vendedores têm igualdade de poderes e estão lutando entre si. É importante reconhecer uma vela de indecisão porque pode muito bem indicar a iminência de uma mudança de preço. Você pode ver exemplos de velas de indecisão nas Figuras 6.6 a 6.8.

Vender a descoberto: você pega emprestado ações de sua corretora e as vende, e então espera que o preço caia ainda mais para poder recomprá-las a um preço mais baixo, devolver as ações à sua corretora e manter o lucro para si.

Vendido: forma abreviada de "vendido a descoberto". Você toma emprestado ações de sua corretora, vende-as e espera que o preço caia ainda mais para que possa recomprá-las por um preço mais baixo, devolver as ações para sua corretora e guardar o lucro para si. Dizer "estou vendido na AAPL", por exemplo, significa que você pediu emprestado e depois vendeu ações da Apple, Inc. e deseja que o preço caia ainda mais.

Volume em livre circulação: número de ações de determinada empresa que está disponível para negociação em bolsa. Por exemplo, em junho de 2020, a Apple, Inc. tinha 4,33 bilhões de ações disponíveis.

Volume médio diário: número médio de ações negociado a cada dia de determinada ação. Não negocio ações com um volume médio diário inferior a 500 mil ações. Como *day trader*, você precisa de liquidez suficiente para poder entrar e sair da ação sem dificuldade.

Volume relativo alto: aquilo que os *day traders* procuram nas ações em jogo. Ações que estão sendo negociadas em um volume acima de sua média e acima da média de seu setor. Elas agem independentemente de seu setor e do mercado em geral.

Volume relativo médio: volume de ações que está sendo negociado em comparação com o volume normal. Não negocio ações com um volume relativo médio inferior a 1,5, o que significa que, pelo menos, esse volume diário normal daquela ação está sendo negociado.

Warrant: ferramenta usada para comprar ações no futuro a preço definido.

Este livro foi impresso pelo Lar Anália Franco (Grafilar)
em fonte Minion Pro sobre papel Pólen Bold 70 g/m²
para a Edipro no outono de 2024.